資治通鑑綱目

第十册

公元九二七年至公元九五九年

（宋）朱熹　赵师渊　编撰　　　李孝国　等　注解

图书在版编目（CIP）数据

资治通鉴纲目 /（宋）朱熹，（宋）赵师渊编著. —
北京：中国书店，2021.3
ISBN 978-7-5149-2689-7

Ⅰ．①资… Ⅱ．①朱… ②赵… Ⅲ．①中国历史—古
代史—编年体 Ⅳ．① K204.3

中国版本图书馆 CIP 数据核字（2020）第 232986 号

责任编辑：辛　迪
策划编辑：董立平
封面设计：肖晋兴

资治通鉴纲目

〔宋〕朱熹　赵师渊 等 / 编撰　李孝国 等 / 注解

出　　版：中国书店
地　　址：北京市西城区琉璃厂东街 115 号
邮　　编：100050
发　　行：全国新华书店经销
印　　刷：运河（唐山）印务有限公司
开　　本：700 mm×1000 mm　1/16
版　　次：2021 年 3 月第 1 版第 1 次印刷
印　　张：252.75
字　　数：3999 千字
书　　号：ISBN 978-7-5149-2689-7

定　价：598.00 元（全十册）

第十册 目录

卷 五十六

起丁亥后唐明宗天成二年，尽丙申[1]后唐主从珂清泰三年、晋高祖石敬瑭天福元年**凡十年**。

丁亥（公元 927 年）

后唐天成二年。〇吴乾贞元年。〇是岁，后唐、汉、吴、闽凡四国，吴越、荆南、湖南凡三镇。

春，正月，唐主更名亶初，唐主诏："朕二名[2]不连称者勿避。"至是乃改名。

唐以冯道、崔协同平章事安重诲以孔循少侍宫禁，谓其谙练故事，知朝士行能，多听其言。时议置相，循已荐郑珏，又荐崔协。而任圜欲用李琪。珏素恶琪，故循力沮之，谓重诲曰："李琪非无文学，但不廉耳。宰相但得端重[3]有器度者，足以仪刑多士矣。"他日，议于唐主前。圜曰："重诲未悉朝中人物，为人所卖。协虽名家[4]，识字甚少。臣既以不学忝相位，奈何更益以协，为天下笑乎？"唐主曰："宰相重任，卿辈审之。吾在河东时见冯书记多才博学，与物无竞[5]，此可相矣。"既退，循不揖，拂衣去，因称疾不朝者数日。重诲谓圜曰："今方乏人，协且备员，可乎？"圜曰："明公舍李琪而相崔协，是犹弃苏合之丸，取蜣螂之转[6]也。"循与重诲日短琪而誉协，竟以道、协同平章事。

唐初令长吏每旬虑囚[7]。

唐孟知祥杀李严知祥遇李严甚厚，一日，谓曰："公前奉使王衍，归而请兵伐蜀。庄宗用公言，遂致两国俱亡。今公复来，蜀人惧矣。且天下皆废监

1　丙申：即公元 936 年。
2　二名：两个字的名字。
3　端重：端庄稳重。
4　名家：名门。
5　与物无竞：与世人无争。
6　弃苏合之丸，取蜣螂之转：抛弃了苏合香丸，选取屎壳螂推的粪球。苏合，苏合香，乔木，可提制苏合香油，用作香精中的定香剂。蜣螂，屎壳郎。
7　虑囚：审查记录囚犯的罪状。虑，通"录"。

军，公独来监吾军，何也？"严惶怖求哀。知祥曰："众怒不可遏也。"揖下，斩之，因诬奏："严诈宣口敕，云代臣赴阙。臣辄已诛之。"

唐主以其子从厚为河南尹，判六军诸卫事从厚，从荣之弟也。从荣闻之不悦。

二月，唐以石敬瑭为六军诸卫副使。

唐郭从谦伏诛，夷其族唐以郭从谦为景州刺史。既至，遣使族诛之。

胡氏曰：后唐之亡者三，刘后及宦官，明宗既诛之矣。独伶人景进之徒，不闻被刑。从谦又负叛弑[1]之罪，乃不及时致讨，至于十月之久，诱以宠命，然后族之，得非畏其众乎？夫乘初至之威，治叛弑之贼，其势甚易。速则人心悦而大义立，缓则观望怠而纲纽[2]纵，此抚事[3]者所以贵于及时也。

高季兴袭取夔州，唐遣兵讨之初，高季兴请夔、忠、万州为属郡[4]，唐主许之。又请自除刺史，不许。季兴辄遣兵突入夔州，据之。又袭涪州，不克。魏王继岌遣押牙韩珙等部送蜀珍货四十万浮江而下，季兴杀而掠之。朝廷诘之，对曰："欲知覆溺之故，自宜按问水神。"帝怒，削夺季兴官爵。以刘训为南面招讨使，将步、骑讨之。董璋充东南面招讨使，将蜀兵下峡[5]。仍会湖南军三面进攻。

三月，唐初置监牧。

唐邺都军乱，讨平之初，庄宗之克梁也，以魏州牙兵之力。及其亡也，皇甫晖、张破败之乱亦由之。赵在礼之徙滑州，不之官，亦实为其下所制。在礼自谋脱祸，阴求移镇，唐主乃为之除皇甫晖陈州、赵进贝州刺史，徙在礼为横海节度使，以皇子从荣镇邺都，命范延光将兵送之，且制置邺都军事。乃出

1　叛弑：背叛弑君。
2　纲纽：纲纪，法度。
3　抚事：临事，遇事。
4　属郡：所属的郡县。
5　下峡：下行到三峡。峡，三峡。

奉节等九指挥三千五百人，使军校龙旰部[1]之，戍卢台军。不给铠仗，但系帜[2]于长竿以别队伍，由是皆俯首而去。中途闻孟知祥杀李严，军中籍籍，已有讹言。既至，会朝廷擢乌震为副招讨使，代房知温。知温怨震，诱龙旰所部兵杀之。其众噪于营外，马军指挥使安审通脱身济河，按甲不动。知温恐事不济，亦走渡河，与审通合谋击乱兵。乱兵遂南，列炬宵行[3]，疲于荒泽[4]。诘朝，骑兵四合击之，乱兵殆尽，得免者什无一二。四月，敕卢台乱兵在营家属并全门处斩。邺都阖九指挥之门，驱三千五百家凡万余人，悉斩之，永济渠[5]为之变赤。朝廷虽知知温首乱[6]，欲安反仄，诏加侍中。

夏，四月，唐以赵季良为西川副使 季良与孟知祥有旧，知祥奏留之，朝廷不得已，从之。李昊归蜀，知祥以为推官。

五月，唐以王延钧为威武节度使。

唐兵讨荆南，不克，引还 江陵卑湿，复值久雨，粮道不继，将士疾疫。唐主遣孔循往视之。循至，攻之不克，说之不下。又赐湖南行营夏衣万袭，楚王殷鞍马[7]玉带，督馈粮于行营，亦不能得。乃诏刘训等引兵还。

荆南自附于吴，吴人不受 楚王殷遣使入贡，唐主赐之骏马十、美女二。过江陵，高季兴执而夺之，自附于吴。徐温曰："为国者，当务实效而去虚名。洛阳去江陵不远，唐人步、骑袭之甚易，我以舟师溯流救之甚难。夫臣人[8]而弗能救，使之危亡，能无愧乎？"乃受其贡物，辞其称臣。

胡氏曰：徐温辞高氏称臣是也，而受其贡物非也。一事而两处，半义而半利，盖见可欲[9]不能遏也。高氏轻吴之心自此生矣。

---

1 部：统率，统辖。
2 帜：旗子。
3 列炬宵行：列炬，排列火炬。宵行，夜间出行。
4 疲于荒泽：在荒滩水泽中走得很疲乏。
5 永济渠：古水渠名，隋时为便利河北地区军事运输所开的运河，引沁水南达于黄河，北通涿郡。
6 首乱：带头作乱。
7 鞍马：骑马。
8 臣人：使人为臣。
9 可欲：足以引起欲念的事物。

唐任圜罢任圜性刚急，勇于敢为，权幸多疾之。旧制，馆券[1]出于户部。安重诲请从内出，与圜争于唐主前，声色俱厉。唐主退朝，宫人曰："妾在长安宫中，未尝见宰相、枢密奏事敢如是者，盖轻大家耳。"唐主不悦，卒从重诲议。圜因求罢，居磁州。

唐以马殷为楚国王殷始建国，立宫殿，置百官，以姚彦章、许德勋为丞相。

唐蜀兵败荆南军，取夔、忠、万州。

秋，七月，唐杀豆卢革、韦说坐前以三州与高季兴也。

唐流段凝、温韬于边郡[2]。

八月朔，日食。

契丹与唐修好。

冬，十月，唐主如汴州。宣武节度使朱守殷反，唐主遣兵讨之。遂遣使杀任圜。守殷自杀唐主如汴州，至荥阳。民间讹言："帝欲制置东方诸侯。"宣武节度使朱守殷疑惧。判官孙晟劝守殷反，守殷遂乘城拒守。唐主遣范延光往谕之。延光曰："不早击之，则汴城坚矣。愿得五百骑与俱[3]。"从之。延光暮发，未明，行二百里，抵大梁城下，与汴人战。御营使石敬瑭将亲军倍道继之。或谓安重诲曰："失职在外之人乘贼未破或能为患，不如除之。"重诲奏遣使赐任圜死。赵凤哭谓重诲曰："任圜义士，安肯为逆？公滥刑[4]如此，何以赞国[5]？"使至，圜聚族酣饮，然后死，神情不挠。唐主至大梁，守殷自杀。乘城者望见乘舆，相率开门降。孙晟奔吴，徐知诰客之。

唐免三司逋负二百万缗。

胡氏曰：明宗不事华侈，故除省耗，绝进奉，今又蠲逋负近二百万缗。一

1　馆券：政府发放的免费供给官员食宿的凭证。
2　边郡：靠近边境的郡邑，也泛指边境地区。
3　与俱：和我一起出征。
4　滥刑：任意判罪或施刑。
5　赞国：辅佐君主治国。

人寡欲，受赐者不知其几何人矣。

吴丞相徐温卒初，温子、行军司马知询以其兄知诰非徐氏子，数请代之执吴政。温曰："汝不如也。"严可求及副使徐玠屡劝温，温以知诰孝谨，不忍。可求等言之不已。温欲率诸藩镇入朝，劝吴王称帝。将行，有疾。乃遣知询奉表劝进，因留代知诰执政。未果，温卒，知询亟归金陵。吴王赠温齐王，谥曰"忠武"。

唐以石敬瑭为侍卫亲军都指挥使。

十一月，吴王杨溥称帝。

十二月，孟知祥修成都城。

唐以周玄豹为光禄卿，致仕初，晋阳相者周玄豹尝言唐主贵不可言，唐主欲召诣阙。赵凤曰："玄豹言已验矣，无所复询。若置之京师，则轻躁狂险[1]之人，必辐凑其门，争问吉凶。自古术士妄言，致人族灭者多矣，非所以靖国家也。"乃就除光禄卿致仕，厚赐金帛而已。

唐主立亲庙[2]于应州旧宅中书舍人马缟请用汉光武故事，别立亲庙。中书门下奏请"称皇不称帝"，唐主欲兼称之。群臣乃引德明、玄元、兴圣[3]皇帝例，请立庙京师。唐主令立于应州旧宅，自高祖[4]以下皆追谥。

有年是岁，蔚、代缘边粟，斗不过十钱。

戊子（公元928年）

后唐天成三年。〇汉大有元年。〇是岁，凡四国、三镇。

春，二月朔，日食。

吴遣使如唐，不受吴使者至，安重诲以为"杨溥敢与朝廷抗礼，遣使窥

1　轻躁狂险：轻躁，轻率浮躁。狂险，极端阴险。
2　亲庙：祖庙。
3　德明、玄元、兴圣：德明，皋陶。玄元，老子李耳。兴圣，李暠，十六国时期西凉开国国君。
4　高祖：曾祖的父亲。

觇”，拒而不受。自是遂与吴绝。

三月，**唐以孔循为东都留守，王建立同平章事**枢密使孔循性狡佞，安重海亲信之。唐主欲为皇子娶重海女，循谓曰："公职居近密，不宜复与皇子为婚。"重海辞之。久之，循阴遣人结王德妃，求纳其女，唐主许之。重海大怒，出循东都。重海性强愎[1]，恶成德节度使王建立，奏其有异志。建立入朝，因言重海与宣徽使张延朗结婚[2]，相表里，弄威福。唐主怒，谓重海曰："今与卿一镇，以王建立代卿。延朗亦除外官。"宣徽使朱弘昭曰："陛下平日待重海如左右手，奈何以小忿[3]弃之？"唐主寻召重海，慰抚之。会郑珏请致仕，以建立为仆射、平章事，判三司。

楚人击荆南，败之楚王殷遣六军使[4]袁诠、副使王环、监军马希瞻将水军击荆南，高季兴以水军逆战。希瞻夜匿战舰数十于港中。诘旦合战，出战舰横击之，季兴大败。进逼江陵，季兴请和，乃还。殷让环不遂取荆南，环曰："江陵在中朝[5]及吴、蜀之间，四战之地也。宜存之以为吾捍蔽。"殷悦。环每战，身先士卒，与众同甘苦，常置针药[6]于座右，战罢，索伤者于帐前，自傅[7]治之。士卒隶环麾下者，相贺曰："吾属得死所矣。"故所向有功。

楚人击汉封州，大败楚以水军击汉，围封州。汉主命街使苏章救之。至贺江，沉铁絙于两岸，作巨轮挽絙，筑长堤以隐之。伏壮士于堤中，自以轻舟逆战，佯不利。楚人逐之，入堤中，挽轮举絙，楚舰不能进退，以强弩夹水射之，楚兵大败，遁去。

夏，四月，唐以从荣为北都留守以从荣为北都留守，冯赟为副留守、杨思权为步军都指挥使以佐之。唐主谓重海曰："从荣左右有矫[8]宣朕旨，令勿

1　强愎：刚愎，倔强固执。
2　结婚：缔结婚姻关系。
3　小忿：小的不满。
4　六军使：古官名，掌总领左右羽林、左右龙武、左右神武六部皇宫禁军。
5　中朝：中原。
6　针药：针灸和药物。
7　傅：通"敷"，涂上，搽上。
8　矫：假托，诈称。

接¹儒生，恐弱人志气者。朕以从荣年少临大藩²，故择名儒使辅导之。今奸人所言乃如此！"欲斩之，重诲请严戒³而已。

吴攻楚岳州，大败吴雄武军使苗璘、统军王彦章将水军攻楚岳州，楚王殷遣许德勋将战舰千艘御之。德勋曰："吴人掩吾不备，见大军，必惧而走。"乃潜军角子湖⁴，使王环夜率战舰二百屯杨林浦⁵，绝吴归路。迟明，吴人进军江口，德勋命虞候詹信以轻舟三百出吴军后，德勋以大军当其前，夹击之，虏璘及彦章以归。

唐王都反，奚、契丹助之。唐遣招讨使王晏球等将兵讨破之义武节度使王都在镇⁶十余年，自除刺史，租、赋皆赡本军。及安重诲用事，稍以法制裁⁷之。唐主亦以都篡父位，恶之。时契丹数犯塞，朝廷多屯兵于幽、易间，都阴为之备，浸成猜阻。腹心和昭训劝都为自全之计，都乃遣人说北面副招讨使王晏球，晏球不从。乃以金遗晏球帐下⁸，使图之，不克。晏球以都反状闻。诏削夺官爵，以晏球为招讨使，发诸道兵会讨定州。晏球攻拔其北关城。都以重赂求救于奚酋⁹秃馁。五月，秃馁以万骑突入定州，晏球退保曲阳¹⁰。都与秃馁就攻之，晏球与战，破之。因进之，得其西关城，以为行府，使三州民输税供军食而守之。契丹亦发兵救定州，与王都夜袭新乐¹¹，破之，杀赵州刺史朱建丰。晏球至曲阳，王都悉众，与契丹五千骑合万余人邀战¹²。晏球集诸将校，令之曰："王都轻¹³而骄，可一战擒也。今日，乃诸君报国之时。悉去弓矢，以

1　接：接触，靠近。
2　大藩：大的藩镇。
3　严戒：严厉告诫。
4　角子湖：古湖名，又名翁湖，即今湖南省岳阳市南湄湖。
5　杨林浦：古地名，位于今湖南省岳阳市北。
6　镇：藩镇。
7　制裁：惩处，管束。
8　帐下：将帅的部下。
9　奚酋：奚族的酋长。
10　曲阳：古县名，治所位于今河北省保定市曲阳县西。
11　新乐：古县名，治所位于今河北省石家庄市辖新乐市东北。
12　邀战：拦截挑战。
13　轻：轻敌。

短兵[1]击之，回顾者斩！"于是骑兵先进，奋槊挥剑，直冲其阵，大破之，僵尸蔽野。契丹死者过半，余众北走。都与秃馁得数骑，仅免。卢龙节度使赵德钧邀击契丹，北走者殆无孑遗。晏球知定州有备，未易急攻，朱弘昭、张虔钊宣言大将畏怯[2]。有诏促令[3]攻城，晏球不得已，攻之，杀伤将士三千人。

吴遣使如楚吴求和于楚，请苗璘、王彦章，楚王殷归之。许德勋饯之，谓曰："楚国虽小，旧臣、宿将犹在，愿吴朝勿以措怀[4]。必俟众驹争皂栈[5]，然后可图也。"时殷多内宠，嫡庶无别，诸子骄奢，故德勋语及之。

胡氏曰：异哉，德勋之为人！苟忠于楚，则不当为他人画计；苟不愿为之臣，则当去相位而不居。今无忠规[6]力谏，而以祸乱之萌泄诸敌国，则不知其心之所止矣。

秋，七月，唐收曲税[7]东都民有犯私曲[8]者，留守孔循族之。或请听民造曲，而于秋税亩收五钱，从之。

契丹救定州，王晏球击走之，擒其将惕隐契丹复遣其酋长惕隐救定州，晏球逆战破之，追至易州，俘、斩、溺死者，不可胜数。赵德钧遣牙将武从谏邀击之，擒惕隐等数百人。余众散投村落，村民以白梃[9]击之，其得脱者不过数十人。自是契丹沮气[10]，不敢轻犯塞。德钧献俘，诸将皆请诛之。唐主曰："此曹皆虏中骁将，杀之则虏绝望。不若存之，以纾边患。"乃赦惕隐等五十人，余六百人悉斩之。

八月，唐以王延钧为闽王延钧度僧二万人，由是闽中多僧。

1　短兵：刀、剑等短武器。
2　畏怯：胆小害怕。
3　促令：促使。
4　措怀：心中打主意。
5　皂栈：马厩。皂，食槽。栈，马脚下防湿的木板。
6　忠规：忠言规劝。
7　曲税：对造酒曲征的税。
8　私曲：私自造酒曲。
9　白梃：大木棍。
10　沮气：丧气，情绪低落。

契丹遣使如唐。

九月，唐温韬、段凝伏诛唐主以韬发诸陵，凝反复，敕所在赐死。

冬，十一月，唐立哀帝[1]庙于曹州。

十二月，荆南节度使高季兴卒吴立其子从诲代之。

己丑（公元 929 年）

后唐天成四年。吴大和元年。〇是岁，四国、三镇。

春，二月，唐王晏球克定州，王都伏诛。获秃馁，送大梁斩之定州守备固，伺察严，诸将屡有谋翻城应官军者，皆不果。唐主遣使者，促王晏球攻城。晏球与使者联骑[2]巡城，谓之曰："城高峻[3]如此，借使主人听外兵登城，亦非梯冲所及，徒多杀精兵，无损于贼。不若食三州之租，爱民养兵以俟之，彼必内溃。"唐主从之。王都、秃馁欲突围走，不得出。定州都指挥使马让能开门纳官军，都举族自焚。擒秃馁，送大梁斩之。晏球在定州城下，日以私财飨士，自始攻至克城，未尝戮一卒。三月，入朝，唐主美其功，晏球谢久烦馈运而已。

胡氏曰：王晏球非知经术者，然取定州之功，不特于五代时为冠，盖深合古人用兵之意。夫以周公讨三监[4]，宜若振槁[5]，然二年始得其罪人，恐以速故伤百姓也。罪人得，则已矣。后世为一夫背叛，至于杀人盈野[6]，或举城而屠之，或连数十万人而坑之，不仁孰甚焉！晏球生于衰乱之时，乃能不急近功，不糜[7]士卒，力战以绝契丹之援，坚围以蹙王都之势，不及一年，都族自焚，而

1　哀帝：唐朝最后一位皇帝，唐昭宗李晔第九子，名李柷，朱温称帝后废为济阴王，安置于曹州，后鸩杀。
2　联骑：连骑，并乘。
3　高峻：又高又陡。
4　三监：周武王灭商后，以商旧都封给纣子武庚，并以殷都以东为卫，由武王弟管叔监之；殷都以西为鄘，由武王弟蔡叔监之；殷都以北为邶，由武王弟霍叔监之，总称三监。
5　振槁：击落枯叶，喻事极易成。
6　杀人盈野：被杀死的人布满原野，形容杀人极多。
7　糜：通"靡"，消耗。

定州下矣，可不谓之善用兵乎？

三月，唐主杀其子从璨从璨性刚，安重海用事，从璨不为之屈。唐主东巡，从璨与客宴于会节园，酒酣，戏登御榻。重海奏请诛之。

楚王殷以其子希声知政事，总诸军自是国政先历[1]希声，乃达于殷。

夏，四月，唐禁铁锡钱时湖南全用锡钱，铜钱一，直锡钱百，流入中国，法不能禁。

唐置缘边市马场先是，党项皆诣阙，以贡马为名，国家约其直酬之，加以馆谷[2]、赐与，岁费五十余万缗。至是，始于缘边置场市马，不令诣阙。

唐以从荣为河南尹，从厚为北都留守北都留守从荣年少骄狠[3]，不亲政务。唐主遣左右往讽导[4]之，其人谓曰：“河南相公[5]恭谨好善，亲礼端士，有老成之风。相公齿长，宜自策励，勿令声问[6]出河南之下。”从荣不悦，退告杨思权曰：“我其废乎？”思权因劝从荣多募部曲，缮甲兵，阴为自固之备。其人惧，以告冯赟。赟密奏之。唐主召思权诣阙，亦弗之罪[7]。及赟入为宣徽使，谓执政曰：“从荣刚僻[8]而轻易，宜选重德辅之。”史馆修撰张昭远亦言：“窃见先朝皇弟、皇子皆喜俳优，入则饰姬妾，出则夸仆马[9]。习尚[10]如此，何道能贤？诸皇子宜精择师傅，令皇子屈身师事之，讲礼义之经，论安危之理。古者人君即位，则建太子，所以明嫡庶之分，塞祸乱之源。今卜嗣建储[11]，臣未敢轻议。至于恩泽、赐与之间，婚姻省侍之际，嫡庶长幼宜有所分，示以等威[12]，绝

1　历：经过。
2　馆谷：泛指食宿款待。
3　骄狠：骄横狠戾。
4　讽导：劝说开导。
5　河南相公：指李从厚。
6　声问：名誉，名声。
7　弗之罪：不怪罪他。
8　刚僻：倔强怪僻。
9　仆马：仆从与乘马。
10　习尚：风尚。
11　卜嗣建储：选择并决定储君人选。
12　等威：与一定的身分、地位相匹配的威仪。

其侥冀。"唐主赏叹[1]其言，而不能用。

唐以赵凤同平章事唐主问凤："帝王赐人铁券何也？"对曰："与之立誓，令其子孙长享爵禄耳。"唐主曰："先朝受此赐者三人，崇韬、继麟寻皆族灭，朕得脱如毫厘[2]耳。"因叹息久之。凤曰："帝王心存大信，固不必刻之金石也。"

五月，唐遣使如两川唐主将祀南郊，遣客省使李仁矩以诏谕两川献钱，皆辞以军用不足。仁矩，唐主在藩镇时客将[3]也，为安重诲所厚，恃恩骄慢。至梓州，董璋置宴召之，日中不往，方拥妓酣饮。璋怒，从卒徒执兵入驿，立仁矩于阶下而诟之曰："公但闻西川斩李客省，谓我独不能邪？"仁矩流涕拜请，仅而得免。未几，唐复遣通事舍人李彦珣诣东川，入境失小礼，璋拘其从者，彦珣奔还。

六月，唐罢邺都。

秋，七月，唐以高从诲为荆南节度使高季兴之叛唐也，其子从诲切谏，不听。既袭位，谓僚佐曰："唐近而吴远，舍近臣远，非计也。"乃因楚王殷以谢罪于唐，求复修职贡，故有是命。

楚马希声杀判官高郁初，楚王殷用都军[4]判官高郁为谋主，国以富强，邻国皆疾之。庄宗入洛，殷遣其子希范入贡。庄宗爱其警敏，曰："比闻马氏当为高郁所夺，今有子如此，郁安能得之？"高季兴亦屡以流言间郁于殷，殷不听。乃遣使遗希声书，盛称郁功名，愿为兄弟。司马杨昭遂，希声之妻族也，谋代郁任，日谮之于希声。希声屡言于殷，请诛之。殷曰："成吾功业，皆郁力也。汝勿为此言。"希声固请罢其兵柄，乃左迁郁行军司马。郁谓所亲曰："亟营西山，吾将归老。猘子[5]渐大，能咋[6]人矣。"希声闻之益怒，矫以殷

1　赏叹：欣赏赞叹。
2　毫厘：比喻极微细。毫、厘均是微小的量度单位。
3　客将：不隶属于本部之将。
4　都军：殿前司都虞候的别称。
5　猘子：小疯狗，喻凶暴之徒。
6　咋：啃，咬。

命杀郁，诬以谋叛，并诛其族党。至暮，殷尚未知。是日，大雾，殷谓左右曰：
"吾昔从孙儒渡淮，每杀不辜，多致兹异。马步院[1]岂有冤死者乎？"明日，吏
以郁死告，殷拊膺大恸，曰："吾老耄，政非己出，使我勋旧横罹冤酷。"既
而顾左右曰："吾亦何可久处此乎？"

有年唐主与冯道从容语及年谷屡登，四方无事，道曰："臣昔在先皇幕
府，奉使中山，历井陉之险，臣忧马蹶[2]，执辔甚谨，幸而无失。逮至平路，放
辔自逸，俄至颠陨[3]。凡为天下者，亦犹是也。"唐主深以为然。又问道："今岁
虽丰，百姓赡足[4]否？"道曰："农家岁凶，则死于流殍；岁丰，则伤于谷贱。
丰凶皆病者，惟农家为然。臣记进士聂夷中诗云：'二月卖新丝，五月粜新谷。
医得眼下疮，剜却心头肉。'语虽鄙俚，曲尽[5]田家之情状。农于四民之中，最
为勤苦，人主不可不知也。"唐主悦，命左右录其诗，常讽诵[6]之。

康熙御批：粤稽[7]史册，国家当蒙休袭庆[8]之后，率以丰亨豫大[9]，弛其兢业[10]
之心，渐致废坠者，往往有之。所以古昔圣贤每于持盈保泰[11]之际，三致意[12]焉。
冯道以明宗喜有年而设譬[13]以对，犹得古人遗意。虽道之生平不足比数，而其
言固自可采也。

唐削钱镠官爵吴越王镠尝遗安重诲书，辞礼甚倨[14]。唐遣供奉官乌昭遇、
韩玫使吴越，还，玫奏昭遇见镠称臣拜舞。重诲奏赐昭遇死。制镠以太师致仕，

1　马步院：在马步军中设置的法庭、监狱一类的军法机关。
2　蹶：跌倒。
3　颠陨：坠落，跌落。
4　赡足：富足，充足。
5　曲尽：竭尽。
6　讽诵：抑扬顿挫地诵读。
7　粤稽：查考，考证。
8　蒙休袭庆：蒙受吉庆，继承前人的福气。
9　丰亨豫大：形容富足兴盛的太平安乐景象。
10　兢业：谨慎戒惧。
11　持盈保泰：在富贵极盛的时候要小心谨慎，避免灾祸，以保持住原来的地位。盈，盛满。
　　泰，平安。
12　三致意：再三表达其意。
13　设譬：打比方。
14　倨：傲慢。

自余官爵皆削之。凡吴越进奏官、使者、纲吏，令所在系治之。镠令子传瓘等上表讼冤，不省。

冬，十月，唐以康福为朔方节度使前磁州刺史康福善胡语，唐主退朝，多召入便殿，访以时事，福以胡语对。安重诲恶之，常戒之曰："汝但妄奏事，会当斩汝！"福惧，求外补[1]。重诲以灵州深入胡境，为帅者多遇害，以福为朔方、河西节度使。福见唐主泣辞，唐主命更他镇，重诲不可。唐主不得已，遣将军卫审峣等将兵万人卫送之。福行至方渠，羌胡[2]出兵邀福，福击走之。至青刚峡[3]，遇吐蕃野利、大虫二族数千帐。福遣审峣掩击，大破之，杀、获殆尽。由是威声大振，遂进至灵州。自是朔方始受代。

吴加徐知诰兼中书令吴诸道副都统徐知询数与知诰争权，知诰患之。内枢密使王令谋曰："公辅政日久，挟天子以令境内，谁敢不从？知询年少，恩信未洽于人，无能为也。"知询待诸弟薄，诸弟皆怨之，徐玠反持其短以附知诰。知询典客周廷望说知询捐宝货结勋旧，知询从之。廷望至江都，因知诰亲吏周宗密输款于知诰，亦以知诰阴谋告知询。宗谓廷望曰："人言侍中[4]有不臣七事，宜亟入谢。"廷望还以告知询。十一月，知询入朝，知诰留以为统军，遣征金陵兵还江都。知诰自是始专吴政。知询又以廷望所言诘知诰，知诰曰："以尔所为告我者，亦廷望也。"遂斩之。吴加知诰兼中书令。知诰召知询饮，以金钟酌酒饮之，曰："愿弟寿千岁！"知询疑有毒，引他器均之，跽，献曰："愿与兄各享五百岁！"知诰变色，左右莫知所为。伶人申渐高径前为诙语[5]，掠二酒合饮之，怀钟趋出[6]，脑溃[7]而卒。

1　外补：京官外调。
2　羌胡：指古代羌族和匈奴族，亦用以泛称古代西北部的少数民族。
3　青刚峡：古地名，即青冈岭，位于今甘肃省庆阳市环县西北。
4　侍中：即徐知询。
5　诙语：嘲笑戏谑的话。
6　怀钟趋出：把金钟放入怀中，快步走出。
7　溃：溃烂。

唐以李仁矩为保宁¹节度使唐割阆、果二州，以仁矩为节度使，安重诲之谋也。重诲又使绵州刺史武虔裕将兵赴治²。虔裕，唐主故吏，重诲之外兄也。重诲使仁矩诇董璋反状，仁矩增饰³而奏之。又使夏鲁奇治遂州城隍，缮甲兵，益兵戍之。璋大惧。时道路传言，又将割绵、龙为节镇，孟知祥亦惧。璋素与知祥有隙，未尝通问。至是遣使诣成都，请为其子娶知祥女。知祥许之，谋并力以拒朝廷。

庚寅（公元 930 年）

后唐长兴元年。○是岁，凡四国、三镇。

春，二月，唐董璋筑寨剑门，与孟知祥上表拒命，诏慰谕之董璋遣兵筑七寨于剑门。孟知祥遣赵季良诣璋修好，还言："璋贪残好胜，终必为患。"西川指挥使李仁罕、张业欲置宴召知祥。有尼告二将欲害知祥，诘之无状，斩之。屏左右，独诣仁罕第。仁罕叩头流涕曰："老兵惟尽死⁴以报德！"由是诸将亲服⁵知祥。与董璋同上表，言："两川闻朝廷于阆中建节，绵、遂益兵，无不忧惧。"唐主以诏书慰谕之。璋遂召武虔裕，囚之，阅民兵⁶，皆剪发鲸面，于剑门北列烽火⁷。知祥累表请云安盐监⁸，唐主许之。

三月，唐立淑妃曹氏为后唐主将立曹淑妃为后。淑妃谓王德妃曰："吾素病中烦⁹，倦于接对，妹代我为之。"德妃曰："中宫敌偶¹⁰至尊，谁敢干之？"乃立淑妃为后。德妃事后恭谨，后亦怜之。初，妃因安重诲得进，常德之。唐主性俭约，及在位久，宫中用度稍侈，重诲每规谏。妃取外库锦造地衣，重诲

1　保宁：方镇名，即保宁军，治所位于阆州，辖今四川省阆中、仪陇、剑阁、巴中等市县。
2　赴治：赴任。
3　增饰：增补修饰。
4　尽死：舍命报效。
5　亲服：亲附归服。
6　民兵：即乡兵，列入兵籍，有事则征召入伍。
7　烽火：即烽火台，用于报警。
8　盐监：产盐的行政地区。
9　中烦：胸中烦躁。
10　敌偶：匹敌。

切谏，引刘后为戒，妃由是怨之。

吴遣兵击荆南，不克。

唐河中军乱，逐其节度使李从珂，讨平之初，唐主在真定，李从珂与安重诲饮酒争言。从珂殴重诲，既醒悔谢[1]，重诲终衔之。至是，从珂为河中节度使，重诲屡短之，唐主不听。重诲乃矫以唐主命，谕河中牙内指挥使杨彦温，使逐之。从珂出城阅马[2]，彦温勒兵闭门拒之。从珂使人诘之，对曰："彦温非敢负恩，受枢密院宣[3]，请公入朝耳。"从珂遣使以闻。唐主以问重诲，对曰："此奸人妄言耳，宜速讨之。"唐主疑之，欲诱致彦温讯[4]其事。重诲固请发兵击之，乃命西都留守索自通等将兵讨之，令"必生致彦温，吾欲面讯[5]之"。从珂驰入自明，唐主责使归第，绝朝请[6]。自通拔河中，斩彦温。唐主怒。安重诲讽冯道、赵凤奏从珂失守，宜加罪。唐主曰："吾儿为奸党所倾，未明曲直，公辈遂不欲置之人间，何邪？且此皆非公辈意也。"明日，重诲自言之，唐主曰："朕昔为小校，家贫，赖此小儿拾马粪自赡，以至今日为天子，曾不能庇之邪？卿欲如何处之，于卿为便？"重诲曰："惟陛下裁之！"唐主曰："使闲居私第亦可矣，何用复言！"以自通镇河中。自通承重诲旨，籍军府甲仗数上之，以为从珂私造。赖王德妃保护，得免。士大夫不敢与从珂往来，惟礼部郎中吕琦居相近，时往见之。从珂每有奏请，皆咨琦而后行。

夏，六月朔，日食。

秋，八月，唐告密人边彦温等伏诛捧圣[7]军使李行德、十将[8]张俭引告密人边彦温，告："安重诲发兵，云欲自讨淮南。又引占相[9]者问命。"侍卫都

1　悔谢：悔过谢罪。
2　阅马：检查军马的牧养事务。
3　宣：传达，多用于传达帝王的诏命。
4　讯：审问。
5　面讯：当面审讯。
6　朝请：泛称朝见皇帝。诸侯春天朝见皇帝叫朝，秋天朝见皇帝叫请。
7　捧圣：禁军名，即捧圣军。
8　十将：古官名，马步军"都"一级编制中有十将一职，在马军由军使、副兵马使统辖，在步军由都头、副都头统辖，地位在军头之下，虞候之上。
9　占相：观察某些自然现象或人的面貌、气色等，以推断吉凶祸福。

指挥使安从进、药彦稠曰："此奸人欲离间陛下勋旧耳，臣等请以宗族保之。"唐主乃斩彦温，召重诲慰抚之，君臣相泣。既而赵凤复奏收行德及俭，皆族诛之。

唐以张延朗为三司使[1]三司使之名自此始。

唐立子从荣为秦王，从厚为宋王。

唐两川节度使董璋、孟知祥连兵反董璋之子光业为宫苑使，璋与书曰："朝廷割吾支郡为节镇，屯兵三千，是杀我必矣。汝见枢要[2]为吾言，如朝廷更发一骑入斜谷，吾必反，与汝诀矣！"光业以书示枢密承旨李虔徽。未几，朝廷又遣兵戍阆州。光业谓虔徽曰："此兵未至，吾父必反！吾不敢自爱，恐烦朝廷调发。愿止此兵，吾父保无他。"虔徽以告安重诲，重诲不从。璋遂反。重诲曰："臣久知其如此，陛下含容不讨耳。"唐主曰："我不负人，人负我，则讨之。"九月，西川进奏官苏愿白孟知祥云："朝廷欲讨两川。"知祥谋于副使赵季良，季良请以东川先取遂、阆，然后并兵守剑门。知祥从之，遣使约董璋同举兵。璋引兵击阆州。知祥以指挥使李仁罕、赵廷隐、张业将兵攻遂州，侯弘实、孟思恭将兵会璋攻阆州。

九月，唐以范延光为枢密使安重诲久专大权，中外恶之。王德妃及武德使[3]孟汉琼浸用事，数短重诲于上。重诲惧，表解机务，求一镇以全余生，唐主不许。重诲请不已，唐主怒曰："听卿去，朕不患无人！"前成德节度使范延光劝留重诲，且曰："重诲去，谁能代之？"唐主曰："卿岂不可？"延光谢不敢当。唐主遣汉琼诣中书议重诲事，冯道曰："诸公果爱安令[4]，宜解其枢务[5]为便。"赵凤曰："公失言。"乃奏大臣不可轻动。乃以延光为枢密使，而重诲如故。

1　三司使：古官名，总国计，统筹四方贡赋出入，通管盐铁、度支、户部，位亚执政。
2　枢要：中央政权中机要部门或官职。
3　武德使：古官名，掌宫城门锁钥、木契等事，按时限启用宫门。
4　安令：即中书令安重诲。
5　枢务：主管军政大权的中枢机构的事务。

胡氏曰：重诲不得于君，则当奉身[1]而力退；明宗不安其相，则当听去而保终[2]。既各有所怀，而以虚文饰貌[3]相处，其能久而无变耶？冯道、赵凤之言皆是也，凤为朝廷计，道为重诲谋也。虽然，与其强留而存形迹之嫌，不若优以外镇之为全也。

董璋陷阆州，唐将姚洪死之东川兵至阆州，诸将皆曰："董璋久蓄反谋，以金帛啖其士卒，锐气不可当。宜深沟高垒以挫之，不过旬日，大军至，贼自走矣。"李仁矩曰："蜀兵懦弱，安能当我精卒？"遂出战，兵未交而溃。璋昼夜攻之，城陷，杀仁矩。初，璋为梁将，指挥使姚洪尝隶麾下，至是将兵戍阆州。璋密以书诱之，洪投诸厕。城陷，璋让之曰："汝何相负？"洪曰："老贼！汝昔为李氏奴，扫马粪，得脔炙[4]，感恩无穷。今天子用汝为节度使，何负于汝而反邪？汝犹负天子，吾受汝何恩而云相负哉？汝奴材固无耻，吾义士，岂忍为汝所为乎？吾宁为天子死，不能与人奴[5]并生！"璋怒，燃镬于前，令壮士十人刲[6]其肉，自啖之。洪至死骂不绝声。唐主置洪二子于近卫[7]，厚给其家。

唐诏削董璋官爵，遣天雄节度使石敬瑭讨之下制削董璋官爵，兴兵讨之。以孟知祥兼供馈使，石敬瑭为招讨使，夏鲁奇副之。

汉取交州。

冬，十月，孟知祥兵围遂州，董璋攻利州，不克李仁罕围遂州。夏鲁奇婴城固守，遣马军都指挥使康文通出战，文通以其众降。董璋引兵趋利州，遇雨，还阆州。知祥闻之，曰："比破阆中，正欲径取利州，其帅不武，必望

1　奉身：守身。
2　保终：保全至终，安然无患。
3　饰貌：装饰表面。
4　脔炙：烤肉片。
5　人奴：家奴，奴仆。
6　刲：割取。
7　近卫：君主的近身侍卫人员。

风遁去。吾获其仓廪，据漫天[1]之险，北军终不能西救武信[2]。今董公僻处阆州，远弃剑阁，非计也。"欲遣兵三千助守剑门，璋固辞，曰："此已有备。"

唐诛董璋之子光业，夷其族。

董璋兵陷徵、合[3]、巴、蓬、果五州。

十一月，孟知祥兵陷黔州。

楚武穆王马殷卒，子希声嗣殷遗命诸子，兄弟相继[4]。及卒，希声袭位，去建国之制。希声居丧无戚容[5]，葬殷之日，顿食鸡臛[6]数盘。其臣潘起讥之曰："昔阮籍居丧食蒸豚[7]，何代无贤！"

唐削孟知祥官爵，并讨之。攻剑州，不克石敬瑭入散关，阶州刺史王弘贽、泸州刺史冯晖与前锋王思同、赵在礼引兵出人头山[8]后，过剑门之南，还袭剑门，克之，杀东川兵三千人，据而守之。弘贽等破剑州，而大军不继，乃焚其庐舍，取其资粮，还保剑门。董璋遣使至成都告急。孟知祥惧曰："董公果误我！"遣指挥使李肇将兵五千赴之，戒之曰："尔倍道兼行，先据剑州，北军无能为也。"又遣赵廷隐将万人会屯剑州，李筠将兵四千趋龙州，守要害。先是，西川牙内指挥使庞福诚、谢锽屯来苏村[9]，闻剑门失守，相谓[10]曰："使北军更得剑州，则二蜀势危矣。"遽引部兵千余人间道趋剑州。始至，官军万余人自北山大下[11]。会日暮，二人谋曰："众寡不敌，逮明则吾属无遗矣。"福诚夜

1　漫天：古山名，唐、五代汉中入巴蜀金牛道必经险要之地，有大、小漫天岭，南北相连，为控扼要隘，设置大、小漫天二寨，位于今四川省广元市北朝天镇南，嘉陵江东岸。
2　武信：方镇名，领遂、合、昌、渝、泸五州，辖今四川省南充以南，古蔺以北，大足、隆昌、高县以东，重庆以西地区。
3　徵、合：徵州、合州。徵州，隋唐《地理志》《五代职方考》《元丰九域志》皆无徵州，胡三省注："大约在遂、合、果三州之间。"。合州，古州名，辖今重庆市合川、铜梁、大足、四川省武胜等市县地。
4　相继：相承袭，递相传授。
5　戚容：悲伤的面色。
6　顿食鸡臛：顿食，一次服食。鸡臛，鸡肉羹。
7　蒸豚：蒸熟的小猪。
8　人头山：古山名，位于今四川省广元市西南。
9　来苏村：古地名，即来苏寨，位于今四川省广元市剑阁县东南。
10　相谓：交谈，互相告语。
11　大下：大量涌下。

引兵数百升北山，大噪于官军营后，锽率余众操短兵自其前急击之，官军大惊，空营遁去，复保剑门，十余日不出。知祥闻之，喜曰："吾始谓弘贽等克剑门，径据剑州，坚守其城，或引兵直趋梓州，董公必弃阆州奔还，我亦须解遂州之围，如此则内外受敌，两川震动，势可忧危。今乃焚毁剑州，运粮东归剑门，顿兵不进，吾事济矣。"董璋遣王晖将兵三千，会李肇等分屯剑州。

契丹东丹王突欲奔唐突欲自以失职，率部曲四十人越海奔唐。

十二月，唐石敬瑭攻剑州，不克石敬瑭至剑门，进屯剑州北山。赵廷隐陈于牙城后山，李肇、王晖陈于河桥。敬瑭引步兵进击廷隐，廷隐择善射者五百人伏敬瑭归路，按甲待之。矛稍欲相及，乃扬旗鼓噪击之，斩百余人。敬瑭又使骑兵冲河桥，肇以强弩射之。薄暮，敬瑭引去，廷隐引兵蹑之，与伏兵合击，败之。

唐遣安重海督征蜀诸军石敬瑭征蜀未有功，使者自军前来，多言道险狭，难进兵，关右之民疲于转饷[1]，聚为盗贼。唐主忧之，谓近臣曰："谁能办吾事者？吾当自行耳。"安重海曰："军威不振，臣之罪也。臣请自往督战。"拜辞，遂行，日驰数百里。西方藩镇闻之，无不惶骇，钱帛、刍粮昼夜辇运赴利州，人畜毙踣[2]不可胜纪。时唐主已疏重海，石敬瑭本不欲西征，及重海西出，乃敢累表奏论，以为蜀不可伐，唐主颇然之。

辛卯（公元 931 年）

后唐长兴二年。〇是岁，凡四国、三镇。

春，正月，孟知祥兵陷遂州，唐守将夏鲁奇死之。

唐召安重海还。二月，石敬瑭引兵遁归[3]，两川兵追之，陷利州初，凤翔节度使朱弘昭谄事安重海，连得大镇。重海过凤翔，弘昭迎拜马首，馆于

1　转饷：运送军粮。
2　毙踣：倒毙。
3　遁归：逃回来。

府舍，妻子罗拜，奉酒进食，礼甚谨。重诲为弘昭泣言："谗人交构，几不免。赖主上明察，得保宗族。"重诲既去，弘昭即奏："重诲怨望，有恶言。至行营，恐夺敬瑭兵柄。"又遗敬瑭书，言："重诲举措孟浪，恐将士疑骇[1]，宜逆止[2]之。"敬瑭大惧，即上言："重诲至，恐有变，宜急征还。"宣徽使孟汉琼自西方还，亦言重诲过恶。有诏召重诲还。二月朔，石敬瑭以遂、阆既陷，粮运不继，烧营北归。军前[3]以告孟知祥。知祥匿书，谓赵季良曰："北军渐进，奈何？"季良曰："不过绵州必遁。"知祥问故，曰："彼悬军千里，粮尽，能无遁乎？"知祥大笑，以书示之。安重诲至三泉，得诏亟归。过凤翔，弘昭不内，重诲惧，驰骑而东。两川兵追敬瑭至利州，昭武节度使李彦琦弃城走。知祥以赵廷隐为昭武留后。廷隐遣使密言于知祥曰："董璋多诈，必为公患。因其至剑州劳军，请图之。并两川之众，可以得志于天下。"知祥不许。廷隐叹曰："不从吾谋，祸难未已！"

孟知祥兵陷忠、万、夔州。

唐以安重诲为护国节度使赵凤言于唐主曰："重诲，陛下家臣，终不叛主，但以不能周防[4]，为人所谮。陛下不察其心，重诲死无日矣。"唐主以为朋党[5]，不悦。

吴以宋齐丘为右仆射，致仕吴徐知诰欲以宋齐丘为相。齐丘自以资望素浅，欲以退让为高，谒归[6]洪州葬父，因入九华山[7]应天寺，启求[8]隐居。吴主下诏征之，不至。知诰遣其子景通入山敦谕，齐丘始还，除右仆射，致仕。

唐赐契丹突欲姓名李赞华，以为怀化节度使。

---

1 疑骇：怀疑惊骇。
2 逆止：阻挡前行。
3 军前：战场，前沿阵地。
4 周防：谨密防护。
5 朋党：同类的人以恶相济而结成的集团。
6 谒归：告假归里。
7 九华山：古山名，位于今安徽省池州市青阳县西南。
8 启求：请求。

唐以李从珂为左卫大将军。复钱镠官爵唐主既解安重诲枢务，乃召李从珂，泣谓曰："如重诲意，汝安得复见吾？"以为左卫大将军。尽复钱镠官爵，遣使往谕旨，以向日致仕，重诲矫制也。

唐以李愚同平章事。

夏，四月，唐以德妃王氏为淑妃。

闽奉国节度使王延禀举兵袭福州，败死延禀闻闽王延钧有疾，率建州刺史继雄将水军袭福州。延钧遣楼船指挥使王仁达拒之。仁达伪降，继雄喜，登舟慰抚，仁达斩之。延禀众溃，追擒之。延钧见之曰："果烦老兄再下[1]。"延禀惭，不能对，延钧斩之。遣其弟都教练使延政如建州，抚慰吏民。

唐以赵延寿为枢密使，石敬瑭兼六军诸卫使。

唐罢曲税罢亩税曲钱[2]，城中官造曲减旧半价，乡村听百姓自造，民甚便之。

唐以宦者孟汉琼为宣徽使汉琼本赵王镕奴也，时范延光、赵延寿惩[3]安重诲以刚愎得罪，每事不敢可否，独汉琼与王淑妃居中用事，人皆惮之。先是宫中须索[4]稍逾常度，重诲辄执奏，由是非分之求殆绝。至是，汉琼直以中宫之命取府库物，不复关由枢密院及三司，亦无文书，所取不可胜纪。

唐杀其太子太师致仕安重诲安重诲内不自安，表请致仕。闰月，制以太子太师致仕。其子崇赞、崇绪逃奔河中。以李从璋为护国节度使，遣步军指挥使药彦稠将兵趋河中。崇赞等至，重诲惊曰："汝安得来？"既而曰："此为人所使耳。吾以死徇国，夫复何言！"乃执二子表送诣阙。明日，有中使至，见重诲，恸哭。重诲问故，中使曰："人言令公有异志，朝廷已遣药彦稠将兵至矣。"重诲曰："吾受国恩，死不足报，敢有异志？更烦国家发兵，贻

1　果烦老兄再下：果然麻烦你老兄再下福州。
2　亩税曲钱：计亩收酒曲税。
3　惩：警戒，鉴戒。
4　须索：索取，勒索。

主上之忧，罪益重矣。"皇城使[1]翟光邺素恶重海，唐主遣诣河中察之。曰："重海果有异志，则诛之。"光邺至，从璋以甲士围其第，自入见重海，拜于庭下。重海惊，降阶[2]答拜，从璋奋树击其首。妻张氏惊救，亦树杀之。诏以重海离间孟知祥、董璋、钱镠，又诬其欲自击淮南以图兵柄，遣元随[3]窃二子归本道，并二子诛之。

唐遣两川将吏还谕本镇唐主遣西川进奏官苏愿、东川军将刘澄各还本道，谕以安重海专命[4]兴兵，今已伏辜。孟知祥遣使告董璋，欲与之俱上表谢罪。璋怒曰："孟公亲戚皆完[5]，固宜归附。璋已族灭，尚何谢为？"由是复为怨敌。

六月，唐均田税。

闽作宝皇宫闽王延钧好神仙之术，道士陈守元、巫者徐彦林与盛韬共诱之作宝皇宫，极土木之盛。

秋，九月，唐敕解纵五坊鹰隼敕解纵鹰隼，内外无得更进。冯道曰："陛下可谓仁及鸟兽。"唐主曰："不然。朕昔尝从武皇猎时，秋稼方熟，有兽逸入田中，遣骑取之，比及得兽，余稼无几。以是思之，猎有损无益，故不为耳。"

冬，十月，唐以王延政为建州刺史。

十一月朔，日食。

吴以其中书令徐知诰镇金陵，徐景通为司徒，辅政知诰表请归老[6]金陵。以知诰为镇海、宁国节度使，镇金陵，总录[7]朝政；以其子景通为司徒、同平章事，知中外左右诸军事，留江都辅政；以王令谋、宋齐丘为左、右仆

1　皇城使：古官名，由武德使改称，掌宫城门锁钥、木契等事，按时限启用宫门。
2　降阶：走下台阶，以示恭敬。
3　元随：贴身随从。
4　专命：不奉上命而自由行事。
5　完：完整。
6　归老：辞官养老。
7　总录：总领。

射，并同平章事，兼内枢使，以佐景通。知诰作礼贤院于府舍，聚图书，延士大夫，与孙晟、陈觉议时事。以国中屡灾，曰："兵民困苦，吾安可独乐？"悉纵遣侍妓，取乐器焚之。

十二月，**唐初听民铸田器[1]，亩收税钱**初听百姓自铸农器并杂铁器，每田二亩，夏秋输农具[2]三钱。

孟知祥遣李肇守利州昭武留后赵廷隐请兵于孟知祥，欲以取兴元及秦、凤，知祥不许。廷隐以顷在剑州与李肇同功，愿以昭武让肇，知祥褒谕[3]，不许。廷隐三让，知祥从之。

壬辰（公元 932 年）

后唐长兴三年。○是岁，凡四国、三镇。

春，正月，唐遣兵击党项，破之。

二月，唐初刻《九经》版，印卖之。

胡氏曰：有天下国家，必以经术示教化。不意五季[4]之君，夷狄之人，而知所先务[5]，可不谓贤乎？虽然，命国子监以大本行[6]，所以一文义，去舛讹[7]，使人不迷于所习[8]，善矣。颁[9]之可也，鬻之非也。或曰："天下学者甚众，安得人人而颁之？"曰："以监本[10]为正，俾郡邑[11]皆传刊[12]焉，何患于不给哉？"

唐赐高从诲爵勃海王。

1　田器：农具。
2　农具：即农具税。
3　褒谕：褒奖晓谕。
4　五季：即后梁、后唐、后晋、后汉、后周五代。
5　先务：首要的事务。
6　行：发行。
7　舛讹：谬误，差错。
8　所习：自己熟悉的东西。
9　颁：发下。
10　监本：国子监刻的版本。
11　郡邑：府县。
12　传刊：传播刊刻。

三月，吴越武肃王钱镠卒，子元瓘嗣镠寝疾，谓将吏曰："吾疾必不起，诸儿皆愚懦[1]，谁可为帅者？"众泣曰："两镇令公[2]仁孝有功，孰不爱戴？"镠乃悉出印钥[3]授传瓘曰："将吏推尔，宜善守之。"又曰："子孙善事中国，勿以易姓废事大[4]之礼。"卒，年八十一。传瓘与兄弟同幄行丧[5]。内牙指挥使陆仁章曰："令公嗣先王霸业，将吏旦暮趋谒[6]，当与诸公子异处。"乃命主者更设一幄，扶传瓘居之，禁诸公子从者，无得妄入。镠末年，左右皆附传瓘，独仁章数以事犯之。至是，传瓘劳之。仁章曰："先王在位，仁章不知事令公。今日尽节[7]，犹事先王也。"传瓘嘉叹[8]久之。传瓘更名元瓘。以遗命去国仪[9]，用藩镇法。除民田荒绝者租税。置择能院，掌选举殿最。内牙指挥使刘仁杞及仁章久用事，为众所恶。一日，诸将共请诛之，元瓘谕之曰："二将事先王久，吾方图其功，汝曹乃欲逞私憾而杀之，可乎？吾为汝主，汝当禀吾命。不然，吾当归临安以避贤路！"众惧而退。乃以仁章为衢州刺史，仁杞为湖州刺史。中外有上书告讦者，元瓘皆置不问，由是将吏辑睦。

契丹遣使如唐初，契丹舍利[10]薍剌与惕隐皆为赵德钧所擒，契丹屡遣使请之。唐主谋于群臣，德钧等皆曰："契丹所以数年不犯边、数求和者，以此辈在南故也，纵之则边患复生。"冀州刺史杨檀亦曰："薍剌，契丹之骁将，在朝廷数年，知中国虚实，若得归，为患必深，恐悔之无及。"既而契丹使者辞归，唐主曰："朕志在安边，不可不少副[11]其求。"乃遣薍骨舍利与之俱归。契丹以不得薍剌，自是数寇云州及振武。

1　愚懦：愚昧怯懦。
2　两镇令公：即钱传瓘。
3　印钥：印匣的钥匙。
4　事大：小国侍奉大国。
5　同幄行丧：同在一个帐幕内守丧。幄，帐幕。
6　趋谒：前往觐见。
7　尽节：尽心竭力。
8　嘉叹：赞叹。
9　国仪：国家的礼仪，朝廷的礼仪。
10　舍利：契丹贵族的称呼。
11　副：符合，满足。

　　夏，四月，董璋袭西川。五月，孟知祥击败之。璋为其下所杀。知
祥遂取东川孟知祥三遣使说董璋，以："主上加礼于两川，苟不奉表谢罪，
恐复致讨。"璋不从。三月，遣李昊诣梓州，极论利害，璋诟怒不许。昊还，
言于知祥曰："璋不通谋议，且有窥西川之志，公宜备之。"至是，璋会诸将，
谋袭成都，皆曰："必克。"王晖曰："剑南万里，成都为大。时方盛夏，师出
无名，必无成功。"璋不从。自将破白杨林镇[1]，声势甚盛。知祥忧之，赵季良
曰："璋为人勇而无恩，士卒不附，城守则难克，野战则成擒矣。今不守巢穴，
公之利也。璋用兵，精锐皆在前锋，公宜以赢兵诱之，以劲兵待之，始虽小
衄[2]，后必大捷。璋素有威名，今举兵暴[3]至，人心危惧，公当自出御之，以强
众心。"赵廷隐亦以为然。乃以廷隐为都部署[4]，将三万人拒之。五月朔，入辞。
璋檄至，又有遗季良、廷隐及李肇书，诬之，云与己通谋。廷隐不视，投之于
地，曰："不过为反间，欲令公杀副使与廷隐耳。"再拜而行。知祥曰："事必
济矣。"肇囚其使者，拥众为自全计。璋克汉州。知祥自将兵八千趋汉州，廷
隐陈于鸡踪桥[5]，张公铎陈于其后。璋退陈于武侯庙[6]下，璋帐下骁卒[7]大噪曰：
"日中曝[8]我辈何为？何不速战？"璋乃上马。前锋始交，指挥使张守进降于
知祥，言："璋兵尽此，无复后继，当急击之。"知祥登高冢[9]督战。赵廷隐三
战不利，知祥惧，以马棰[10]指后阵。张公铎率众大呼而进，东川兵大败，死者
数千人。璋与数骑遁去，余众七千人降。知祥引兵追璋，至赤水[11]而还。命廷
隐攻梓州。璋至梓州，王晖率兵三百大噪而入。璋引妻子登城，呼指挥使潘

1　白杨林镇：古地名，位于今四川省广汉市东。
2　衄：损伤，挫败。
3　暴：突然而且猛烈。
4　都部署：古官名，为战时指挥部分军队的指挥官。
5　鸡踪桥：古桥名，位于今四川省成都市新都区北。
6　武侯庙：亦称武侯祠，位于今四川省成都市区南武侯祠大街北侧，为祭祀诸葛亮的庙宇。
7　骁卒：骁勇的士兵。
8　曝：晒。
9　高冢：高的坟头。
10　马棰：马杖，马鞭。
11　赤水：古水名，位于今四川省广汉市东南。

稠，使讨乱兵。稠斩璋首，以授晖。晖举城迎降。廷隐封府库以待知祥。李肇
闻璋败，始斩其使以闻。知祥复将兵八千如梓州。李仁罕自遂州来，侵侮[1]廷
隐，廷隐大怒。知祥犒赏将士，谓仁罕、廷隐曰："二将谁当镇此？"命李昊
草牒，俟二将所推[2]而命之。昊曰："昔梁祖、庄宗皆兼领四镇，今二将不让，
惟公自领之为便耳。"知祥命李仁罕归遂州，留赵廷隐东川巡检，遂还成都。
廷隐亦引兵还。知祥谓李昊曰："君为我晓[3]廷隐，今复以阆州为保宁军，益以
果、蓬、渠、开四州，往镇之。吾自领东川，以绝仁罕之望。"廷隐犹不平。
昊深解之，乃受命。赵季良率将吏请知祥兼镇东川，许之。又请称王，不许。
董璋之起兵也，范延光言于唐主曰："若两川并于一贼，取之益难，宜及其交
争[4]，早图之。"唐主以为然。未几，闻璋败死，延光曰："知祥虽据全蜀，然士
卒皆东方人，知祥恐其思归为变，亦欲倚朝廷之重以威其众，陛下不屈意[5]抚
之，彼则无从自新。"唐主曰："知祥吾故人，为人离间至此，何屈意之有？"
乃遣供奉官李存瓌赐知祥诏。知祥拜泣受诏，上表谢罪。自是复称藩，然益骄
倨矣。

秋，七月，唐武安节度使马希声卒。八月，弟希范嗣。

唐以李从珂为凤翔节度使。

唐诏孟知祥补两川节度使以下官知祥令李昊为武泰[6]赵季良等五留后草
表，请以知祥为蜀王，行墨制，仍自求旄节。昊曰："如此，则轻重之权皆在
群下矣。借使明公自请，岂不可邪？"知祥大悟，更令昊为己草表，请行墨制，
补两川刺史以下。又表请以季良等为节度使。初，安重诲欲图两川，每除刺史，
皆以东兵卫送之，小州不减五百人，夏鲁奇、李仁矩、武虔裕各数千人，皆

1　侵侮：侵犯侮辱。
2　推：辞让，让给别人。
3　晓：告知，使明白。
4　交争：互相争战。
5　屈意：屈就，迁就。
6　武泰：方镇名，即武泰军，由黔州观察使改置，辖今北至重庆綦江、湖北建始，南抵广
　　西西林、东兰，西至贵州毕节，东抵湖南溆浦、洪江地区。

以牙队为名。及知祥克六镇，得东兵无虑[1]三万人，恐朝廷征还，表请其妻子。诏凡剑南节度使以下官，听知祥署讫[2]奏闻，唯不遣戍兵妻子。然其兵亦不复征也。

吴徐知诰广金陵城。

九月，唐城三河县[3]初，契丹既强，寇钞卢龙诸州皆遍。每自涿州运粮入幽州，虏多伏兵于阎沟掠取之。及赵德钧为节度使，城阎沟而戍之，为良乡县[4]，粮道稍通。于州东五十里，城潞县[5]而戍之。近州之民，始得稼穑。至是又于州东北百余里，城三河县，以通蓟州运路。虏骑[6]来争，德钧击却之。

唐大理少卿康澄上疏论事，唐主优诏答之澄上疏曰："国家有不足惧者五，有深可畏者六：阴阳不调不足惧，三辰失行[7]不足惧，小人讹言不足惧，山崩川涸不足惧，蟊贼[8]伤稼不足惧；贤人藏匿深可畏，四民迁业[9]深可畏，上下相徇[10]深可畏，廉耻道消[11]深可畏，毁誉乱真深可畏，直言蔑闻[12]深可畏。不足惧者，愿陛下存而勿论；深可畏者，愿陛下修而靡忒[13]。"优诏奖之。

胡氏曰：康澄之所谓不足惧者，非诚不足惧也，所以明夫六可畏之必可畏也。使澄信以为不足惧，则其所谓可畏者，幸而言中耳。言虽不足以尽人[14]，亦足以取人[15]。澄所言乃常理，而未有总而言之如是之明者。使明宗善听，于以卜相可也，何止优诏答之而已乎？

1　无虑：大约，总计。
2　署讫：签署任命完。
3　三河县：古县名，治所即今河北省廊坊市辖三河市。
4　良乡县：古县名，治所位于今北京市房山区东南。
5　潞县：古县名，治所位于今北京市通州区东。
6　虏骑：敌人的骑兵。
7　三辰失行：日、月、星三星运行失常。
8　蟊贼：吃禾苗的两种害虫，食根曰蟊，食节曰贼。
9　四民迁业：士、农、工、商四民改变原先从事的职业。
10　相徇：互相勾结。
11　道消：某种主张被压抑不得伸张。
12　蔑闻：听不到。
13　靡忒：不变更。
14　尽人：人人，所有的人。
15　取人：选择人。

冬，十一月，唐以石敬瑭为河东节度使秦王从荣喜为诗，聚浮华之士高辇等于幕府，与相唱和，颇自矜伐。唐主语之曰："吾虽不知书，然喜闻儒生讲经义，开益人智思[1]。吾见庄宗好为诗，将家子，文非素习，徒取人窃笑，汝勿效也。"从荣为人鹰视[2]，轻佻峻急，既参朝政，骄纵不法。安重诲死，王淑妃、孟汉琼宣传制命。范延光、赵延寿为枢密使，从荣皆轻侮之。石敬瑭兼六军诸卫副使，其妻永宁公主与从荣异母，素相憎疾。从荣以从厚声名出己右，尤忌之。从厚善以卑弱[3]奉之，故嫌隙不外见。敬瑭不欲与从荣共事，常思外补以避之。延光、延寿亦虑及祸，屡辞机要。会契丹欲入寇，唐主命择河东帅，延光、延寿皆曰："今帅臣可往者，独石敬瑭、康义诚耳。"敬瑭亦愿行，即命除之。既受诏，不落六军副使[4]，敬瑭复辞。遂召义诚诣阙，且命趣议河东帅。敬瑭欲之，而延光、延寿欲用义诚，议久不决。枢密直学士[5]李崧以为："非石太尉不可。"众从崧议，遂以敬瑭镇河东。敬瑭至晋阳，以部将刘知远、周瓌为都押衙[6]，委以心腹，军事委知远，帑藏委瓌。

唐蔚州叛，降契丹蔚州刺史张彦超与石敬瑭有隙，闻敬瑭为总管，遂降契丹。

癸巳（公元 933 年）

后唐长兴四年。闽王王延钧龙启元年。〇是岁，凡四国、三镇。

春，正月，闽王王延钧称帝，更名璘闽人有言真封宅[7]龙见者，闽王延钧更命其宅曰龙跃宫。遂诣宝皇宫受册，备仪卫入府，即皇帝位。自以国小地

1　开益人智思：开益，启发，增益。智思，智慧，才智。
2　鹰视：如鹰视物，形容目光锐利。
3　卑弱：卑微柔弱。
4　不落六军副使：不落六军副使的职位名款。
5　枢密直学士：古官名，简称"枢直"，充皇帝侍从，备顾问应对。
6　都押衙：古官名，藩镇下属的武官，没有品级，为府主名义上的亲信之首。
7　真封宅：闽王王延钧未做国主之前所住的宅第。

僻，常谨事四邻，由是境内差[1]安。

二月，**唐定难节度使李仁福卒，子彝超嗣。**

唐以孟知祥为蜀王。

三月，**唐以李彝超为彰武**[2]**留后，安从进为定难留后。彝超拒命**先是，河西诸镇皆言李仁福潜通契丹，并吞河右，南侵关中。会仁福卒，以其子彝超为彰武留后，安从进为定难留后，仍命静难节度使药彦稠将兵五万，以宫苑使安重益为监军，送从进赴镇。敕谕夏、银、绥、宥将吏："彝超年少，未能捍御，故徙之延安[3]。从命则有富贵之福，违命则有覆族[4]之祸。"四月，彝超上言："为军民拥留[5]，未得赴镇。"诏遣使趣之。

唐以刘瓒为秦王傅言事者请为亲王置师傅，宰相畏秦王从荣，请令自择。秦府判官王居敏荐兵部侍郎刘瓒于从荣，从荣请以为傅。王府参佐皆新进少年，轻脱诡谏，瓒独从容规讽。从荣不悦，概以僚属待之。瓒有难色[6]，从荣戒门者勿为通，月听一至府，或竟日不召，亦不得食。

唐立子从珂为潞王，从益为许王。

闽地震初，闽王审知性节俭，府舍皆庳陋[7]。至是大作宫殿，极土木之盛。

吴徐知诰营宫城于金陵宋齐丘劝徐知诰徙吴主都金陵，知诰乃营宫城于金陵。

秋，七月，**唐安从进讨李彝超，不克，引还**安从进攻夏州。州城赫连勃勃所筑，坚如铁石，斫、凿不能入。又党项万余骑，徜徉四野[8]，抄掠粮饷，官军无所刍牧。山路险狭，关中民输斗粟束藁，费钱数缗，民间困竭不能供。

1　差：稍微。
2　彰武：方镇名，即彰武军，领延、丹二州，辖今陕西省志丹、子长县以南，黄龙山以东，宜川县以北地区。
3　延安：古县名，治所位于今陕西省延安市延长县南。
4　覆族：灭族。
5　拥留：拥护挽留。
6　难色：为难的表情。
7　庳陋：矮小简陋。
8　徜徉四野：徜徉，徘徊，盘旋往返。四野，四方的原野，亦泛指四方，四处。

彝超登城谓从进曰："夏州贫瘠，非有珍宝蓄积，可以充朝廷贡赋也。但以祖父世守此土，不欲失之。幸与表闻，许其自新。"诏从进引兵还。自是夏州轻朝廷，每有叛臣，必阴与之连，以邀赂遗。

唐赐在京诸军优给唐主暴得风疾，久未平。征夏州无功，军士颇有流言。于是赐在京诸军优给有差。赏赉无名，士卒益骄。

唐以钱元瓘为吴王元瓘于兄弟甚厚，其兄元璙自苏州入见，元瓘以家人礼事之。奉觞为寿曰："此兄之位也，而小子居之，兄之赐也。"元璙曰："先王择贤而立之，君臣位定，元璙知忠顺而已。"因相与对泣。

闽以薛文杰为国计使[1]文杰性巧佞，以聚敛求媚，闽主璘亲任之。文杰阴求富民之罪，籍没其财。被榜捶者，胸背分受，仍以铜斗火熨[2]之。建州土豪吴光入朝，文杰利其财，将治之。光怨怒，率其众且万人叛奔吴。

唐主加尊号，赐内外将士优给时一月之间再行优给，用度益窘。

唐以秦王从荣为天下兵马大元帅太仆少卿致仕何泽表请立从荣为太子。唐主览表泣下，私谓左右曰："群臣请立太子，朕当归老太原旧第耳。"不得已，诏宰相、枢密议之。从荣见上言曰："臣幼少，且愿学治军民，不愿当此名也。"退见范延光、赵延寿，曰："执政欲夺我兵柄，幽之东宫耳。"延光等知上意，且惧从荣之言，即以白上。制以从荣为天下兵马大元帅，位宰相上。

胡氏曰：明宗初非有黄屋[3]之志，邂逅[4]得国，无富贵奢侈之奉，而有老成朴素之风，其德美矣。至于始终之际，乃卷恋把握[5]，不肯释手。呜乎，此固中君[6]所难也！明宗虽不知书，既亲儒士，喜经义，而懵然于此，岂非冯道、赵凤稽古无功，不足以启沃故耶？

1　国计使：古官名，废建昌宫使以后置，凡天下金、谷、兵、戎，旧隶建昌宫使者，悉主之。
2　熨：用烙铁、熨斗烫。
3　黄屋：帝王专用的黄缯车盖。也借指帝王权位。
4　邂逅：偶然，侥幸。
5　把握：掌握。
6　中君：才德平常的君主。

唐以赵延寿为宣武节度使，朱弘昭为枢密使秦王从荣请严卫、捧圣步骑两指挥[1]为牙兵。每入朝，从数百骑，张弓挟矢，驰骋衢路。不快于执政，私谓所亲曰："吾一旦南面，必族之。"范延光、赵延寿惧，屡求外补以避之。唐主以为见己病而求去，甚怒曰："欲去自去，奚用表为？"齐国公主复为延寿言于禁中。乃以延寿为宣武节度使，以朱弘昭为枢密使、同平章事。弘昭复辞，唐主叱之，弘昭乃不敢言。

唐遣使如吴越吏部侍郎张文宝泛海使杭州，船坏，风飘至天长。吴主厚礼之，资以从者仪服、钱币数万。文宝独受饮食，余皆辞之，曰："本朝与吴久不通问，今既非君臣，又非宾主，若受此物，何辞以谢？"吴主嘉之。竟达命[2]于杭州而还。

闽主璘杀其从子继图薛文杰说闽主璘抑挫[3]诸宗室，继图不胜忿，谋反坐诛，连坐者千余人。

冬，十月，唐以范延光为成德节度使，冯赟为枢密使延光屡因孟汉琼、王淑妃以求出，以为成德节度使，以冯赟代之。唐主以亲军都指挥使康义诚为朴忠，亲任之。时要近之官，多求出以避秦王之祸。义诚度不能自脱，乃令其子事秦王，务持两端，冀得自全。唐主饯范延光曰："卿今远去，事宜尽言。"对曰："朝廷大事，愿陛下与内外辅臣参决，勿听群小之言。"遂相泣而别。时孟汉琼用事，附之者共为朋党，以蔽惑上听[4]，故延光言及之。

唐以李彝超为定难节度使彝超上表谢罪，故有是命。

十一月，唐主疾病[5]，秦王从荣作乱，伏诛唐主疾作[6]，大渐，秦王从荣入问疾，唐主俯首不能举。从荣出，闻宫中皆哭，意唐主已殂，明旦称疾不入。从荣自知不为时论所与，恐不得为嗣，与其党谋，欲以兵入侍，先制权

1　指挥：军队的编制单位，五百人为一指挥。
2　达命：完成使命。
3　抑挫：抑制挫折。
4　上听：君主的耳目。
5　疾病：病重。
6　作：发作，发生。

臣，遣都押牙[1]马处钧谓朱弘昭、冯赟曰："吾欲率牙兵入宫中侍疾，且备非常。"二人曰："主上万福，王宜竭心忠孝，不可妄信浮言[2]。"从荣怒，复遣谓曰："公辈殊不爱家族邪？何敢拒我？"二人患之，入告王淑妃、孟汉琼。召康义诚谋之，义诚竟无言。从荣将步、骑千人陈于天津桥，遣马处钧至冯赟第，语之曰："吾今日决入，公辈祸福在须臾耳！"赟驰入右掖门[3]，见弘昭、义诚、汉琼及三司使孙岳。赟让义诚曰："公勿以儿在秦府[4]，左右顾望。主上拔擢[5]吾辈，自布衣至将相。苟使秦王兵得入此门，置主上何地乎？"义诚未对。监门白秦王已将兵至端门外。汉琼拂衣起，入殿门，弘昭、赟随之。义诚不得已，亦随之入。汉琼见唐主，曰："从荣反，兵已攻端门矣。"唐主指天泣下，谓义诚曰："卿自处置，勿惊百姓。"控鹤指挥使李重吉，从珂之子也，时侍侧[6]。唐主曰："吾与尔父冒矢石定天下，从荣辈得何力？今乃为人所教，为此悖逆。当呼尔父，授以兵柄耳。"重吉即率控鹤兵守宫门。汉琼召马军指挥使朱洪实，使将五百骑讨从荣。从荣先归府，僚佐皆窜匿，牙兵溃去。皇城使安从益斩从荣，并其子以献。唐主悲骇[7]，绝而复苏，由是疾复剧。从荣一子尚幼，养宫中，诸将请除之。唐主泣曰："此何罪？"不得已，竟与之。时宋王从厚为天雄节度使，遣孟汉琼征之。追废从荣为庶人。执政共议从荣官属之罪，冯道曰："从荣所亲者，高辇、刘陟、王说而已。自非与之同谋，岂得一切诛之？"于是流、贬有差。初，从荣失道，六军判官赵远谏曰："大王勿谓父子至亲为可恃，独不见恭世子、戾太子[8]乎？"从荣怒，出为泾州判官。及从荣败，远以是知名。远字上交，幽州人也。

1　都押牙：古官名，节度使衙门所属牙将，掌军法，亦参与军机。
2　浮言：无根据的话。
3　右掖门：洛阳皇城南门之一，在端门之西。
4　秦府：秦王李从荣的府第。
5　拔擢：提拔。
6　侍侧：陪侍左右。
7　悲骇：悲伤吃惊。
8　恭世子、戾太子：春秋时晋献公之子恭世子，汉武帝之子戾太子，均因谋反被杀。

唐主亶殂明宗性不猜忌，与物无竞。登极之年，已逾六十。每夕于宫中焚香祝天曰："某胡人，因乱为众所推，愿天早生圣人，为生民主。"在位年谷屡丰，兵革罕用，校于五代，粗为小康[1]。

胡氏曰：明宗美善颇多，过举亦不至甚，求于汉、唐之间，盖亦贤主也。其尤足称者，内无声色[2]，外无游畋，不任宦官，废内藏库，赏廉吏，治赃蠹[3]。若辅相得贤，则其过举当又损矣。其焚香祝天之言，发于诚心。天既厌乱[4]，遂生圣人。用是观之，天人交感[5]之理，不可诬矣。

闽主璘杀其枢密使吴勖闽主璘好鬼神，巫盛韬等皆有宠。薛文杰言于璘曰："陛下左右多奸臣，非质诸鬼神不能知也。盛韬善视鬼，宜使察之。"文杰恶枢密使吴勖。勖有疾，文杰省之，曰："主上以公久疾，欲罢公近密。仆言公但小苦头痛耳，将愈矣。主上或遣使来问，慎勿以他疾对也。"明日，使韬言于璘曰："适见北庙崇顺王[6]讯吴勖谋反，以铜钉钉其脑。"璘以告文杰，文杰曰："未可信也，宜遣使问之。"果以头痛对。即收下狱，遣文杰治之。勖自诬服，并其妻子诛之。由是国人益怒。吴光请兵于吴，吴信州刺史蒋延徽不俟朝命，引兵会攻建州。璘遣使求救于吴越。

十二月，唐主从厚立唐主自终易月之制，即召学士读《贞观政要》《太宗实录》，有致治之志。然不知其要，宽柔[7]少断。李愚私谓同列曰："位高责重，事亦堪忧。"朱弘昭以诛秦王、立唐主为己功，欲专朝政。天雄押牙宋令询侍唐主最久，雅[8]被亲信。弘昭不欲其在唐主左右，以为磁州刺史。唐主不

1　校于五代，粗为小康：从五代时期来衡量，稍称小康。小康，政教清明、人民富裕安乐的社会局面。
2　声色：歌舞与女色。
3　赃蠹：贪赃的蛀虫。
4　厌乱：厌恶战乱。
5　交感：相互感应。
6　北庙崇顺王：即刘行全，安徽淮甸人，公元 880 年冬，同其妻兄王绪在寿州组织农民起义军。刘行全作为先锋将从河南光州打到福建，为开闽王王审知统一福建作出贡献。公元 893 年，闽王为感念刘行全的功绩和忠烈，在晋江县立庙祀之。又感"刘行全阴功"，在福州立北庙祀之。公元 919 年，刘行全事迹闻于朝廷，进封为崇顺王。
7　宽柔：宽缓和柔。
8　雅：表示程度很深，相当于"很""极"。

悦，而无如之何。孟知祥闻明宗殂，亦谓僚佐曰："宋王幼弱，为政者皆胥吏小人，其乱可坐而俟也。"

闽主璘杀其指挥使王仁达仁达有擒王延禀之功，性慷慨，言事无所避，闽主璘恶之。诬以谋叛，族诛之。

甲午（公元 934 年）

后唐闵帝从厚应顺元年。四月以后，唐主从珂清泰元年。蜀主孟知祥明德元年。〇是岁，蜀建国，凡五国、三镇。

春，正月，唐以高从诲为南平王，马希范为楚王，钱元瓘为吴越王。

唐以李重吉[1]为亳州团练使潞王从珂与石敬瑭少从明帝[2]征伐，有功名，得众心。朱弘昭、冯赟位望素出二人下远甚，一旦执朝政，皆忌之。及明宗殂，从珂辞疾不来。使臣至凤翔者，或自言伺得从珂阴事。于是朱、冯不欲重吉典禁兵，出为亳州团练使。从珂女为尼洛阳，亦召入禁中。从珂由是疑惧。

吴人攻闽建州，不克吴蒋延徽败闽兵于浦城[3]，遂围建州。闽主璘遣兵救建州，军及中途，士卒不进，曰："不得薛文杰，不能讨贼。"军中以闻，国人震恐。太后及福王继鹏泣谓璘曰："文杰盗弄国权[4]，枉害无辜，上下怨怒久矣。今吴兵深入，士卒不进，社稷一旦倾覆，留文杰何益？"文杰亦在侧，互陈利害。璘曰："吾无如卿何，卿自为谋。"文杰出，继鹏伺之门外，以笏击之，仆地。槛车送军前，士卒脔食之。初，文杰以古制槛车疏阔，更为之，形如木匮[5]，攒以铁铦内向，动辄触之[6]。既成，而首自入焉。并诛盛韬。延徽攻建

1　李重吉：李从珂的长子。
2　明帝：即后唐明宗李嗣源。
3　浦城：古县名，治所即今福建省南平市浦城县。
4　国权：政府或国君的权力。
5　木匮：木柜。
6　攒以铁铦内向，动辄触之：四面聚拢铁铦，锋尖朝内，里面的人一动便要触碰它。攒，凑集，聚拢。铦，刀、剑等的尖端。

州垂克，徐知诰以延徽吴太祖[1]之婿，与临川王蒙素善，恐其克建州，奉蒙以图兴复，遣使召之。延徽亦闻闽兵及吴越兵将至，引兵归。闽人追击，败之。知诰贬延徽为右威卫将军，遣使求好于闽。

唐以唐泐、陈乂为枢密直学士唐主即位，旧镇将佐之有才者，朱、冯皆斥逐之。泐以文学从历三镇，而性迂疏[2]，故朱、冯引置密近[3]。又以其党陈乂监之。

蜀王孟知祥称帝知祥以赵季良为司空、平章事。

吴徐知诰黜其押牙周宗为池州副使，寻复召之吴人多不欲迁都者，都押牙周宗言于徐知诰曰："主上西迁，公复须东行，不惟劳费甚大，且违众心。"吴主遣宋齐丘如金陵谕知诰，罢迁都。先是，知诰久有传禅之志，以吴主无失德，恐众心不悦，欲待嗣君。宋齐丘亦以为然。一旦，知诰临镜镊白髭[4]，叹曰："国家安而吾老矣，奈何？"周宗知其意，请如江都，微以传禅讽吴主。齐丘以宗先己，心疾之，手书切谏，以为未可，请斩宗以谢吴主。乃黜宗为池州副使。久之，节度副使李建勋、司马徐玠等屡陈知诰功业，宜早从民望。召宗复为都押牙。知诰由是疏齐丘。

胡氏曰：齐丘果以传禅为不可，他日何为请幽让皇[5]，晚节[6]又谋篡国？以是知其建正论[7]，责劝进，不署表[8]，非真能守义也，特以自失先机，不得为元功耳。此奸邪之情实也。

唐以潞王从珂为河东节度使，石敬瑭为成德节度使。从珂举兵凤翔，唐遣兵讨之。官军降、溃朱弘昭、冯赟不欲石敬瑭久在太原，徙潞王

1　吴太祖：即杨行密。
2　迂疏：迂远疏阔。
3　密近：接近帝王的机要职位。
4　镊白髭：镊，夹出或拔出。白髭，白色的胡子。髭，嘴唇上边的短须。
5　让皇：让位的君主。
6　晚节：晚年。
7　正论：正确合理的言论。
8　署表：在奏章上签名。

从珂镇河东，敬瑭镇成德，皆不降制书，但各遣使臣持宣监[1]送赴镇。从珂既与朝廷猜阻，朝廷又命洋王从璋权知凤翔。从璋性粗率乐祸，前代安重诲而杀之。从珂谋于将佐，皆曰："主上富于春秋，政事出于朱、冯。大王功名震主，离镇必无全理[2]，不可受也。"观察判官马胤孙曰："君命召，不俟驾。今道过京师，临丧[3]赴镇而已。诸人凶谋，不可从也。"众哂之。从珂乃移檄邻道，言："朱弘昭等专制朝权，惧倾社稷。今将入朝以清君侧，而力不能独办，愿乞灵[4]邻藩以济之。"以西都留守王思同当东出之道，尤欲与之相结，遣使诣长安，说以利害，饵以美妓。思同谓将吏曰："吾受明宗大恩，今与凤翔同反，借使事成而荣，犹为一时之叛臣，况事败而辱，流千古之丑迹[5]乎？"遂执其使以闻。他使亦多为邻道所执，惟陇州防御使相里金倾心附之，遣判官薛文遇往来计事。朝廷议讨凤翔。康义诚不欲出，请以王思同为统帅，侯益为都虞候。益知军情将变，辞疾不行。严卫指挥使尹晖、羽林指挥使杨思权等皆为偏裨。护国节度使安彦威为都监。思同虽有忠义之志，而御军无法。从珂老于行阵，将士徼幸富贵者，心皆向之。三月，彦威与山南西道张虔钊、武定孙汉韶、彰义张从宾、静难康福等五节度使合兵讨凤翔。凤翔城堑卑浅[6]，守备俱乏。众心危急，从珂登城泣谓外军曰："吾未冠[7]从先帝百战，出入生死，金创[8]满身，以立今日之社稷，汝曹目睹其事。今朝廷信任谗臣，猜忌骨肉，我何罪而受诛乎？"因恸哭，闻者哀之。虔钊褊急，以白刃驱士卒登城。士卒怒，大诟，反攻之，虔钊走免。杨思权因大呼曰："大相公[9]，吾主也。"遂率诸军解甲投兵，请降于从珂，以幅纸[10]进曰："愿王克京城日，以臣为节度使。"从珂即书"思

---

1 宣监：枢密院所行的文书。
2 全理：得以保全的道理。
3 临丧：亲临丧礼。
4 乞灵：求助于神灵或某种权威。
5 丑迹：丑行。
6 城堑卑浅：城堑，城池。卑浅，矮小。
7 未冠：古礼，男子年二十而加冠，故未满二十岁为"未冠"。
8 金创：刀、剑、枪等金属利器造成的伤口。
9 大相公：即潞王李从珂。
10 幅纸：一幅纸。幅，宽度单位，一幅为二尺二寸。

权可邠宁节度使"授之。王思同犹未之知，趣士卒登城。尹晖大呼曰："城西军已入城受赏矣。"众争弃甲投兵而降，其声震地。日中，乱兵悉入，外军亦溃，思同等六节度使皆遁去。潞王悉敛城中之财以犒军，至于鼎釜[1]皆估值以给之。思同等至长安，副留守刘遂雍闭门不内，乃趋潼关。

唐潞王从珂至长安，唐主以康义诚为招讨使，将兵拒之。杀马军指挥使朱洪实从珂建大将旗鼓，整众而东，以孔目官刘延朗为腹心。刘遂雍悉出府库之财于外，军士前至者，即给赏令过，皆不入城。从珂至长安，遂雍迎谒，率[2]民财以充赏。都监王景从等奔还，中外大骇。唐主不知所为，谓康义诚等曰："先帝弃万国，朕外守藩方，当是之时，为嗣者，在诸公所取耳。既承大业，国事皆委诸公，诸公以社稷大计见告，朕何敢违？今事至于此，何方可以转祸[3]？朕欲自迎潞王，以大位让之。若不免于罪，亦所甘心。"朱弘昭、冯赟大惧，不敢对。义诚欲悉以宿卫兵迎降为己功，乃曰："侍卫诸军尚多，臣请自往，扼其冲要，招集离散，以图后效[4]。幸陛下勿为过忧。"唐主遣使召石敬瑭，欲令将兵拒之。义诚固请自行。唐主乃召将士慰谕，空府库以劳之，许以平凤翔，人更赏三百缗。军士益骄，无所畏忌。遣楚匡祚杀李重吉于宋州。匡祚榜捶重吉，责其家财。又杀尼惠明。初，马军都指挥使朱洪实为秦王从荣所厚，及从荣勒兵天津[5]，洪实首击之，康义诚由是恨之。唐主亲至左藏，给将士金帛，义诚、洪实共论用兵利害。洪实欲以禁军固守洛阳，曰："如此彼亦未敢径前，然后徐图进取，可以万全。"义诚怒曰："洪实欲反邪？"洪实曰："公自欲反，乃谓谁反？"其声渐厉。唐主闻，召而讯之，竟不能辨。遂斩洪实，军士益愤。

唐潞王从珂执西京留守王思同，杀之从珂至昭应，闻前军获王思同，

1　鼎釜：有足的煮器。
2　率：聚敛，征收。
3　转祸：把祸事变成好事。
4　后效：后来的效果，后来的表现。
5　天津：即天津桥，位于今河南省洛阳市隋唐故城正南洛水上。

曰：“思同虽失计，然尽心所奉，亦可嘉也。”至灵口[1]，前军执思同以至。从珂责让[2]之，对曰：“思同起行间，先帝擢之，位至节将，常愧无功以报大恩，非不知附大王立得富贵，助朝廷自取祸殃，但恐死之日，无面目见先帝于泉下耳。败而衅鼓[3]，固其所也，请早就死。”王为之改容曰：“公且休矣[4]。”欲宥之。而杨思权之徒耻见其面，尹晖尽取思同家资妓妾，屡言于刘延朗曰：“若留思同，虑失士心。”属[5]从珂醉，不待报，擅杀之，及其妻子。从珂醒，怒延朗，嗟惜[6]者累日。

唐潞王从珂至陕，诸将及康义诚皆降从珂至阌乡，朝廷前后所发诸军，遇之皆迎降，无一人战者。康义诚引兵发洛阳。诏以安从进为京城巡检。从进已受从珂书，潜布腹心矣。从珂至灵宝，安彦威、安重霸皆降，惟保义节度使康思立谋固守陕城。从珂前锋至城下，呼曰：“禁军十万已奉新帝，尔辈数人奚为？徒累一城人涂地耳。”于是士卒争出迎，思立不能禁，亦出迎。从珂至陕，移书谕洛阳文武士庶，惟朱弘昭、冯赟两族不赦。义诚所部自相结，百什[7]为群，弃甲兵，争先诣陕降。义诚麾下才数十人，亦因候骑请降。

唐主出奔。夏，四月，石敬瑭入朝，遇于卫州，杀其从骑[8]唐主忧骇[9]，不知所为，急遣中使召朱弘昭，谋所向。弘昭赴井死，安从进杀冯赟于第[10]，传二人首于从珂。唐主欲奔魏州，召孟汉琼，使为先置[11]。汉琼单骑奔陕。初，唐主密与慕容迁谋，使率部兵守玄武门。及是，以五十骑出门，谓曰：“朕且幸魏州，徐图兴复。汝率有马控鹤从我。”迁曰：“生死从大家。”乃伴

1　灵口：古地名，又作零口城，即今陕西省西安市临潼区零口镇。
2　责让：斥责，谴责。
3　衅鼓：古代战争时，杀人或杀牲，以血涂鼓行祭。
4　公且休矣：您先别说了。
5　属：恰好遇到。
6　嗟惜：嗟叹惋惜。
7　百什：十个百个。
8　从骑：随从的骑兵。
9　忧骇：忧愁害怕。
10　第：住宅。
11　先置：古代礼制，天子出行，先置供具于前。

为团结，而竟不行。冯道等入朝，及端门，闻变，道及刘昫欲归，李愚曰：

"天子之出，吾辈不预谋。今太后在宫，吾辈当至中书，遣小黄门取太后进止[1]，然后归第[2]，人臣之义也。"道曰："主上失守社稷，人臣惟君是奉。潞王已处处张榜，不若归俟教令[3]。"乃归。至天官寺，安从进遣人语之曰："潞王倍道而来，且至矣。相公宜率百官至谷水奉迎。"乃止于寺中，召百官。中书舍人卢导至，冯道曰："劝进文书，宜速具草。"导曰："潞王入朝，百官班迎可也。设有废立，当俟太后教令，岂可遽议劝进乎？"道曰："事当务实。"导曰："安有天子在外，人臣遽以大位劝人者邪？若潞王守节北面[4]，以大义见责，将何辞以对？公不如率百官诣宫门，进名[5]问安，取太后进止，则去就善矣。"道未及对，从进屡遣人趣之，道等即纷然而去。既而从珂未至，三相息[6]于上阳门外，卢导过前。道复召而语之，导对如初。李愚曰："舍人之言是也。吾辈之罪，擢发[7]不足数。"

胡氏曰：事当务实，此言是也，冯道以之处人主废兴则不可。若曰务实，曷亦劝明宗早建储嗣，劝闵帝黜远朱、冯，镇绥[8]中外，则难何由作乎？以之处此，是纱兄臂而得食[9]，搂邻女而得妻，不必由礼者也。

康义诚至陕待罪，从珂责之曰："先帝晏驾，立嗣在诸公；今上亮阴，政事出诸公。何为不能终始，陷吾弟至此乎？"义诚大惧，叩头请死。从珂素恶其为人，未欲遽诛，且宥之。乃上笺于太后取进止，遂自陕而东。四月，唐主至卫州东数里，遇石敬瑭，大喜，问以大计。敬瑭闻康义诚叛去，俯首长叹数

1　取太后进止：听取太后意见。
2　归第：回家。
3　教令：命令。
4　守节北面：守节，坚守节操。北面，面向北。古礼，臣拜君，皆面向北行礼，因而居臣下之位曰"北面"。
5　进名：将晋谒人员的姓名禀报进宫。
6　息：休息。
7　擢发：拔下头发计数，极言其多。
8　镇绥：安抚。
9　纱兄臂而得食：扭断兄长的手臂而抢夺其食物。纱，扭，拧。

四。乃见卫州刺史王弘贽，问之，弘贽曰："前代天子播迁多矣，然皆有将相、侍卫、府库、法物，使群下有所瞻仰[1]，今独以五十骑自随，虽有忠义之心，将若之何？"敬瑭还，以其言告弓箭库使沙守荣、奔洪进。洪进前责敬瑭曰："公明宗爱婿，富贵相与共之，忧患亦宜相恤[2]。今天子播越，委计于公，冀图兴复，乃以此四者为辞，是直欲附贼卖天子耳？"抽佩刀欲刺之，敬瑭亲将[3]陈晖救之。守荣斗死，洪进亦自刎。敬瑭牙内指挥使刘知远引兵入，尽杀唐主左右及从骑，独置唐主而去。敬瑭遂趋洛阳。

唐孟汉琼诣潞王从珂降，从珂诛之初，从珂罢河中归私第，王淑妃数遣孟汉琼存抚之。汉琼自谓于从珂有旧恩，至渑池西，见从珂大哭，欲有所陈。从珂曰："诸事不言可知。"即命斩于路隅。

唐兴元、武定两镇降蜀张虔钊之讨凤翔也，留武定节度使孙汉韶守兴元。虔钊败归，与汉韶举两镇之地降蜀。

唐潞王从珂入洛阳，废其主从厚为鄂王而自立从珂至蒋桥[4]，百官班迎。传教[5]以未拜梓宫，未可相见。冯道等皆上笺劝进。从珂入谒太后、太妃，诣西宫，伏梓宫恸哭，自陈诣阙之由。冯道率百官班见，拜，从珂答拜。道等复上笺劝进，从珂曰："予之此行，事非获已。俟皇帝归阙，园寝礼终，当还守藩服[6]。群公遽言及此，甚无谓也。"明日，太后下令废少帝为鄂王，以潞王知军国事。又明日，太后令潞王宜即帝位。乃即位于枢前。唐主从珂之发凤翔也，许军士以入洛人百缗。既至，问三司使王玫以府库之实，对有数百万在，既而阅实，金、帛不过三万两、匹。而赏军之费，计应用五十万缗。唐主怒。玫请率京城民财以足之。数日，仅得数万缗。唐主谓执政曰："军不可不赏，

---

1 瞻仰：仰慕，敬仰。
2 相恤：互相救助。
3 亲将：亲信的将领。
4 蒋桥：古桥名，位于今河南省洛阳市隋唐故城西谷水上。
5 传教：传令。
6 藩服：古九服之一。古代分王畿以外之地为九服，其封国区域离王畿最远的称"藩服"。

人不可不恤，今将奈何？"执政请据屋为率[1]，无问士庶自居及僦者，预借五月僦直。从之。

胡氏曰：潞王才入洛，剥[2]民酬兵。自是而后，六军贩易天子，益以习熟[3]。唐、晋、汉、周皆不过再传，旋又为人所贸[4]。故曰后义先利，虽夺之，犹不餍[5]也。

唐主从珂弒鄂王从厚于卫州，磁州刺史宋令询死之王弘贽迁唐闵帝于州廨[6]。唐主从珂遣弘贽之子峦往酖之，闵帝不饮，峦缢杀之。闵帝性仁厚，于兄弟敦睦，虽遭秦王忌疾，坦怀待之，卒免于患。及嗣位，于潞王亦无嫌，而朱弘昭、孟汉琼之徒横生猜间[7]，闵帝不能违，以至祸败[8]焉。孔妃尚在宫中，唐主使人谓之曰："重吉辈何在？"遂杀妃，并其四子。闵帝之在卫州也，惟磁州刺史宋令询遣使问起居，闻其遇害，恸哭半日，自经死。

胡氏曰：欧阳公[9]《五代史》取死节者三人，死事者十人，而不及宋令询，岂以其君微，其事略，故遗之欤？夫潞王非明宗之子也，闵帝真其国矣，所以不终者，身乏股肱，朝无桢干，非其罪也。令询不以其微而废君臣之义，虽王彦章、裴约，何以加焉？是以表而出之。

唐以郝琼权判枢密院。

唐康义诚伏诛，夷其族。

胡氏曰：误闵帝者，朱弘昭、冯赟、孟汉琼、康义诚为甚。潞王行此，虽不足以赎夺国弒君之罪，亦足少惩奸贼，快于人心，方诸符坚之不杀慕容评，隋文之不杀江总，太宗之不杀封伦、宇文士及，使小人洋洋然得志，自谓无适

1　率：比例，比率。
2　剥：盘剥，掠夺。
3　习熟：熟悉，熟知。
4　贸：交换财物，交易。
5　不餍：不足，不满足。
6　州廨：州署，州衙。
7　猜间：猜忌隔阂。
8　祸败：灾祸与失败。
9　欧阳公：即欧阳修。

不容[1]者，岂不贤哉？

唐赐将士缗钱[2]有差有司百方敛民财，仅得六万。唐主怒，下军巡使[3]狱，昼夜督责，囚系满狱。贫者至自经、赴井，而军士游市肆，皆有骄色。市人聚，诟之曰："汝曹为主力战，立功良苦，反使我辈鞭胸杖背，出财为赏，汝曹犹扬扬自得，不愧天地乎？"是时，竭左藏旧物，及诸道贡献，乃至太后、太妃器服、簪珥皆出之，才及二十万缗。唐主患之。学士李专美夜直[4]，唐主让之曰："卿名有才，不能为我谋此，留才安所施乎？"专美谢曰："臣驽劣，陛下擢任过分[5]，然军赏不给，非臣之责也。窃思自长兴[6]之季，赏赉丞行，卒以是骄。继以山陵及出师，帑藏遂涸。虽有无穷之财，终不能满骄卒之心，故陛下拱手于危困之中而得天下。夫国之存亡，不专系于厚赏，亦在修法度，立纪纲。陛下苟不改覆车[7]之辙，臣恐徒困百姓，存亡未可知也。今财力尽于此矣，宜据所有均给之，何必践[8]初言乎？"唐主以为然。诏禁军在凤翔归命者，赐钱七十缗至二十缗，在京者各十缗。军士无厌[9]，犹怨望，为谣言曰："除去菩萨，扶立生铁。"以闵帝仁弱，唐主刚严，有悔心故也。

五月，唐以韩昭胤为枢密使，刘延朗为副使。

唐复以石敬瑭为河东节度使唐主与石敬瑭皆以勇力善斗事明宗，然素不相悦。至是，敬瑭不得已入朝，不敢言归。时敬瑭久病羸瘠[10]，太后及魏国公主屡为之言，而凤翔旧将佐多劝留之，惟韩昭胤、李专美以为："赵延寿在汴，不宜猜忌敬瑭。"唐主亦见其骨立，不以为虞[11]，乃复遣之河东。

1　无适不容：无论到哪里都能容身。
2　缗钱：用绳穿起来连成串的钱。
3　军巡使：古官名，分掌京城争斗、推鞫事务。
4　夜直：夜里值班。
5　过分：超过才能。
6　长兴：后唐明宗李嗣源的年号，存续时间为公元930至933年。
7　覆车：翻车。
8　践：履行，实现。
9　无厌：不满足。
10　羸瘠：瘦弱。
11　虞：忧虑。

唐以冯道为匡国节度使，范延光为枢密使。

唐复以李从曮为凤翔节度使唐主之起凤翔也，悉取天平节度使李从曮家财、甲兵以供军。将行，凤翔之民遮马，请复以从曮镇凤翔，许之。故有是命。

吴徐知诰幽其主之弟、临川王濛于和州知诰将受禅，忌临川王濛。遣人告濛藏匿亡命，擅造兵器，降封历阳公，幽于和州，命控鹤军使王宏将兵二百卫之。

秋，七月，唐以卢文纪、姚顗同平章事刘昫苛察，李愚刚褊，论议多不合，至相诟骂，事多凝滞。唐主患之，欲更命相。问所亲信，皆以尚书左丞姚顗、太常卿卢文纪、秘书监崔居俭对。论其才行，互有优劣。唐主不能决，乃置其名于琉璃瓶，夜焚香祝天，以箸挟[1]之，得二人，乃有是命。

唐流楚匡祚于登州唐主欲杀楚匡祚，韩昭胤曰："陛下为天下父，天下之人皆陛下子，用法宜存至公。匡祚受诏检校重吉家财，不得不尔。今族匡祚，无益死者，恐不厌[2]众心。"乃流登州。

蜀主知祥殂，子昶立蜀主得疾逾年，至是增剧。立子仁赞为太子，召司空赵季良、节度使李仁罕、赵廷隐、枢密使王处回受遗诏辅政。是夕殂，秘不发丧。王处回夜启义兴门告赵季良。处回泣不已，季良正色曰："今强将握兵，专伺时变，宜速立嗣君，以绝觊觎[3]，岂可但相泣邪？"处回收泪谢之。季良教处回见李仁罕，审其词旨[4]，然后告之。处回至仁罕第，仁罕设备而出，遂不以实告。仁赞更名昶，即位。

八月，唐诏蠲逋租[5]三百三十八万初，唐主以王玫对左藏见财[6]失实，故

1　挟：夹。
2　不厌：不合。
3　觊觎：非分的希望或企图。
4　词旨：言辞意旨。
5　逋租：欠租。
6　见财：现有财帛。

以刘昫代判三司。昫命判官高延赏钩考穷核[1]，皆积年逋欠之数。奸吏利其征责丐取[2]，故存之。昫具奏其状，且请察其可征者急督之，必无可偿者悉蠲之。韩昭胤极言其便。八月，诏："长兴以前，户部及诸道逋租三百三十八万，咸免，勿征。"贫民大悦，而三司吏怨之。

唐李愚、刘昫罢。

冬，十月，蜀杀其中书令李仁罕，徙其侍中李肇于邛州仁罕自恃宿将有功，复受顾托，求判六军，令进奏吏[3]谕枢密院，又至学士院侦草麻[4]。蜀主不得已，加仁罕兼中书令，判六军事。昭武节度使李肇闻蜀主即位，顾望，不时入朝。至汉州，留饮逾旬。十月，始至成都。称足疾，扶杖入朝，不拜。指挥使张公铎与医官使[5]韩继勋等素怨仁罕，共谮之，云有异志。蜀主令继勋等与赵季良、赵廷隐谋，因仁罕入朝，命武士执而杀之。是日，肇始释杖而拜。左右请诛之。蜀主以为太子少傅致仕，徙邛州。

十一月，吴徐知诰召其子景通还金陵，留景迁江都辅政。

唐葬鄂王于徽陵[6]城南徽陵，明宗墓也。封[7]才数尺，观者悲之。

旱是岁秋、冬旱，民多流亡，同、华、蒲、绛尤甚。

汉平章事杨洞潜卒汉主命秦王弘度募宿卫兵千人，皆市井无赖，弘度昵[8]之。洞潜谏曰："秦王，国之冢嫡，宜亲端士，使之治军已过矣，况昵群小乎？"汉主不听。洞潜出，见卫士掠商人金、帛，商人不敢诉，叹曰："政乱如此，安用宰相？"因谢病归，久之，卒。

1　钩考穷核：钩考，探求考核。穷核，详细核验。
2　丐取：强取，勒索。
3　进奏吏：即进奏官，主持藩镇设在京师官邸之邸务，掌朝廷与本镇间诏令、章奏及各种文书的承传。
4　草麻：即草诏。唐宋时用黄白麻纸写诏书，故称。
5　医官使：古官名，主医官之事。
6　徽陵：后唐明宗李嗣源的陵墓，位于今河南省洛阳市新安县东北。
7　封：坟堆。
8　昵：亲近。

乙未（公元 935 年）

后唐清泰二年。吴天祚元年。闽永和元年。〇是岁，凡五国、三镇。

春，二月，唐夏州节度使李彝超卒，兄彝殷代之。

蜀主尊其母李氏为太后太后太原人，本唐庄宗[1]后宫也，以赐蜀高祖[2]。

闽主璘立其父婢陈氏为后陈氏本太祖侍婢金凤也，陋而淫[3]。闽主嬖之，立以为后，以其族人守恩、匡胜为殿使[4]。

三月，唐以赵延寿为枢密使。

唐诏开言路[5]太常丞史在德性狂狷[6]，上书历诋[7]内外文武之士，请遍加考试[8]，黜陟能否。执政大怒，卢文纪及补阙刘涛皆请加罪。唐主谓学士马胤孙曰："朕新临天下，宜开言路，若朝士以言获罪，谁敢言者？卿为朕作诏书，宣朕意。"乃下诏，略曰：昔魏徵请赏皇甫德参，今涛等请黜史在德，事同言异，何其远哉？在德情在倾输[9]，安可责也？

吴加徐景迁同平章事徐知诰令尚书郎陈觉辅景迁，谓曰："吾少时与宋子嵩论议，好相诘难[10]。子嵩携衣笥，望秦淮门，欲去者数矣，吾常戒门者止之。吾今老矣，犹未遍达时事。况景迁年少当国，故屈吾子[11]以诲之矣。"

夏，六月，吴中书令柴再用卒史官王振尝询再用战功，对曰："鹰犬微效[12]，皆社稷之灵，再用何功之有？"竟不报。

契丹寇边，唐北面总管石敬瑭将兵屯忻州敬瑭既还镇，阴为自全之

1　唐庄宗：即李存勖。
2　蜀高祖：即孟知祥。
3　陋而淫：丑陋而且淫荡。
4　殿使：帝王所派使者。
5　言路：人臣向朝廷进言的途径。
6　狂狷：放纵，不遵礼法。
7　诋：骂，说人坏话。
8　考试：考察，考核。
9　倾输：把感情尽量表达出来。
10　诘难：责难。
11　吾子：古时对人的尊称，可译为您。
12　鹰犬微效：鹰犬，打猎所用的鹰和狗，也比喻甘心受人驱使、做别人爪牙的人。微效，细小作用。

计。唐主好咨访外事，常命端明殿学士李专美、翰林学士李崧、知制诰吕琦、薛文遇、翰林天文[1]赵延义等更直于中兴殿庭，与语或至夜分。时敬瑭二子为内使，畧太后左右，令伺[2]其密谋，事无巨细皆知之。敬瑭对客常称羸瘵，不堪为帅，冀朝廷不之忌。时契丹屡寇北边，禁军多在幽、并。敬瑭与赵德钧求益兵运粮，朝夕相继。诏借河东人菽粟，诏镇州输绢五万匹于总管府，率镇冀车千五百乘，运粮于代州。时水旱，民饥，敬瑭遣使者督趣严急。山东流散，乱始兆矣。敬瑭将大军屯忻州，朝廷遣使赐军士夏衣，传诏抚谕，军士呼万岁者数四。敬瑭惧，幕僚段希尧请诛其唱者。敬瑭命刘知远斩三十六人以徇。唐主闻，益疑之。

唐诏："窃、盗不计赃，并纵火强盗，并行极法。"

秋，七月，唐遣北面副总管张敬达将兵屯代州唐以敬达为北面行营副总管，将兵屯代州，以分石敬瑭之权也。唐主深以时事为忧，尝从容让卢文纪等无所规赞[3]。文纪等上言："臣等每五日起居[4]，与两班旅见[5]，侍卫满前，虽有愚虑[6]，不敢敷陈。窃见前朝置延英殿，或宰相欲有奏论，天子欲有咨度[7]，皆非时[8]召对，旁无侍卫，故人得尽言。望复此故事。"诏以："旧制五日起居，百僚俱退，宰相独升，若常事自可敷奏。或事应严密，听于阁门奏牓子[9]，当尽屏侍臣，于便殿相待，何必袭延英之名也？"

唐以房暠为枢密使刘延朗及学士薛文遇等居中[10]用事，暠与赵延寿虽为使长[11]，启奏、除授，一归延朗。州镇自外入者，先赂延朗，后议贡献。赂厚者

1　翰林天文：古官名，待诏于翰林院，掌观测天象，占候卜筮，以其观测所得与司天监对照。
2　伺：探察。
3　规赞：规劝辅助。
4　每五日起居：每五天一次来问候主上的起居。
5　旅见：众人一同进见。
6　愚虑：谦称自己的思虑。
7　咨度：咨询，商酌。
8　非时：不时，时常。
9　牓子：札子，奏折。
10　居中：居官朝中。
11　使长：上司，属员对主管官的称呼。

先得内地，赂薄者晚得边陲。由是诸将帅皆怨愤。

蜀寇唐金州，不克蜀寇金州，拔水寨[1]。城中兵才千人，都监陈知隐遁去。防御使马全节馨[2]私财以给军，出奇[3]死战，蜀兵乃退。

冬，十月，闽李仿弑其主璘，而立福王继鹏，更名昶初，闽主璘有幸臣曰归守明，出入卧内。璘晚得风疾，陈后与守明及百工院使李可殷私通，国人皆恶之。可殷尝谮皇城使李仿于璘，后族陈匡胜无礼于福王继鹏，仿及继鹏皆恨之。璘疾甚，仿使人杀可殷，陈后诉之。璘力疾视朝，诘可殷死状。仿惧而出，俄引部兵鼓噪入宫。璘匿帐下，乱兵刺杀之。仿与继鹏杀陈后、陈守恩、陈匡胜、归守明及继鹏弟继韬。继鹏即位，更名昶。既而自称权知福建节度事，遣使奉表于唐。立父婢李春燕为贤妃。璘初娶汉女，使宦者林延遇置邸于番禺，掌国信[4]。汉主问以闽事，延遇不对，退谓人曰："去闽语闽，去越语越，处人宫禁，可如是乎？"至是闻变，求归，不许，素服向其国三日哭。

荆南梁震退居土洲[5]荆南节度使高从诲性明达，亲礼贤士，委任梁震，以兄事之。楚王希范好奢靡，游谈[6]者共夸其盛。从诲谓僚佐曰："如马王[7]可谓大丈夫矣。"孙光宪对曰："天子诸侯，礼有等差。彼乳臭子[8]骄侈僭忕[9]，取快一时，不为远虑，危亡无日，又足慕乎？"从诲悟曰："公言是也。"他日，谓梁震曰："吾自念平生奉养[10]，固已过矣。"乃捐去玩好，以经史自娱，省刑薄赋，境内以安。震曰："先王待我如布衣交，以嗣王属我。今嗣王能自立，不坠其业，吾老矣，不复事人矣。"遂固请退居。从诲不能留，乃为之筑室于土

1　水寨：水边用于防卫的栅栏、营垒。
2　馨：尽，完。
3　出奇：出奇兵，用奇计。
4　国信：两国通使时作为凭证的文书符节。
5　土洲：古地名，位于今湖北省荆州市辖监利市境内。
6　游谈：游说。
7　马王：即楚王马希范。
8　乳臭子：对年轻人的蔑称，谓年幼无知。
9　僭忕：过度奢侈。忕，奢侈。
10　奉养：生活待遇。

洲。震披鹤氅[1]，自称荆台隐士，每诣府，跨黄牛至听事。从诲时过其家，四时赐与甚厚。自是悉以政事属孙光宪。

司马公曰：孙光宪见微而能谏，高从诲闻善而能从，梁震成功而能退，自古有国家者能如是，夫何亡国、败家、丧身之有？

胡氏曰：震成高氏基业，而不肯为之臣，求之十国，盖少伦[2]矣。独有可恨者，高季兴好掠诸道贡币[3]，而从诲四向称臣，利其赐予，震皆不之谏，使高氏父子有剽劫之行，无赖之名，岂论之不及欤？抑智之弗察欤？或者季兴父子苟得无耻，不可教诲欤？

吴加徐知诰大元帅，封齐王，备殊礼。

十一月，闽李仿伏诛闽皇城使李仿专制朝政，阴养死士。闽主昶与拱宸[4]指挥使林延皓等图之。十一月，仿入朝，执斩之，枭首朝门[5]。诏暴仿弑君及杀继韬等罪，告谕中外。六军判官叶翘为内宣徽使。翘博学质直，闽主璘擢为福王友。昶以师傅礼待之，多所裨益，宫中谓之"国翁"。昶既嗣位[6]，骄纵，不与翘议国事。一旦，昶方视事，翘衣道士服趋出。昶召还，拜之曰："军国事殷，久不接对，孤之过也。"翘顿首曰："老臣辅导无状，致陛下即位以来，无一善可称，愿乞骸骨。"昶曰："先帝以孤属公，政令不善，公当极言，奈何弃孤去？"厚赐金帛，慰谕，令复位。昶元妃李氏，昶嬖李春燕，待之甚薄。翘谏曰："夫人先帝之甥，聘之以礼，奈何以新爱而弃之？"昶不悦，放归永泰[7]，以寿终。

唐以马全节为横海留后唐主嘉马全节之功，召诣阙。刘延朗求赂，全节无以与之。延朗欲以为绛州刺史，群议沸腾，乃以为横海留后。

---

1 鹤氅：鸟羽制成的裘，用作外套。
2 少伦：少有同类。伦，同类，同等。
3 贡币：进贡的礼物。
4 拱宸：禁军名。
5 朝门：天子宫殿中的应门。因由此门入正朝，故称。
6 嗣位：继承王位。
7 永泰：古县名，治所即今福建省福州市永泰县。

十二月，唐以冯道为司空时久无正拜[1]三公者，朝议疑其职事。卢文纪欲令掌祭祀扫除[2]，道闻之，曰："司空扫除，职也，吾何惮焉？"既而文纪自知不可，乃止。

闽以陈守元为天师闽主赐陈守元号天师，信重之，更易将相，刑罚选举，皆与之议。守元受赂请托，言无不从，其门如市。

丙申（公元 936 年）

后唐清泰三年。十一月以后，晋高祖石敬瑭天福元年。闽主昶通文元年。〇是岁，唐亡，晋兴，凡五国、三镇。

春，正月，唐以吕琦为御史中丞唐主以千春节[3]置酒，晋国长公主上寿毕，辞归晋阳。唐主醉曰："何不且留，遽归，欲与石郎反邪？"石敬瑭闻之益惧，尽收其货之在洛阳及诸道者归晋阳，托言以助军费，人皆知其有异志。唐主夜与近臣从容语曰："石郎于朕至亲，无可疑者。但流言不息，万一失欢[4]，何以解之？"皆不对。端明殿学士李崧退谓同僚吕琦曰："吾辈受恩深厚，岂得自同众人，一概观望邪？计将安出[5]？"琦曰："河东若有异谋，必结契丹为援。契丹屡求和亲，但求蓟刺等未获，故未成耳。今诚归蓟刺等，岁以礼币[6]十余万缗遗之，彼必欢然承命[7]。如此，则河东虽欲陆梁，无能为矣。"崧曰："此吾志也。然钱谷皆出三司，宜更与张相谋之。"遂告张延朗。延朗曰："如学士计，不惟可以制河东，亦省边费之什九。若主上听从，但责办于老夫。"他夕，二人密言其策，唐主大喜。久之，以告枢密直学士薛文遇。文遇对曰："以天子之尊，屈身夷狄，不亦辱乎？又虏若循故事，求尚公主，何

1　正拜：正式拜官。
2　扫除：祭扫。
3　千春节：唐主李从珂以自己的生日设立的节日。
4　失欢：失和。
5　计将安出：如何制定计谋呢。计，计策，计谋。安，怎么，怎样。
6　礼币：用作馈赠、贡献的礼物。
7　承命：受命。

以拒之？"唐主意遂变。一日，急召崧、琦，盛怒，责之曰："卿辈皆知古今，欲佐人主致太平，今乃为谋如是？朕一女尚乳臭，卿欲弃之沙漠邪？且欲以养士之财，输之虏庭，其意安在？"二人惧，拜谢无数。琦气竭，拜少止。唐主曰："吕琦强项，肯视朕为人主邪？"既而怒解，各赐卮酒罢之。自是群臣不敢复言和亲之策。遂以琦为御史中丞，盖疏之也。

胡氏曰：崧、琦欲弭未然之祸者，当劝其君内修政事，明义而惇信[1]，使朝廷无失可指，岂惟敬瑭，天下皆服矣。和亲下计，非上策也。

闽主昶立其父婢李氏为后。

夏，四月，楚王希范以其弟希杲知朗州静江节度使马希杲有善政[2]，监军裴仁煦谮之于楚王希范，言其收众心，希范疑之。汉侵蒙[3]、桂二州，希范自将步、骑如桂州。希杲惧，其母华夫人逆希范于全义岭，谢曰："希杲为治无状，致寇戎入境，妾之罪也。愿削封邑，洒扫掖庭，以赎希杲罪。"希范曰："吾久不见希杲，闻其治行尤异，故来省之，无他也。"汉兵引去。徙希杲知朗州。

五月，唐以石敬瑭为天平节度使。敬瑭拒命，唐发兵讨之初，石敬瑭欲尝[4]唐主之意，累表自陈羸疾，乞解兵柄，移他镇。唐主与执政议从其请，移镇郓州。房暠、李崧、吕琦等皆力谏，以为不可。五月，薛文遇独直[5]，唐主与之议，文遇曰："当道筑室，三年不成。兹事断自圣志[6]，群臣各为身谋，安肯尽言？以臣观之，河东移亦反，不移亦反，在旦暮耳，不若先事图之。"先是，术者言："国家今年应得贤佐，出奇谋，定天下。"唐主意文遇当之，闻其言，大喜曰："卿言殊豁[7]吾意，成败吾决行之。"即为除目[8]，付学士院，使

---

1 明义而惇信：明白理义，重视诚信。惇，重视。信，诚信。
2 善政：良好的政绩。
3 蒙：蒙州，古州名，取州东蒙山为名，辖今广西壮族自治区梧州市蒙山县地。
4 尝：试探。
5 独直：独自值班。
6 圣志：帝王的意志。
7 豁：通达，开通。
8 除目：除授官吏的文书。

草制，徙敬瑭镇天平，宋审虔镇河东。制出，两班[1]闻呼敬瑭名，相顾失色。以张敬达为西北都部署，趣敬瑭之郓州。敬瑭疑惧，谋于将佐曰："吾之再来河东也，主上面许终身不除代。今忽有是命，得非如千春节与公主所言乎？我安能束手死于道路？今且发表[2]称疾以观其意。若其宽我，我当事之；若加兵于我，我则改图耳。"段希尧极言拒之，敬瑭以其朴直[3]，不责也。判官赵莹劝敬瑭赴郓州。刘知远曰："明公久将兵，得士卒心。今据形胜之地，士马精强[4]，若称兵传檄，帝业可成，奈何以一纸制书自投虎口乎？"掌书记桑维翰曰："主上初即位，明公入朝，主上岂不知蛟龙不可纵之深渊邪？然卒以河东复授公，此乃天意假公以利器也。明宗遗爱[5]在人，主上以庶孽代之，群情不附。公明宗之爱婿，今主上以反逆见待，此非首谢[6]可免，但力为自全之计。契丹主素与明宗约为兄弟，公诚能推心屈节事之，朝呼夕至，何患无成？"敬瑭意遂决，表唐主："养子，不应承祀[7]，请传位许王[8]。"唐主手裂其表抵[9]地，以诏答之曰："卿于鄂王固非疏远，卫州之事，天下皆知。许王之言，何人肯信？"制削夺敬瑭官爵。张敬远为太原四面兵马都部署，杨光远为副。先锋指挥使安审信、雄义指挥使安元信率众奔晋阳。敬瑭谓曰："汝见何利害，舍强而归弱？"对曰："元信非知星识气[10]，顾以人事决之耳。夫帝王所以御天下，莫重于信。今主上失大信于令公[11]，亲而贵者且不自保，况疏、贱乎？其亡可翘足而待[12]，何强之有？"敬瑭悦，委以军事。振武巡检使安重荣亦率步、骑五百

1　两班：古代帝王朝会，官员依文武分成东西两列，谓之两班。亦借指文武官员。
2　发表：进上表章。
3　朴直：朴实直率。
4　精强：精悍强壮。
5　遗爱：留于后世而被人追怀的德行、恩惠、贡献等。
6　首谢：低头谢罪。
7　承祀：主持祭祀。亦代指继承帝位。
8　许王：即许王李从益。
9　抵：扔，掷。
10　知星识气：通过观察星象和云气来推测吉凶。
11　令公：指石敬瑭。
12　翘足而待：跷起脚等待，比喻很快就能实现。

奔晋阳。

唐天雄军乱，逐节度使刘延皓，以应河东延皓恃后族之势，骄纵无度，都虞候张令昭因众心怨怒，谋以魏博应河东，率众攻牙城，克之。延皓脱身走，至洛阳。唐主怒，命远贬。皇后为之请，止削官爵，归私第。以令昭权知天雄军府事。令昭以调发未集，且受新命。寻有诏徙齐州防御使，令昭托以士卒所留。唐主遣使谕之，令昭杀使者。诏以范延光为天雄军四面行营招讨使，讨之。

秋，七月，唐杀石敬瑭子弟四人。

唐克魏州。

石敬瑭遣使求救于契丹敬瑭令桑维翰草表称臣于契丹主，且请以父礼事之，约事捷之日，割卢龙一道及雁门关[1]以北诸州与之。刘知远谏曰："称臣可矣，以父事之太过。厚以金帛赂之，自足致其兵，不必许以土田。恐异日大为中国之患，悔之无及。"敬瑭不从。表至，契丹主大喜，复书许俟仲秋[2]倾国赴援。

八月，唐张敬达攻晋阳，不克张敬达筑长围以攻晋阳。石敬瑭以刘知远为马步都指挥使，降兵皆隶焉。知远用法无私，抚之如一，由是人无贰心。敬瑭亲乘城，坐卧矢石下。知远曰："观敬达辈无他奇策，不足虑也。愿明公四出间使，经略外事。守城至易，知远独能办之。"敬瑭执知远手，抚其背而赏之。唐主闻契丹许敬瑭以仲秋赴援，屡督敬达急攻，不能下。每有营构[3]，多值风雨。长围复为水潦所坏，竟不能合。晋阳城中亦日窘，粮储浸乏。

九月，契丹德光将兵救石敬瑭，唐兵大败，契丹围之。唐主自将次怀州契丹主将五万骑自扬武谷[4]而南，至晋阳，陈于虎北口[5]，先遣人谓敬瑭曰：

1　雁门关：古关隘名，一名西陉关，故址位于今山西省忻州市代县西北雁门山上。
2　仲秋：秋季的第二个月，即农历八月。因处秋季之中，故称。
3　营构：建造。
4　扬武谷：古地名，又称羊武谷、阳武谷，位于今山西省忻州市辖原平市西北。
5　虎北口：古地名，位于今山西省太原市西北汾河北。

"吾欲今日即破贼，可乎？"敬瑭遣人驰告曰："南军[1]甚厚，请俟明日。"使者未至，契丹已与唐骑将高行周、符彦卿合战。敬瑭乃遣刘知远出兵助之。张敬达、杨光远、安审琦以步兵陈于城西北山下，契丹遣轻骑三千，不被甲，直犯其阵。唐兵逐之，至汾曲，契丹伏兵起，冲唐兵，断而为二，纵兵乘之，唐兵大败，死者近万人。敬达等收余众保晋安[2]，契丹亦引兵归虎北口。敬瑭得唐降兵千余人，刘知远劝敬瑭尽杀之。是夕，敬瑭出见契丹主，问曰："皇帝远来，士马疲倦，遽与唐战而大胜，何也？"契丹主曰："始吾谓唐必断雁门诸路，伏兵险要，则吾不可得进矣。使人侦视，皆无之，吾是以长驱深入，知大事必济也。兵既相接，我气方锐，若不乘此急击之，旷日持久，则胜负未可知矣。此吾所以亟战而胜，不可以劳逸常理论也。"敬瑭叹服。引兵会围晋安寨，置营于晋安之南，长百余里，厚五十里，多设铃索、吠犬[3]，人跬步不能过。敬达等士卒犹五万人，马万匹，四顾无所之。遣使告败，唐主大惧，遣符彦饶将兵屯河阳，诏天雄范延光、卢龙赵德钧、耀州潘环共救晋安。下诏亲征，雍王重美曰："陛下目疾未平，不可远涉风沙。臣虽童稚[4]，愿代陛下北行。"唐主本不欲行，闻之颇悦。张延朗、刘延皓皆劝行，唐主不得已，发洛阳，谓卢文纪曰："朕排众议用卿，今祸难如此，卿嘉谋[5]皆安在乎？"文纪但拜谢，不能对。遣符彦饶军赴潞州，为大军后援。诸军自凤翔推戴以来，骄悍[6]不为用，彦饶恐其为乱，不敢束之以法。唐主至河阳，心惮北行，卢文纪希旨，言："国家根本在河南，胡兵倏来忽往[7]，不能久留。晋安大寨甚固，况已发三道兵救之。河阳，天下津要，车驾宜留此镇抚南北，且遣近臣往督战，苟不能解围，进亦未晚。"张延朗曰："文纪言是也。"唐主议近臣可使北行者，延朗与

1　南军：指后唐朝廷的军队。
2　晋安：古地名，一名晋安乡、晋安寨，位于今山西省太原市晋祠镇南。
3　铃索、吠犬：铃索，系铃的绳索。吠犬，善于叫的狗。
4　童稚：儿童，小孩。
5　嘉谋：高明的谋略。
6　骄悍：骄横凶悍。
7　倏来忽往：来去飘忽。倏，极快地，忽然。

翰林学士和凝等皆曰："赵延寿父德钧以卢龙兵来赴难，宜遣延寿会之。"乃遣延寿将兵二万如潞州。唐主至怀州，以晋安为忧，问策于群臣。吏部侍郎龙敏请："立李赞华为契丹主，今天雄、卢龙二镇分兵送之，自幽州趋西楼，朝廷露檄言之，契丹主必有内顾之忧，然后选募军中精锐以击之，此亦解围之一策也。"唐主深以为然，而执政恐其无成，议竟不决。唐主忧沮[1]，日夕酣饮悲歌。群臣或劝其北行，则曰："卿勿言，石郎使我心胆堕地。"

　　胡氏曰：敏之策，必可解晋安之围，而唐之君臣不能用，岂天固亡之，先褫[2]其魄乎？

　　冬，十月，唐括[3]民马，籍义军，以拒契丹诏大括天下将吏及民间马。又发民为兵，每七户出征夫[4]一人，自备铠仗，谓之"义军"，期以十一月俱集。用张延朗之谋也。凡得马二千余匹，征夫五千人，实无益于用，而民间大扰。

　　十一月，唐以赵德钧为行营都统初，赵德钧阴蓄异志，欲因乱取中原，自请救晋安寨。唐主命自飞狐踵契丹后，钞[5]其部落。德钧请将骑由土门路西入，许之。赵州刺史刘在明戍易州，德钧以其众自随。至镇州，以董温琪领招讨副使，邀与偕行。又表称兵少，须合泽潞兵，乃趋潞州。时范延光受诏将兵屯辽州，德钧又请与魏博军合。延光知德钧志趣难测，表称魏博兵已入贼境，无容[6]南行数百里，与德钧合，乃止。十一月，以德钧为诸道行营都统。延寿遇德钧于西阳[7]，悉以兵属焉。德钧志在并范延光军，逗遛不进。诏书屡趣之，德钧乃引兵北屯团柏谷[8]口。

1　忧沮：忧愁沮丧。
2　褫：夺去。
3　括：搜求。
4　征夫：出征的战士，也指离家远行的人。
5　钞：抢掠。
6　无容：不允许，不让。
7　西阳：古地名，《通鉴》作"西汤"，欧阳修《五代史》作"西唐"，薛居正监修《旧五代史》作"西唐店"，位于今山西省长治市沁县西北西汤乡。
8　团柏谷：古地名，位于今山西省晋中市祁县东。

契丹立石敬瑭为晋皇帝，敬瑭割幽、蓟等十六州以赂之契丹主谓石敬瑭曰："吾三千里来赴难，必有成功。观汝气貌识量[1]，真中原之主也。吾欲立汝为天子。"敬瑭辞让数四，将吏复劝进，乃许之。契丹主作策书[2]，命敬瑭为大晋皇帝，自解衣冠授之，筑坛即位。割幽、蓟、瀛、莫、涿、檀、顺、新、妫、儒、武、云、应、寰[3]、朔、蔚十六州以与契丹，仍许岁输帛三十万匹。制改长兴七年为天福元年。敕命法制皆遵明宗之旧。以赵莹为翰林学士承旨，桑维翰为翰林学士，权知枢密使事，刘知远为侍卫马军都指挥使，客将景延广为步军都指挥使。立晋国长公主为皇后。

胡氏曰：敬瑭之罪，在不助闵帝。苟以闵帝失国，则当尊奉许王，不为卫州之事，而归夺国、弑君之恶于从珂。兵以义举，名、实皆正，则其得美矣。乃急于近利，称臣契丹，割弃土壤[4]，以父事之，其利不能以再世[5]，其害乃及于无穷。故以功利谋国，而不本于礼义，未有不旋[6]中其祸者也。

唐赵德钧降契丹，契丹不受契丹主虽军柳林[7]，其辎重老弱皆在虎北口。每日暝，辄结束[8]以备遁逃。而赵德钧欲倚契丹取中国，至团柏逾月，按兵不战。去晋安才百里，声问不能相通。德钧累表为延寿求成德节度使，唐主怒曰："赵氏父子能却胡寇，虽欲代吾位，吾亦甘心。若玩寇邀君[9]，但恐犬兔俱毙[10]耳。"德钧不悦，密以金帛赂契丹主，云："若立己为帝，请即以见兵南平洛阳，与契丹为兄弟。"仍许石氏常镇河东。契丹主自以深入敌境，晋安未下，德钧兵尚强，范延光在其东，又恐山北诸州邀其归路，欲许德钧之请。晋主闻

1　气貌识量：气貌，气度风貌。识量，见识与度量。
2　策书：古代书写帝王任免官员等命令的简策。
3　寰：寰州，古州名，辖今山西省朔州市部分地。
4　土壤：封地，领土。
5　再世：两代。
6　旋：不久，很快地。
7　柳林：古地名，位于今山西省太原市南。
8　结束：扎缚，捆扎。
9　玩寇邀君：消极抗敌，以要挟君主。玩寇，消极抗敌。
10　犬兔俱毙：比喻双方同归于尽。

之大惧，亟使桑维翰说契丹主曰："赵北平[1]父子素蓄异志，非以死徇国之人，何足可畏，而信其诞妄之辞，贪豪末[2]之利，弃垂成之功乎？且使晋得天下，将竭中国之财以奉大国，岂此小利之比乎？"契丹主曰："吾非有渝前约也，但兵家权谋，不得不尔。"对曰："皇帝以信义救人之急，四海之人俱属耳目[3]。奈何一旦二三其命，使大义不终，臣窃为皇帝不取也。"跪于帐前，自旦至暮，涕泣争之。契丹主乃从之，指帐前石谓德钧使者曰："我已许石郎，此石烂，可改矣。"

唐将杨光远杀招讨使张敬达，降于契丹龙敏谓前郑州防御使李懿曰："今从驾兵尚万余人，马近五千匹，若选精骑一千，使仆将之，自介休山路夜冒[4]虏骑入晋安寨，但使其半得入，则事济矣。张敬达等陷于重围，不知朝廷声问。若知大军近在团柏，虽有铁障[5]可冲陷[6]，况虏骑乎？"懿以白唐主，唐主曰："龙敏之志极壮，用之晚矣。"晋安被围数月，高行周、符彦卿数引骑兵出战，无功。刍粮俱竭，马死则食之。援兵竟不至。张敬达性刚，时谓之张生铁。杨光远、安审琦劝敬达降于契丹，敬达曰："吾受明宗及今上厚恩，为元帅而败军，其罪已大，况降敌乎？今援兵旦暮至，且当俟之。必若力尽势穷，诸军斩我出降，未为晚也。"光远目[7]审琦欲杀敬达，审琦未忍。高行周知光远欲图敬达，常引壮骑[8]尾而卫之。敬达不知其故，谓人曰："行周每踵余后，何意也？"行周乃不敢随之。诸将旦集[9]，光远斩敬达首，率诸将降于契丹。契丹主嘉敬达之忠，命收葬而祭之。谓其下及晋诸将曰："汝曹为人臣，当效敬达也。"马军都指挥使康思立愤惋而死。晋主以晋安已降，遣使谕诸州。代州刺

1　赵北平：即赵德钧，后唐明宗李嗣源时封其为北平王。
2　豪末：毫毛的末端，喻微细之物。豪，通"毫"。
3　属耳目：注意。
4　冒：侵犯。
5　铁障：铁做的屏障。
6　冲陷：发起冲锋，攻破敌阵。
7　目：使眼色。
8　壮骑：彪悍的骑兵。
9　旦集：早晨会集。

史张朗斩其使。吕琦奉诏劳军，至忻州，遇晋使，亦斩之。

晋以赵莹、桑维翰同平章事契丹主谓晋主曰："桑维翰尽忠于汝，宜以为相。"故有是命。

契丹以晋主南下，破唐兵于团柏。唐主还河阳，赵德钧降契丹晋主与契丹主将引兵而南，欲留一子守河东。契丹主令晋主尽出诸子自择之。晋主兄子重贵，父敬儒早卒，晋主养以为子，貌类晋主而短小。契丹主指之曰："此大目[1]者可也。"乃以重贵为北京留守。以契丹将高谟翰为前锋，与降卒偕进，至团柏，与唐兵战。赵德钧、赵延寿先遁，诸将继之，士卒大溃，死者万计。刘延朗、刘在明至怀州，唐主始知晋主即位，杨光远降。众议车驾宜幸魏州。唐主召李崧谋之，薛文遇不知而继至，唐主怒变色，崧蹑[2]文遇足，文遇乃去。唐主曰："我见此物肉颤，适[3]几欲抽佩刀刺之。"崧曰："文遇小人，浅谋误国，刺之益丑。"崧因劝唐主南还，唐主从之。洛阳大震，居人逃窜，门者请禁之。河南尹、雍王重美曰："国家多难，未能为百姓主，又禁其求生，徒增恶名耳。不若听其自便。"乃出令任从所适[4]，众心差安。唐主还至河阳，命诸将分守南、北城。晋主与契丹主至潞州，赵德钧父子迎谒于高河[5]，契丹主锁之，送归国。德钧见述律太后，太后问曰："汝近者何为往太原？"德钧曰："奉唐主之命。"太后指天曰："汝从吾儿求为天子，何妄语[6]邪？"又自指其心曰："此不可欺也。"又曰："吾儿将行，吾戒之云：'赵大王[7]若引兵北向渝关，亟须引归，太原不可救也。'汝欲为天子，何不先击退吾儿？徐图亦未晚。汝为人臣，既负其主，不能击敌，又欲乘乱邀利。所为如此，何面目复求生乎？"德钧俯首不能对，逾年[8]而卒。张砺与延寿俱入契丹，契丹主复以为翰

1　大目：大眼睛。
2　蹑：踩。
3　适：刚刚，方才。
4　任从所适：任凭他们随便到哪里去。
5　高河：古地名，即高河壁，位于今山西省长治市屯留县西南。
6　妄语：说假话，胡说。
7　赵大王：指赵德钧。
8　逾年：一年以后，第二年。

林学士。

晋主发潞州，契丹北还晋主将发上党，契丹主举酒属[1]之曰：“我若南向，河南之人必大惊骇。汝宜自引汉兵南下，我令太相温将五千骑卫送汝至河梁[2]，余且留此，俟汝音闻[3]，有急则下山救汝。若洛阳既定，吾即北返矣。”因泣别曰：“世世子孙勿相忘！”又曰：“刘知远、赵莹、桑维翰皆创业功臣，无大故，勿弃也。”

唐晋州军乱，逐守将高汉筠初，唐主遣将军高汉筠守晋州。至是，副使田承肇率众攻之，汉筠开门延入[4]，从容谓曰：“仆与公俱受朝寄[5]，何相逼如此？”承肇曰：“欲奉公为节度使。”汉筠曰：“仆老矣，义不为乱首[6]。死生惟公所处。”承肇目左右欲杀之，军士投刃于地，曰：“高金吾累朝宿德，奈何害之？”承肇乃听汉筠归洛阳。

唐主还洛阳符彦饶、张彦琪言于唐主曰：“今胡兵大下，河水复浅，人心已离，此不可守。”唐主命河阳节度使苌从简与赵州刺史刘在明守河阳南城，遂断浮梁，归洛阳。杀李赞华于其第。

晋主至河阳，节度使苌从简迎降从简迎降，舟楫已具。

唐主从珂自焚死，晋主入洛阳唐主议复向河阳，将校皆已飞状[7]迎晋主。晋主虑唐主西奔，遣契丹千骑扼渑池。唐主与曹太后、刘皇后、雍王重美及宋审虔等携传国宝，登玄武楼自焚。皇后欲烧宫室，重美谏曰：“新天子至，必不露居。他日重劳民力，死而遗怨，将安用之？”乃止。王淑妃与许王从益匿于球场[8]，获免。是日晚，晋主入洛阳，唐兵皆解甲待罪。晋主命刘知远部署京城。知远分汉军使还营，馆契丹于天宫寺，城中肃然，无敢犯令。初，判

1　属：通“嘱”，嘱咐。
2　河梁：即河阳桥，位于今河南省焦作市辖孟州市西南黄河上，为黄河南北交通要道之一。
3　音闻：消息。
4　延入：引入，请进。
5　朝寄：朝廷的委托。
6　义不为乱首：道义上不允许我带头作乱。
7　飞状：驰送降书。
8　球场：供打球用的操场，也用于军事操练。唐以后谓鞠为球，故称球场。

三司张延朗不欲河东多蓄积，凡财赋应留使¹之外，尽收取之。晋主以是恨之，收付御史台。刘延皓匿于龙门数日，自经死。刘延朗将奔南山，捕得，杀之。斩张延朗。既而选三司使，难其人，晋主甚悔之。

十二月，晋追废唐主从珂为庶人，以冯道同平章事。

晋以张希崇为朔方节度使初，朔方节度使张希崇为政有威信，民夷爱之。兴屯田，以省漕运，徙为静难节度使。至是，晋主与契丹修好，恐其复取灵武，复以希崇镇朔方。

晋以周瓌为三司使，不拜瓌辞曰："臣自知才不称职，宁以避事见弃²，犹胜冒宠获辜³。"许之。

唐安远节度使卢文进奔吴文进闻晋主为契丹所立，弃镇奔吴，所过镇戍，召其主将告之故，皆拜辞⁴而退。

高丽击破新罗、百济⁵高丽王建用兵击破新罗、百济，于是东夷⁶诸国皆附之，有二京、六府、九节度、百二十郡。

1　留使：赋税中应送缴节度、观察使府者。
2　见弃：被遗弃。
3　冒宠获辜：冒宠，无勋德而受恩宠。获辜，获罪。
4　拜辞：行拜礼辞别。
5　百济：扶余人南下，在朝鲜半岛西南部建立的国家。
6　东夷：指我国东方日本、朝鲜等国。

卷

五十七

起丁酉晋高祖天福二年，尽丙午[1]晋主重贵开运三年**凡十年**。

丁酉（公元 937 年）

晋天福二年。○南唐烈祖徐诰昇元元年。○是岁，吴亡，晋、蜀、汉、闽，南唐代吴，凡五国；吴越、湖南、荆南，凡三镇。

春，正月，日食。

晋天雄军节度使范延光杀齐州防御使秘琼延光微时，有术士张生语之云：“必为将相。”延光既贵，信重之。尝梦蛇自脐入腹，以问张生，张生曰：“蛇者，龙也，帝王之兆。”延光由是有非望之志。唐潞王素与延光善。及败，延光虽奉表请降，内不自安，以书潜结成德留后秘琼，欲与之为乱。琼不报，将之齐，过魏境[2]，延光遣兵邀杀之。

晋以李崧同平章事，充枢密使，桑维翰兼枢密使时晋新得天下，藩镇多未服从。或虽服从，反仄不安。兵火之余，府库殚竭[3]，民间困穷，而契丹征求无厌。维翰劝晋主推诚弃怨以抚藩镇，卑辞厚礼以奉契丹，训卒缮兵以修武备，务农桑以实仓廪，通商贾以丰货财。数年之间，中国稍安。

吴徐知诰建齐国于金陵徐知诰以太尉李德诚、中书令周本位望隆重，欲使之率众推戴。本曰：“我受先王大恩，自徐温父子用事，恨不能救杨氏之危，又使我为此，可乎？”其子弘祚强之。不得已，与德诚率诸将诣江都，表吴主，陈知诰功德，请行册命。又诣金陵劝进。宋齐丘谓德诚之子建勋曰：“尊公太祖[4]元勋，今日扫地[5]矣。”吴太子琏纳齐王知诰女为妃。知诰始建太庙、社稷，改金陵为江宁府，以宋齐丘、徐玠为左右丞相，周宗、周廷玉为内枢使。

胡氏曰：君令臣从，父令子从，夫令妇从，中国令夷狄从，理之正也。一

1　丙午：即公元 946 年。
2　魏境：魏州境内。
3　殚竭：用尽，竭尽。
4　太祖：即吴太祖杨行密。
5　扫地：形容名誉、威信、文化等完全丧失或消灭。

失其理，则君听于臣，父听于子，夫听于妇，中国听于夷狄，而天下不任[1]其乱矣。周本自以杨氏旧臣，不肯劝进于齐，乃持义[2]不力，为子所夺。世衰道微，一至此极[3]，嗟乎！

　　二月，契丹攻晋云州，判官吴峦拒之契丹主归，过云州，节度使沙彦珣出迎，契丹主留之。判官吴峦在城中，谓其众曰："吾属礼义之俗[4]，安可臣于夷狄乎？"众推峦领州事，闭城不受命。契丹攻之，不克。应州指挥使郭崇威亦耻臣契丹，挺身南归。张砺逃归，为追骑所获。契丹主责之，对曰："臣华人，饮食、衣服皆不与此同，生不如死，愿早就戮。"契丹主顾通事[5]高彦英，曰："吾常戒汝善遇此人，何故使之失所而亡去？若失之，安可复得邪？"答彦英而谢砺。砺甚忠直[6]，遇事辄言，无所隐避[7]，契丹主甚重之。

　　三月，吴越王元瓘杀其弟元珣、元球初，吴越王镠少子元球数有军功，镠赐之兵仗。及元瓘立，元球恃恩骄横，增置兵仗，国人附之。元瓘忌之。铜官庙吏告元球遣亲信祷神，求主吴越；又为蜡丸，与兄元珣谋议。元瓘召元球宴宫中，既至，左右称元球有刃坠于怀袖[8]，即格杀[9]之。并杀元珣。元瓘欲按诸将吏与交通者，其子仁俊谏曰："昔光武克王郎，曹公破袁绍，皆焚其书疏以安反侧，今宜效之。"元瓘乃止。

　　晋葬故唐主于徽陵南或得唐潞王脊及髀骨[10]，献之，诏以王礼葬。

　　夏，四月，晋迁都汴州范延光聚卒缮兵，将作乱。会晋主谋徙都大梁，桑维翰曰："大梁北控燕赵，南通江淮，水陆都会[11]，资用富饶。今延光反形已

1　任：堪，承当。
2　持义：秉承正义。
3　一至此极：到了如此极点。
4　礼义之俗：讲礼义的百姓。俗，百姓，普通人。
5　通事：负责翻译的官吏，以熟习汉俗、精通汉语之人为之。
6　忠直：忠诚正直。
7　隐避：隐讳，隐瞒。
8　怀袖：怀抱。
9　格杀：击杀。
10　脊及髀骨：脊，脊梁骨。髀骨，胯骨。
11　都会：大城市。

露，大梁距魏不过十驿，彼若有变，大军寻至，所谓疾雷不及掩耳[1]也。"下诏托以洛阳漕运有缺，东巡汴州。

吴徐知诰更名诰。

五月，吴与契丹通使修好徐诰用宋齐丘策，欲结契丹以取中国，遣使以美女、珍玩泛海[2]修好。契丹主亦遣使报之。

六月，晋范延光举兵反，遣杨光远等讨之范延光素以军府之政委元随押牙孙锐，锐恃恩专横。会延光病，密召澶州刺史冯晖，逼延光反。延光亦思张生之言，乃从之，遣兵渡河，焚草市[3]。诏马军指挥使白奉进屯白马津，都军使杨光远屯滑州，护圣都指挥使杜重威屯卫州。重威尚晋主妹乐平长公主。延光遣冯晖、孙锐将步、骑二万抵黎阳口[4]。

晋以和凝为端明殿学士，张谊为左拾遗凝署[5]其门不通宾客。耀州推官张谊致书于凝，以为："切近之职，为天子耳目，宜知四方利病，奈何拒绝宾客？虽安身为便，如负国[6]何？"凝奇之，荐于桑维翰，除左拾遗。谊上言："北狄有援立之功，宜外敦信好[7]，内谨边备，不可自逸，以启戎心[8]。"晋主深然之。

胡氏曰：攻己缺而知其贤，和凝有过人之度；触时忌[9]而纳其说，晋祖有预防之忧。善矣！凝知谊贤而亟荐之，非徒知之而已；晋祖纳谊说而未能有行焉，则心明其利害，势有所不可也。夫外敦信好，则威仪、赠赂[10]有不可虚拘[11]之实；内谨边备，则城池、军旅有不可掩匿之事，安能并行而不相悖耶？谊献

1　疾雷不及掩耳：突然响起雷声，使人来不及掩耳。比喻事情或动作来得突然，使人来不及防备。
2　泛海：乘船过海，渡海。
3　草市：乡村集市，相对城市而言。
4　黎阳口：古地名，位于今河南省鹤壁市浚县东北。循河水西上，首经黎阳县城南之地。
5　署：贴告示。
6　负国：对不起国家。
7　敦信好：尊重信义和友好。
8　戎心：敌国入侵的野心。
9　时忌：当时的禁忌。
10　赠赂：赠送礼物。
11　虚拘：以虚假的礼仪笼络人。

此言，必有其策，惜乎高祖之不问也。

晋云州围解，以吴峦为武宁节度副使契丹攻云州，半岁不能下。吴峦遣使间道奉表求救，晋主以为请，契丹解围去。乃召峦归，以为武宁节度副使。

晋魏府部署[1]张从宾反河阳，入东都张从宾击范延光，延光使人诱之。从宾遂与同反，杀皇子、河阳节度使重信。引兵入洛阳，杀皇子、东都留守重义。引兵东扼汜水关[2]，将逼汴州。羽檄纵横，从官恟惧。独桑维翰从容指画[3]军事，神色自若，接对宾客，不改常度[4]，众心差安。

闽作白龙寺方士言于闽主云：“有白龙夜见。”闽主作白龙寺。时百役繁兴，用度不足。有司除官，皆令纳赂[5]，籍而献之，以货多寡为差。又以空名堂牒[6]，卖官于外。民有隐年[7]者杖背，隐口者死，逃亡者族。果、菜、鸡、豚，皆重征[8]之。

秋，七月，张从宾攻晋汜水关从宾攻汜水。晋主戎服，严[9]轻骑，将奔晋阳以避之。桑维翰叩头苦谏曰：“贼锋虽盛，势不能久。请少待之，不可轻动。”乃止。

晋将军娄继英等奔汜水范延光遣使以蜡丸招诱失职者。将军娄继英、尹晖在大梁，温韬之子延濬、延沼、延衮居许州，皆应之。继英、晖事泄出走。敕以延光奸谋，诬污[10]忠良，自今获延光谍人，赏获者，杀谍人，焚蜡书，勿以闻。晖为人所杀，继英奔许州。节度使苌从简盛为之备，延濬等不得发。欲

1　部署：古官名，招讨使的属官，掌军旅屯戍、攻防等事务。
2　汜水关：古关隘名，即虎牢关，位于今河南省郑州市辖荥阳市汜水镇西。
3　指画：指点，规划。
4　常度：常态。
5　纳赂：行贿。
6　堂牒：宰相签押下达的文书。
7　隐年：隐瞒年龄。
8　重征：从重征税。
9　严：整饬，整备。
10　诬污：污蔑，玷污。

杀继英以自明，延沼止之，遂同奔张从宾。继英劝从宾执三温[1]，皆斩之。

晋义成节度使符彦饶举兵反，指挥使卢顺密讨平之 白奉进在滑州，军士有夜掠者，捕获五人，三隶奉进，二隶符彦饶。奉进皆斩之，彦饶怒。明日，奉进从数骑诣彦饶谢，彦饶曰："军中各有部分，奈何无客主之义乎？"奉进曰："军士犯法，何有彼我？仆已谢公，而公怒不解，岂非欲与延光同反邪？"拂衣而起，彦饶不留。帐下甲士大噪，擒奉进，杀之。诸军喧噪，不可禁止。奉国左厢指挥使马万率部兵欲从乱，遇右厢指挥使卢顺密率部兵出营，厉声谓万曰："符公擅杀白公，必与魏城[2]通谋。此去行宫才二百里，奈何不思报国，乃欲助乱，自求族灭乎？今日当共擒符公，送天子，立大功。军士从命者赏，违命者诛！"万部兵尚有呼跃[3]者，顺密杀数人，众莫敢动。万不得已，与攻牙城，执彦饶，送大梁斩之。杨光远士卒闻乱，欲推光远为主，光远曰："天子岂汝辈贩弄[4]之物？晋阳之降出于穷迫[5]，今若改图，真反贼也。"其下乃不敢言。时三镇继叛，人情大震。晋主问计于刘知远，对曰："陛下昔在晋阳，粮不支五日，俄成大业。今天下已定，内有劲兵，北结强虏[6]，鼠辈何能为乎？愿陛下抚将相以恩，臣请戢士卒以威，恩威兼著，京邑自安，本根深固，则枝叶不伤矣。"知远乃严设科禁。有军士盗纸钱一幞[7]，被擒。左右请释之，知远曰："吾诛其情，不计其值。"竟杀之。由是众皆畏服。

晋杨光远败魏兵。杜重威等克氾水，张从宾伏诛 冯晖、孙锐引兵至六明镇[8]，光远引之渡河。半渡而击之，晖、锐众败，多溺死，晖、锐走还。杜重威、侯益引兵至氾水，遇张从宾众万余人，与战，俘、斩殆尽，遂克氾水。从宾走，渡河溺死。获其党张延播、继祚，送大梁斩之。灭其族。史馆修撰李

1　三温：即温延濬、温延沼、温延衮三兄弟。
2　魏城：代指范延光。
3　呼跃：呼喊跳跃。
4　贩弄：买卖和玩弄。
5　穷迫：穷困窘迫。
6　强虏：强大的契丹。
7　幞：包东西的布。
8　六明镇：古镇名，又称鹿鸣镇、鹿鸣城，位于今河南省滑县西南旧滑县东北。

涛上言："张全义有再造洛邑之功,乞免其族。"乃止诛继祚妻子。涛,回[1]之族曾孙也。范延光知事不济,归罪于孙锐而族之,遣使奉表待罪。不许。

　　晋安州乱,讨平之安州指挥使王晖杀节度使周瑰,自领军府,欲俟延光胜则附之,败则渡江奔吴。晋遣上将军李金全将千骑如安州巡检,许赦王晖。晖大掠安州,将奔吴,部将胡进杀之。

　　吴徐诰杀其王之弟、历阳公濛濛知吴将亡,杀守卫军使王宏。以德胜[2]节度使周本吴之勋旧,引二骑诣庐州,欲依之。本将见之,其子弘祚固谏,本怒曰:"我家郎君来,何为不使我见?"弘祚合扉[3]不听本出,使人执濛送江都。徐诰遣使杀之。侍卫军使郭悰杀濛妻子于和州。诰归罪于悰,贬之。

　　吴徐诰称帝,国号唐。奉吴主为让皇吴司徒王令谋老病,或劝之致仕,令谋曰:"齐王大事未毕,吾何敢自安?"疾亟,力劝徐诰受禅。吴主下诏禅位于齐。李德诚等复诣金陵,率百官劝进。宋齐丘不署表。九月,令谋卒。十月,齐王诰即帝位于金陵,国号唐。遣右丞相玠奉册诣吴主,称"受禅老臣诰谨拜稽首",上尊号曰"高尚思玄弘古让皇"。宴群臣于天泉阁,李德诚曰:"陛下应天顺人,惟宋齐丘不乐。"因出齐丘止德诚劝进书,唐主执书不视,曰:"子嵩三十年旧交,必不相负。"加齐丘大司徒。齐丘以不得预政事,心怏怏,闻制词[4]云"布衣之交",抗声曰:"臣为布衣时,陛下为刺史。今日为天子,可不用老臣矣。"还家请罪。唐主手诏谢之,亦不改命。久之,齐丘不知所出,乃更上书请迁让皇于他州,及斥远[5]吴太子琏,绝其婚。唐主不从。立王后宋氏为皇后,以景通为吴王,更名璟。赐杨琏妃号永兴公主。妃闻人呼公主,则流涕而辞。

　　晋安远节度使李金全杀其中门使贾仁沼金全以亲吏胡汉筠为中门使。

1　回:即唐武宗朝中书侍郎李回。
2　德胜:方镇名,即德胜军,治今安徽省合肥市。
3　合扉:关上门。
4　制词:诏书,诏书上的文词。
5　斥远:排斥疏远。

汉筠贪猾残忍，聚敛无厌。晋主闻之，以廉吏贾仁沼代之，且召汉筠。汉筠惧，劝金全以异谋[1]。金全故人庞令图屡谏。汉筠夜遣壮士逾垣灭令图之族。又毒仁沼，舌烂而卒。汉筠遂与推官张纬相结，以诡惑[2]金全，金全爱之弥笃。

契丹改号辽是岁，契丹改元"会同"，国号大辽。公卿、庶官皆仿中国，参用中国人。以赵延寿为枢密使，寻兼政事令。

戊戌（公元 938 年）

晋天福三年。蜀广政元年。〇是岁，凡五国、三镇。

春，正月，日食。

唐德胜节度使周本卒本以不能存吴，愧恨而卒。

二月，晋诏求直言左散骑常侍张允上《驳赦论》，以为："帝王遇天灾多肆赦，谓之修德。借有二人坐狱遇赦，则曲者幸免，直者衔冤[3]。冤气升闻[4]，乃所以致灾，非所以弭灾也。"诏褒之。晋主乐闻谠言，诏百官各上封事，置详定院以考之。无取者留中，可者行之。数月，应诏者无十人，复降御札趣之。河南奏修洛阳宫，谏议大夫薛融谏曰："今宫室虽经焚毁，犹侈于帝尧之茅茨；所费虽寡，犹多于汉文之露台。请俟海内平宁[5]，营之未晚。"诏褒纳之。

三月，晋禁民作铜器初，唐世天下铸钱有三十六冶[6]，丧乱以来皆废绝。钱日益耗，民多销钱为铜器，故禁之。

晋制诸州奏补将校员数中书舍人李详上疏曰："十年以来，赦令屡降，诸道职掌，皆许推恩。而藩方荐论[7]，动逾数百，乃至优伶[8]奴仆，初命则至银

---

1 异谋：反叛的图谋。
2 诡惑：诡谀并惑乱。
3 衔冤：含冤。
4 升闻：向朝廷呈报。
5 平宁：安定，安宁。
6 冶：用铜冶炼铸钱的场所。
7 荐论：举荐。
8 优伶：优，俳优。伶，乐工。

青阶，被服皆紫袍象笏，名器僭滥[1]，贵贱不分。请自今诸道、节度、州，听奏朱记[2]大将以上十人，他州止听奏都押牙、都虞候、孔目官而已。"从之。

夏，五月，唐主诰迁故吴主于润州吴让皇固请徙居，李德诚等亦亟以为言。五月，唐主改润州牙城为丹杨宫，徙让皇居之。或献毒酒方于唐主，唐主曰："犯吾法者自有常刑，安用此为？"群臣争请改府、寺、州、县名有"吴"及"杨"者。判官杨嗣请更姓羊，徐玠曰："陛下自应天顺人，事非逆取，而谄邪[3]之人专事更改，咸非急务，不可从也。"唐主然之。

晋制民垦田，三年外乃听徭役[4]金部郎中张铸奏："乡村浮户[5]，种木未盈十年，垦田未及三顷，似成生业，已为县司收供徭役，责之重赋，威以严刑，故不免捐功舍业，更思他适[6]。乞自今民垦田及五顷以上，三年外，乃听县司徭役。"从之。

秋，七月，晋作受命宝[7]以"受天明命，惟德允昌"为文。

八月，晋上尊号于契丹上尊号于契丹主及太后，以冯道、左仆射刘昫为册礼使，契丹主大悦。晋主事契丹甚谨，奉表称臣，谓契丹主为"父皇帝"。每契丹使至，即于别殿拜受诏敕。岁输金帛三十万之外，吉凶庆吊，岁时赠遗，相继于道，乃至太后、元帅太子、诸王、大臣皆有赂遗。小不如意，辄来责让[8]，多不逊语，朝野咸以为耻，而晋主事之曾无倦意。然所输金帛不过数县租赋。其后契丹主屡止晋主上表称臣，但令为书称"儿皇帝"，如家人礼。初，契丹主既得幽州，命曰南京，以唐降将赵思温为留守。思温子延照在晋，晋主以为祁州[9]刺史。思温密令延照言虏情终变，请以幽州内附，晋主不许。

1 僭滥：赏罚失当，过而无度。
2 朱记：官印的一种，其制长一寸七分，广一寸六分。
3 谄邪：谄媚邪恶。
4 徭役：强制百姓承担的无偿劳动。
5 浮户：流动而无定籍的户口。
6 捐功舍业，更思他适：放弃功劳，舍掉谋生的职业，想再到别的地方去。
7 受命宝：受命玉玺。
8 责让：斥责，谴责。
9 祁州：古州名，辖今河北省安国、深泽、晋州等市县地。

契丹遣使如唐契丹遣使诣唐，宋齐丘劝唐主厚贿之。俟至淮北，潜遣人杀之，欲以间[1]晋。

九月，范延光复降于晋，晋以为天平节度使杨光远奏冯晖来降，言："范延光食尽穷困。"时光远攻广晋[2]，岁余不下。晋主以师老民疲，遣内职朱宪入城谕范延光，许移大藩，曰："若降而杀汝，白日在上，吾无以享国！"延光曰："主上重信，云不死则不死矣。"乃撤守备。九月，遣牙将奉表待罪，诏释之。光远表乞入朝。制以延光为天平节度使，仍赐铁券，将佐皆除防、团[3]、刺史，牙兵皆升为侍卫亲军。初，河阳行军司马李彦珣，邢州人也，父母在乡里，未尝供馈。后与张从宾同反，败奔广晋，延光使登城拒守。光远访获其母，置城下以招之，彦珣引弓射杀之。至是，得为坊州刺史。近臣言彦珣杀母恶逆不可赦，晋主曰："赦令已行，不可改也。"

司马公曰：治国者固不可无信，然彦珣之恶，三灵[4]所不容，晋高祖赦其叛君之愆，治其杀母之罪，何损于信哉？

晋以杨光远为天雄节度使。

冬，十月，契丹加晋主尊号。

晋以汴州为东京开封府，东都[5]为西京晋主以大梁舟车所会，便于漕运，故徙都之。

晋停兵部尚书王权官晋主遣权使契丹谢尊号，权耻之，谓人曰："吾老矣，安能向穹庐屈膝？"乃辞以老疾。晋主怒，停权官。

晋枢密使桑维翰罢初，郭崇韬既死，宰相罕有兼枢密使。至是，维翰、李崧兼之，宣徽使刘处让及宦官皆不悦。杨光远围广晋，处让数以军事衔命往来。光远奏请多逾分[6]，维翰独以法裁折之。光远有不平语，处让曰："是皆执

1　间：离间。
2　广晋：古县名，治所位于今河北省邯郸市大名县东。
3　防、团：即防御使、团练使。
4　三灵：即天、地、人。
5　东都：即洛阳。
6　逾分：过分。

政之意。"光远由是怨执政。范延光降，光远密表论执政过失，晋主不得已，
罢崧、维翰，而以处让代之。

交州乱，汉主䶮遣其子弘操将兵攻之，败死初，交州将皎公羡杀安南
节度使杨延艺而代之。至是，延艺故将吴权举兵攻公羡，公羡以赂求救于汉。
汉主䶮欲乘其乱而取之，以其子弘操为交王，将兵救公羡。问策于崇文使萧
益，益曰："今霖雨积旬，海道险远，吴权桀黠，未可轻也。大军当持重，多
用乡导，然后可进。"不听，命弘操率战舰趋交州。权已杀公羡，引兵逆战。
先于海口多植大杙¹，锐其首，冒²之以铁。遣轻舟乘潮³挑战而伪遁，弘操逐之，
须臾潮落，碍铁杙不得返，大败，溺死。先是，著作佐郎侯融劝䶮弭兵息民，
至是以兵不振，追咎⁴融，剖棺暴其尸。

楚王夫人彭氏卒夫人貌陋而治家有法，楚王希范悼之。既卒，希范始纵
声色。有商人妻美，杀其夫而夺之，妻誓不辱，自经死。

河决郓州。

十一月，晋册闽主昶为闽国王，不受以闽主昶为闽国王，以散骑常侍
卢损为册礼使，赐昶赭袍。昶闻之，遣进奏官白执政，以既袭帝位，辞册命。
闽谏议大夫黄讽以昶淫暴，与妻子辞诀入谏。昶欲杖之，讽曰："臣若迷国不
忠，死亦无怨。直谏被杖，臣不受也。"乃黜为民。损至福州，闽主不见，命
弟继恭主之。遣使奉继恭表，随损入贡。有士人林省邹私谓损曰："吾主不事
其君，不爱其亲，不恤其民，不敬其神，不睦其邻，不礼其宾，其能久乎？"

晋建邺都，置彰德、永清军，徙澶州城晋主患杨光远跋扈难制，桑维
翰请分天雄之众，加光远西京留守，兼河阳节度使。光远由是怨望，密以赂

1　杙：斜埋在地上的木桩。
2　冒：盖，蒙。
3　乘潮：趁着潮水行船。
4　追咎：追究责怪。

自诉于契丹，养部曲千余人，常蓄异志[1]。晋遂建邺都于广晋府[2]；置彰德军于相州，以澶、卫隶之；置永清军于贝州，以博、冀隶之。澶州旧治顿丘，晋主虑契丹为后世之患，遣刘继勋徙澶州城，跨德胜津[3]。以高行周为邺都留守，王廷胤为彰德节度使，王周为永清节度使。

晋范延光致仕延光屡请致仕，居于大梁，每预宴会，与群臣无异。延光之反也，相州刺史王景拒境不从[4]。以景为耀州团练使。

晋听公私自铸钱敕听公私自铸铜钱，无得杂以铅、铁，每十钱重一两，以"天福元宝"为文。惟禁私作铜器。

故吴主杨溥卒唐主追谥曰睿皇帝。

晋凤翔军乱，讨平之凤翔节度使李从曮厚文士而薄武人，爱农民而严士卒，由是将士怨之。会发兵戍西边，作乱剽掠，从曮发帐下兵击之。乱兵败走，至华州，镇国节度使张彦泽邀击，尽诛之。

己亥（公元 939 年）

晋天福四年。闽主曦永隆元年。〇是岁，南唐复姓李氏。凡五国、三镇。

春，正月，晋以冯晖为朔方节度使朔方节度使张希崇卒，羌、胡寇钞，无复畏惮。党项酋长拓跋彦超最为强大。晖至，彦超入贺。晖厚遇之，因为于城中治第，丰其服玩，留之不遣。封[5]内遂安。

唐主徐诰复姓李氏，更名昇唐群臣累表请唐主复姓李，立唐宗庙，唐主从之。又请上尊号，唐主曰："尊号虚美[6]，且非古。"遂不受。其后子孙皆踵其法。又不以外戚辅政，宦者不得预事，皆他国所不及也。仓吏[7]岁终献羡余

1　异志：二心，叛离之心。
2　广晋府：古行政区名，改兴唐府置，辖今河北省大名、魏县、馆陶、临漳、成安，山东省临清、冠县、莘县及河南省内黄等地。
3　德胜津：古渡口名，即德胜口，黄河重要渡口之一，位于今河南省濮阳市东南。
4　拒境不从：在边境上拒不跟随他。
5　封：疆界。
6　虚美：凭空加以赞美。
7　仓吏：官仓中的胥吏。

万石，唐主曰："出纳有数，苟非掊民刻军[1]，安得羡余耶？"改太祖[2]庙号曰义祖。为李氏考妣[3]发哀，斩衰居庐，如初丧礼，朝夕临凡五十四日。诏国事委齐王璟详决，惟军旅以闻。唐主更名昪。诏百官议二祏合享礼[4]，宋齐丘等议以义祖居七室之东。唐主命居高祖于西室，太宗次之，义祖又次之，皆为不祧[5]之主。群臣言："义祖诸侯，不宜与高祖、太宗同享，请于太庙正殿后别建庙祀之。"唐主曰："吾自幼托身义祖，向非义祖有功于吴，朕安能启此中兴之业？"群臣乃不敢言。唐主欲祖[6]吴王恪，或曰："恪诛死，不若祖郑王元懿。"唐主命有司考二王苗裔，以吴王孙祎有功，祎子岘为宰相，遂祖吴王，云自岘五世至父荣，其名率皆[7]有司所撰。

胡氏曰：诰既复姓，为考妣发哀、成服，是也。而必祖唐，慕名失实，与为徐氏何异乎？

三月，晋加刘知远、杜重威同平章事知远自以有佐命功，重威起外戚，无大功，耻与之同制。制下数日，杜门不受。晋主怒，谓赵莹曰："知远坚拒制命，可落[8]军权，令归私第。"莹拜请曰："陛下昔在晋阳，兵不过五千，为唐兵十余万所攻，危于朝露，非知远心如金石，岂能成大业？奈何以小过弃之？窃恐此语外闻，非所以彰人君之大度也。"晋主意乃解，命和凝诣知远第谕旨。知远惶恐，起受命。

晋灵州戍将[9]王彦忠叛彦忠据怀远城[10]叛，晋主遣供奉官齐延祚往招谕之。彦忠降，延祚杀之。晋主怒曰："朕践祚以来，未尝失信于人。彦忠已输仗[11]出

1　掊民刻军：掊民，搜刮百姓。刻军，刻薄部队。
2　太祖：即吴太祖杨行密。
3　考妣：死去的父亲和母亲。
4　二祏合享礼：把徐、李二姓的先人合起来同受祭享的礼制。
5　不祧：古代帝王的宗庙分家庙和远祖庙，远祖庙称祧。家庙中的神主，除始祖外，凡辈分远的要依次迁入祧庙中合祭。永不迁移的叫做"不祧"。
6　祖：承袭。
7　率皆：都是。
8　落：除去，也特指免去职务等。
9　戍将：戍守边境的将领。
10　怀远城：古城名，位于今宁夏回族自治区固原市西。
11　输仗：交出武器。

迎，延祚何得擅杀之？"除延祚名，重杖配流。议者犹以为延祚不应免死。

夏，四月，晋废枢密院梁太祖以来，军国大政，天子多与崇政、枢密使议之，宰相受成命、行制敕、讲典故、治文书而已。晋主惩安重诲专横，即位之初，但命桑维翰兼枢密使。及刘处让为枢密使，奏对多不称旨。会处让遭母丧，废枢密院，以印付中书院，事皆委宰相分判[1]。然勋臣近习不知大体，习于故事，每欲复之。

胡氏曰：枢密之任既隆，而宰相失其职。石晋[2]废院当矣。犹存其印，而委宰相分制其事，是名废而实存必也。宰相无所不统，削院毁印，然后可以责成宰相，如古王者之制矣。

闽主昶杀其叔父延武、延望闽主昶忌其叔父延武、延望。巫者林兴与之有怨，托鬼神语云："二人将为变。"昶不复诘，使兴杀之，并其五子。用陈守元言，作三清殿于禁中，以黄金数千斤铸宝皇、老君像，昼夜作乐，焚香祷祀。政无大小，皆林兴传宝皇命决之。

晋加楚王希范天策上将军。

唐主迁故吴主杨氏之族于泰州[3]唐人迁让皇之族于泰州，号永宁宫，防卫甚严。

秋，七月朔，日食。

晋以皇甫遇为昭义节度使成德节度使安重荣恃勇骄暴，每谓人曰："今世天子，兵强马壮则为之耳。"府廨[4]有幡竿[5]，高数十尺，尝挟弓矢谓左右曰："我能中竿上龙首者，必有天命。"一发中之，以是益自负。所奏请多逾分，为执政所可否，意愤愤不快，乃聚亡命，市战马，有飞扬[6]之志。晋主知之，

1　分判：剖析，评断。
2　石晋：即后晋，国主姓石。
3　泰州：古州名，治所位于今江苏省泰州市，辖今江苏省泰州、姜堰、如皋、泰兴、兴化等市地。
4　府廨：官署。
5　幡竿：系幡的杆。
6　飞扬：放纵。

以义武节度使皇甫遇与重荣姻家，徙为昭义节度使。

晋禁私铸钱敕："私钱多用铅、锡，小、弱、缺、薄，宜皆禁之，专令官司自铸。"

晋以桑维翰为彰德[1]节度使杨光远疏平章事桑维翰迁除不公，与民争利。晋主不得已，出维翰镇相州。

晋以王廷胤为义武节度使初，王处直子威避王都之难，亡在契丹。至是，契丹主遣使来言，请使威袭父土地，晋主辞以："中国之法，必自刺史、团、防序迁[2]乃至节度使，请遣威至此，渐加进用。"契丹主怒曰："尔自节度使为天子，亦有阶级邪？"晋主恐其滋蔓不已，厚赂之，请以处直兄孙廷胤镇易定，契丹怒稍解。

闽王曦弑其主昶而自立，称藩于晋初，闽以太祖元从为拱宸、控鹤都。及闽主昶立，更募壮士为腹心，号宸卫都，禄赐[3]特厚，二都怨望，将作乱。昶好为长夜之饮，强群臣酒，醉则令左右伺其过失。从弟继隆醉，失礼，斩之。叔父延羲伴为狂愚以避祸，昶赐以道士服，幽于私第。数侮拱宸、控鹤军使朱文进、连重遇，二人怨之。会北宫火，求贼不获，昶命重遇将兵扫除余烬[4]，士卒苦之。又疑重遇知纵火之谋，欲诛之。内学士陈郯私告重遇。重遇率二都兵迎延羲，共攻昶。昶与李后如宸卫都。比明，宸卫战败，奉昶及李后出北关，至梧桐岭[5]，众稍逃散。延羲使兄子继业将兵追之，及于村舍，醉而缢之，并李后及诸子皆死。延羲自称闽国王，更名曦，遣商人间道奉表、称藩于晋。

河决博州。

---

1 彰德：方镇名，即彰德军，治相州，领相、澶、卫州，辖今河北省临漳县以南，河南省林州、辉县二市以东，范县、清丰县以西，黄河以北地。
2 序迁：按等级次第升迁。
3 禄赐：俸禄和赏赐。
4 余烬：燃烧后剩下的灰和没烧尽的东西。
5 梧桐岭：古地名，位于今福建省福州市北。

八月，晋以冯道守司徒，兼侍中诏中书知印止委上相[1]。由是事无巨细，悉委于道。晋主尝访以军谋[2]，对曰："征伐大事，在圣心独断。臣书生，惟知谨守历代成规而已。"晋主然之，宠遇无比。

晋以吴越王元瓘为天下兵马元帅。

晋以唐许王从益为郇国公从益尚幼，李后养于宫中，奉王淑妃如事母。

冬，十月，吴越王夫人马氏卒初，武肃王镠禁中外畜声妓[3]，元瓘年三十余无子，夫人为之请于镠。镠喜，乃听元瓘纳妾。生弘倧、弘佐、弘俶等数人，夫人抚视慈爱如一，常置银鹿于帐前，坐诸儿于上而弄之。

十二月，晋禁造佛寺。

汉平章事赵光裔卒光裔相汉二十余年，府库充实，边境无虞。及卒，汉复以其子损同平章事。

庚子（公元940年）

晋天福五年。〇是岁，凡五国、三镇。

春，二月，晋北都留守安彦威入朝彦威入朝，晋主曰："吾所重者，信与义。昔契丹以义救我，我今以信报之。闻其征求不已，公能屈节奉之，深称朕意。"对曰："陛下以苍生之故，犹卑辞厚币以事之，臣何屈节[4]之有？"晋主悦。

楚平群蛮，立铜柱于溪州初，溪州刺史彭士愁引群蛮寇辰、澧[5]，楚王希范遣兵讨平之。自是群蛮服于楚。希范自谓伏波[6]之后，以铜五千斤铸柱，高一丈二尺，入地六尺，铭誓状[7]于上，立之溪州。

---

1 中书知印止委上相：中书省主持用印的工作只能委任宰相。知印，主持用印。
2 军谋：军事的谋略。
3 声妓：宫廷及贵族家中的歌姬舞女。
4 屈节：降低身分相从。
5 辰、澧：即辰州、澧州。
6 伏波：即东汉伏波将军马援。
7 铭誓状：铭，在器物上雕刻文字。誓状，保证书。

　　唐康化[1]节度使杨琏卒琏谒平陵[2]还，一夕大醉，卒于舟中。唐主追封，谥曰弘农靖王。

　　闽王曦遣兵击其弟延政于建州，败绩。吴越遣兵救建州。夏，五月，延政击却之曦骄淫苛虐，猜忌宗族，多寻旧怨。其弟建州刺史延政数以书谏之，曦怒，复书骂之，遣亲吏业翘、杜汉崇监其军。二人争捃[3]延政阴事告于曦，由是兄弟积相猜恨。一日，翘与延政议事不协，诃之曰："公反邪？"延政怒，欲斩翘。翘奔南镇[4]，延政发兵就攻取之。曦遣统军使潘师逵、吴行真将兵四万击延政。延政求救于吴越，吴越王元瓘遣宁国节度使仰仁诠、都监使薛万忠将兵四万救之。丞相林鼎谏，不听。三月，师逵分兵出战，延政遣兵败之。延政募死士入师逵垒，因风纵火。战棹[5]都头陈诲杀师逵，其众皆溃。行真将士弃营走。延政乘胜取永平、顺昌[6]二城。自是建兵[7]始盛。仁诠等兵至，延政奉牛酒犒之，请班师[8]。仁诠等不从。延政惧，复遣使乞师于曦。曦遣兵救之，遣轻兵绝吴越粮道。吴越军食尽，延政遣兵出击，大破之。唐主遣使如闽，和闽主曦及延政。延政遣牙将及女奴持誓书及香炉至福州，与曦盟于宣陵[9]。然猜恨如故。

　　晋李金全以安州叛，降于唐。晋遣马全节讨之，唐师败绩胡汉筠不诣阙，晋乃以马全节代李金全。汉筠绐金全曰："进奏吏遣人来言，朝廷俟公受代，即按贾仁沼死状。"金全大惧。汉筠因说金全自归于唐，金全从之。晋主命马全节讨之，安审晖为之副。金全奉表请降于唐，唐主遣鄂州屯营使李承裕、段处恭将兵三千逆之。金全诣唐军，承裕入据安州。马全节进军与战，大

────────────

1　康化：方镇名，即康化军，治池州。
2　平陵：杨涟的父亲、吴让皇杨溥的陵墓，位于今江苏省镇江市境内。
3　捃：收集材料以打击别人。亦引申指弹劾。
4　南镇：古地名，即南镇寨，位于今福建省宁德市古田县西。
5　战棹：战船。
6　永平、顺昌：永平，即永平镇，治今福建省南平市。顺昌，古县名，治所即今福建省南平市顺昌县。
7　建兵：即建州兵。
8　班师：原指调回出征的军队，后也指出征的军队胜利归来。
9　宣陵：闽太祖王审知的陵墓，位于今福建省福州市晋安区新店镇斗顶村斗顶山。。

破之，承裕南走。全节入安州。审晖追败[1]唐兵，段处恭战死，虏承裕及其众，悉斩之，送监军杜光业等于大梁。晋主曰："此曹何罪？"皆归之。初，卢文进之奔吴也，唐主命祖全恩将兵逆之，戒无入安州城，无得剽掠。承裕逆李金全，戒之如全恩。承裕贪剽掠，与晋战，败，失亡四千人，唐主惋恨[2]累日，自以戒敕之不熟[3]也。光业等至唐，唐主以其违命而败，不受，遗晋主书曰："边校[4]贪功，乘便据垒，军法朝章，彼此不可[5]。"帝复遣之。唐主遣战舰拒之，乃还。晋主悉授唐诸将官，以其士卒为显义都，命旧将刘康领之。

司马公曰：违命者，将也，士卒从将之令者也，又何罪乎？受而戮其将以谢敌，吊士卒而抚之，斯可矣，何必弃民以资敌国乎？

秋，七月，闽王曦城福州西郭[6]，度僧万人闽城西郭，备建人[7]也。度民为僧，民避重赋，多为僧者。

晋赠贾仁沼、桑千等官，诛庞守荣于安州李金全之叛也，安州副都指挥使桑千、王万金、成彦温不从而死，都指挥使庞守荣诮其愚以徇金全之意。至是，赠贾仁沼及千等官，诛守荣于安州。金全至金陵，唐主待之甚薄。

晋西京留守杨光远杀太子太师范延光延光请归河阳私第，许之。延光重载[8]而行。光远利其货，且虑为子孙之患，奏："延光叛臣，恐其逃入敌国，宜早除之。"不许。请敕延光居西京，从之。光远使其子承贵以甲士围其第，逼令自杀，延光曰："天子赐我铁券，尔父子何得如此？"承贵以白刃驱延光，挤[9]于河，奏云："自赴水死。"晋主知其故，惮光远之强，不敢诘。

1　追败：追击并打败。
2　惋恨：懊悔。
3　戒敕之不熟：戒敕，告诫。不熟，表示程度不深。
4　边校：边境的将校。
5　彼此不可：两方面都无法容忍。
6　西郭：西边外城。
7　建人：即建州王延政。
8　重载：满载，超载。
9　挤：推开，除去。

晋诏诸州仓吏贷死抵罪[1]李崧奏：“诸州仓粮，于计帐之外所余颇多。”晋主曰：“法外税民，罪同枉法。仓吏特贷其死，各痛惩之。”

晋罢翰林学士学士李澣轻薄多酒失，晋主恶而罢之，并其职于中书舍人。

晋以杨光远为平卢节度使光远入朝，晋主欲徙之他镇，谓光远曰：“围魏之役，卿左右皆有功，尚未之赏。今当各除一州以荣之。”因以其将校数人为刺史，徙光远镇青州。

胡氏曰：信者，帝王之大宝。石祖既许范延光以不死，而光远擅杀之，光远之罪，岂可贷乎？会其入朝，数以专杀戮而尸[2]之，则信义兼著，恩威并行。曾不能然，复宠以大藩，晋祖失之矣。

冬，十月，晋加吴越王元瓘尚书令。

唐大赦唐大赦，诏中外奏章无得言“睿”“圣”，犯者以不敬论。

唐主如江都唐主巡东都，太仆少卿陈觉以私憾奏泰州刺史褚仁规贪残，罢为扈驾[3]都部署。觉始用事。

晋以闽王曦为闽国王。

辛丑（公元 941 年）

晋天福六年。〇是岁，凡五国、三镇。

春，正月，吐谷浑降晋，不受初，晋主割雁门之北以赂契丹，由是吐谷浑皆属契丹。苦其贪虐，思归中国。成德节度使安重荣复诱之，于是部落千余帐来奔。契丹大怒，遣使来让。晋主遣兵逐之，使还故土。

闽以王延政为富沙王延政请于闽王曦，欲以建州为威武军，自为节度使。曦以建州为镇安军，延政为节度使，封富沙王。延政改镇安曰镇武而

1　贷死抵罪：贷死，免于死罪。抵罪，用接受惩罚的方式来抵偿所犯的罪过。
2　尸：陈尸示众。
3　扈驾：随侍帝王的车驾。

称之。

二月，晋彰义节度使张彦泽杀其掌书记张式彦泽欲杀其子，式谏止之，彦泽怒，射之。左右素恶式，从而谮之。式惧，谢病去，彦泽遣兵追之。晋主以彦泽故，流式商州。彦泽遣使诣阙求之，且曰："彦泽不得张式，恐致不测。"晋主不得已，与之。彦泽命决口剖心[1]，断其四肢。

夏，四月，唐以陈觉、常梦锡为宣徽副使。

唐遣使如晋唐主遣通事舍人欧阳遇如晋，求假道以通契丹，不许。自黄巢以来，天下血战数十年，然后诸国各有分土[2]，兵革稍息。及唐主即位，江淮丰稔，兵食有余，群臣争言北方多难，宜出兵恢复旧疆。唐主曰："吾少长军旅，见兵之为民害深矣，不忍复言。使彼民安，则吾民亦安矣，又何求焉？"汉主遣使如唐，谋共取楚，分其地，唐主不许。

六月，晋成德节度使安重荣执契丹使者，上表请伐契丹重荣耻臣契丹，见其使者，必箕踞慢骂，或潜遣人杀之。契丹以为让，晋主为之逊谢[3]。六月，重荣执契丹使拽剌，遣轻骑掠幽州南境，上表称："吐谷浑、两突厥、浑、契苾[4]、沙陀各率部众归附，党项等亦纳契丹告牒[5]，言为虏所陵暴，愿自备十万众，与晋共击契丹。陛下屡敕臣承奉契丹，勿自起衅端。其如天道人心，难以违拒。愿早决计[6]。"表数千言，大抵斥晋主父事契丹，竭中国以媚无厌之虏。又为书遗朝贵及移藩镇，云已勒兵，必与契丹决战。晋主患之。时邺都留守刘知远在大梁。泰宁节度使桑维翰密上疏曰："陛下免于晋阳之难而有天下，皆契丹之功，不可负也。今重荣恃勇轻敌，吐浑[7]假手执仇[8]，皆非国家之利，

1　决口剖心：决口，割开嘴巴。剖心，破胸取心，古代的一种酷刑。
2　分土：分封的疆土。
3　逊谢：道歉谢罪。
4　浑、契苾：浑，铁勒诸部之一，游牧于铁勒诸部的最南端。契苾，铁勒诸部之一，发源于鲜卑，后为高车族的一支，游牧于今蒙古杭爱山东支乌特勒山一带。
5　告牒：告发的文书。
6　决计：拿定主意，决定。
7　吐浑：即吐谷浑。
8　执仇：结仇。

不可听也。臣观契丹士马精强，战胜攻取[1]，其君智勇过人，其臣上下辑睦，牛马蕃息，国无天灾，此未可与为敌也。且中国新败，士气雕沮[2]。又和亲既绝，则当发兵守塞，兵少则不足以待寇，兵多则馈运无以继之。我出则彼归，我归则彼至，臣恐禁卫[3]之士疲于奔命，镇、定[4]之地无复遗民。今天下粗安，烝民困弊，静而守之，犹惧不济，其可妄动乎？契丹与国家恩义非轻，信誓[5]甚著，彼无间隙而自启衅端，就使克之，后患愈重。万一不克，大事去矣。议者以岁输缯帛谓之耗蠹[6]，有所卑逊谓之屈辱，殊不知兵连祸结，财力将匮，耗蠹孰甚焉？武吏功臣过求姑息[7]，屈辱孰大焉？臣愿陛下训农习战，养兵息民，俟国无内忧，民有余力，然后观衅而动，则动必有成矣。又邺都富盛[8]，国家藩屏，今主帅赴阙，军府无人，乞陛下略加巡幸，以杜奸谋。"晋主谓使者曰："朕比日以来，烦懑不决，今见卿奏，如醉醒矣。"

胡氏曰：重荣耻臣契丹是也，请不获命[9]而兴师，则叛而已矣。故其心似忠而非忠，其事似正而非正。不能释位而去者，无宁训齐[10]师旅，富民保境，以待君命、事会之来，岂有终极乎？不能小忍，卒蹈大难，盖匹夫之勇，浅中[11]之见，不足尚也。

闽王曦杀其兄子继业闽王曦以书招泉州刺史王继业还，赐死，杀其子于泉州。司徒杨沂丰与之亲善，下狱，族诛。自是宗族勋旧相继被诛，人不自保。谏议大夫黄峻舁櫬[12]诣朝堂极谏，曦曰："老物[13]狂发矣。"贬漳州司户。曦淫侈

1　战胜攻取：战就能胜，攻即能取。形容所向无敌。
2　雕沮：低落沮丧。
3　禁卫：保卫帝王或京城的卫兵。
4　镇、定：即镇州、定州。
5　信誓：表示诚信的誓言。
6　耗蠹：耗费损害。
7　过求姑息：过分的请求被容忍迁就。
8　富盛：广博，丰富繁多。
9　获命：获得应允。
10　训齐：训练整治。
11　浅中：心胸狭窄。
12　舁櫬：带着棺材。舁，携带。
13　老物：骂人的话，老东西。

无度，资用不给，谋于国计使陈匡范。匡范请日进万金，曦悦。匡范增算商贾数倍，未几，不能足。贷诸省务钱[1]以足之，恐事觉，忧悸[2]而卒。曦祭、赠甚厚。诸省务以贷帖[3]闻，曦大怒，断棺断其尸，弃水中。以黄绍颇代之。绍颇请令欲仕者输钱[4]，以资望高下及户口多寡定其值，自百缗至千缗。从之。

秋，七月，晋以刘知远为北京留守晋主忧安重荣跋扈，以知远为北京留守。知远微时，为晋阳李氏赘婿[5]，尝牧马，犯僧田，僧执而笞之。知远至，首召其僧，命之坐，慰谕赠遗。众心大悦。

吴越府署火吴越府署火，吴越王元瓘惊惧，发狂疾[6]。唐人劝唐主乘弊取之，唐主曰："奈何利人之灾？"遣使唁[7]之，且赒[8]其乏。

闽王曦自称大闽皇曦自称大闽皇，领威武节度。与王延政治兵相攻，互有胜负。镇武[9]判官潘承祐屡请息兵修好，延政不从。闽主使者至，延政对使者语悖慢。承祐长跪切谏，延政怒，顾左右曰："判官之肉可食乎？"承祐不顾[10]，声色愈厉。

八月，晋以杜重威为御营使冯道、李崧屡荐重威，以为御营使，代刘知远，知远由是恨二相。重威所至黩货，民多逃亡。尝出过市，谓左右曰："人言我驱尽百姓，何市人之多也？"

胡氏曰：晋祖为杨光远而出桑维翰，为杜重威而出刘知远，此亡国之本也。契丹之事，翰、远任之有余矣。委付[11]不专，则心不固；施设[12]不久，则政不坚。他日契丹入寇，维翰无权，而知远顾望，盖晋祖使然也。宰相以知人善

1　省务钱：各衙门的办公经费。省务，衙门事务。
2　忧悸：忧惧而心惊胆战。
3　贷帖：借债的字据凭证。
4　输钱：缴纳钱财。
5　赘婿：上门女婿。
6　狂疾：疯癫病。
7　唁：对遭遇丧事者表示慰问。
8　赒：周济，救济。
9　镇武：方镇名，即镇武军，领建州。
10　不顾：不考虑，不顾忌。
11　委付：托付，付与。
12　施设：实施，实行。

任使为贤。冯道先荐杜重威，复引景延广，此二人者，实丧晋国。继之者犹用而不置，是不可晓也。

晋主如邺都晋主至邺都，以诏谕安重荣曰："吾因契丹得天下，尔因吾致富贵。吾不敢忘德，尔乃忘之，何邪？今吾以天下臣之，尔欲以一镇抗之，不亦难乎？宜审思之，无取后悔。"重荣得诏愈骄，闻山南东道节度使安从进有异志，阴遣使与之通谋。

吴越文穆王钱元瓘卒，子弘佐嗣元瓘寝疾，察内都监使章德安忠厚，能断大事，属以后事。卒，内衙指挥使戴恽，元瓘养子弘侑乳母之亲[1]也。或告恽谋立弘侑。德安秘不发丧，与诸将谋，伏甲士于幕下。恽入府，执而杀之。废弘侑，复姓孙，幽之明州。将吏以元瓘遗命，承制以弘佐为节度使。弘佐温恭，好书礼士，躬勤政务，发擿奸伏，人不能欺。民有献嘉禾者，弘佐问仓吏今蓄积几何，对曰："十年。"王曰："然则军食足矣，可以宽吾民。"乃命复其境内税三年。

河决滑州。

冬，十月，晋刘知远招纳[2]吐谷浑白承福等，徙之内地刘知远遣亲将郭威以诏指说吐谷浑酋长白承福，令去安重荣归朝廷。威曰："虏惟利是嗜，安铁胡[3]止以袍袴[4]赂之。今欲其来，莫若重赂，乃可致耳。"知远从之，且使谓承福曰："朝廷已割尔曹隶契丹，尔曹当自安部落，今乃南来助安重荣为逆。重荣已为天下所弃，朝夕败亡，尔曹宜早从化[5]，勿俟临[6]之以兵，南北无归，悔无及矣。"承福惧，率众归知远。知远处之太原、岚、石[7]之间，表领大同节度使。收其精骑，以隶麾下。达靼、契苾亦不附安重荣。重荣势大沮。

1　亲：亲戚。
2　招纳：招引接纳。
3　安铁胡：即安重荣，小字铁胡。
4　袍袴：战袍，军服。
5　从化：归化，归顺。
6　临：攻伐，胁制。
7　岚、石：即岚州、石州。

闽王曦称帝。

十一月，晋山南东道节度使安从进举兵反晋主之发大梁也，和凝请曰："车驾已行，安从进必反。请密留空名宣敕[1]十数通，付留守郑王重贵，闻变则书诸将名，遣击之。"从之。十一月，从进举兵，重贵遣高行周、宋彦筠、张从恩讨之。从进攻邓州，节度使安审晖拒之。从进退至花山[2]，遇张从恩兵，不意其至之速，合战，大败，奔还襄州。

唐定田税唐主性节俭，常蹑蒲屦[3]，盥颒用铁盎[4]，暑则寝于青葛帷[5]。左右使令惟老丑宫人，服饰粗略[6]。死国事者，虽士卒，皆给禄三年。分遣使者按行民田，以肥瘠[7]定其税，民间称其平允。自是江淮调兵兴役及他赋敛，皆以税钱为率，至今用之。唐主勤于听政，以夜继昼[8]。还自江都，不复宴乐[9]，颇伤躁急[10]。内侍王绍颜上书，以为："今春以来，群臣获罪者众，中外疑惧。"唐主手诏释其所以然，令绍颜告谕中外。

十二月，荆南、湖南会晋师讨襄州。

晋安重荣反。晋遣杜重威击败之安重荣闻安从进反，遂集境内饥民数万，南向邺都，声言入朝。晋主闻之，以杜重威为招讨使，马全节副之。重威与重荣遇于宗城西南，再击之，不动。惧，欲退。指挥使王重胤曰："兵家忌退。镇[11]之精兵尽在中军，请公分锐士击其左右翼，重胤为公以契丹直冲其中军，彼必狼狈。"重威从之。镇人稍却，官军乘之，镇人大溃。重荣走还，婴城自守。镇人战及冻死者二万余人。

1　空名宣敕：即空名告身，空白的授官凭证。
2　花山：古山名，位于今河南省南阳市唐河县南。
3　蹑蒲屦：蹑，穿。蒲屦，蒲草编的鞋。
4　盥颒用铁盎：洗手洗面用铁盆。盥颒，洗手洗面。铁盎，铁盆。
5　青葛帷：青葛做的蚊帐。
6　粗略：粗糙简陋。
7　肥瘠：肥沃还是贫瘠。
8　以夜继昼：即夜以继日，形容日夜不停。
9　宴乐：饮宴作乐。
10　躁急：急躁。
11　镇：即镇州。

汉主龚更名龑汉主龚寝疾，有胡僧谓"龚"名不利，龚乃自造"龑"字名之，义取"飞龙在天"，读若"俨"。

壬寅（公元 942 年）

晋天福七年。六月，晋主重贵立。汉主玢光天元年。○是岁，凡五国、三镇。

春，正月，晋师入镇州，安重荣伏诛镇州牙将自西郭水碾门导[1]官军入城，杀守陴民二万人，执安重荣，斩之。杜重威杀导者，自以为功。晋主函重荣首送契丹。

晋以杜重威为顺国节度使晋改镇州成德军为恒州顺国军，以杜重威为节度使。重威表王瑜为副使。瑜为之重敛于民，恒人不胜其苦。

晋以王周为彰义节度使张式父铎诣阙讼冤，故以周代张彦泽。

唐以宋齐丘知尚书省，寻罢之齐丘固求豫政事，唐王听入中书。又求领尚书，乃以齐丘知尚书省事。数月，亲吏夏昌图盗官钱三千缗，齐丘判贷其死，唐主大怒，斩昌图。齐丘称疾请罢，从之。

晋以陈延晖为凉州节度使泾州奏遣押牙陈延晖持敕书诣凉州，州中将吏请以为节度使。从之。

夏，四月，晋贬张彦泽为龙武大将军彦泽在泾州，擅发兵击诸胡，兵皆败没。调民马千余匹以补之。还至陕，获亡将[2]杨洪，乘醉断其手足而斩之。王周奏彦泽在镇贪残不法二十六条，民散亡者五千余户。彦泽既至，晋主以其有军功，释[3]不问。四月，谏议大夫郑受益上言："杨洪所以被屠，由陛下去岁送张式与彦泽，使之逞志，致彦泽敢肆凶残，无所忌惮。见闻[4]之人，无不切齿，而陛下曾不动心，一无诘让。中外皆言陛下受彦泽所献马百匹，听其如

1　导：引导。
2　亡将：逃亡的将领。
3　释：赦免。
4　见闻：目睹耳闻。

是，窃为陛下惜此恶名。乞正彦泽罪法[1]，以湔洗圣德。"疏奏[2]留中。刑部郎中李涛等伏阁[3]极论彦泽之罪，语甚切至。敕彦泽削一阶，降爵一级。涛复与两省及御史台官伏阁奏请论如法。晋主召涛面谕之。涛端笏前迫殿陛论辩[4]，声色俱厉，晋主怒，连叱之，涛不退。晋主曰："朕已许彦泽不死。"涛曰："陛下许彦泽不死，不可负。不知范延光铁券安在？"晋主拂衣起，入禁中，既而有是命。

汉主龑殂，子玢立汉主龑寝疾，以其子秦王弘度、晋王弘熙皆骄恣，少子越王弘昌孝谨有智识[5]，与右仆射王翱谋，出弘度、弘熙而立弘昌。会崇文使萧益入问疾，以其事访之。益曰："立嫡以长，违之必乱。"乃止。龑为人辩察[6]多权数，好自矜大，穷奢极丽，宫殿悉以金玉珠翠为饰。用刑惨酷，有灌鼻、割舌、肢解、刳剔、炮炙、烹蒸[7]之法。或聚毒蛇水中，以罪人投之，谓之"水狱"。杨洞潜谏，不听。末年尤猜忌。以士人多为子孙计，故专任宦者，由是其国宦者大盛。及殂，弘度即位，更名玢，以弘熙辅政。

胡氏曰：刘龑之不智亦甚哉！人惟爱其亲，故及人之亲；爱其子，故及人之子。何者？推类[8]故也。宦者无父，何以知孝？无子，何以知慈？无父子慈爱之心，安得有君臣忠厚之道，而能为长久计乎？

五月，唐以宋齐丘为镇南节度使齐丘既罢，不复朝谒。唐主遣寿王景遂劳问，许镇洪州，始入朝。唐主与之宴，酒酣，齐丘曰："陛下中兴，臣之力也，奈何忘之？"唐主怒曰："公以游客[9]干朕，今为三公，亦足矣。"齐丘曰："臣为游客时，陛下乃偏裨耳。"明日，唐主手诏谢之曰："朕之褊性[10]，子

1　罪法：罪罚。
2　疏奏：奏章上达。
3　伏阁：跪在内阁。
4　端笏前迫殿陛论辩：双手捧着朝笏迫近殿阶辩论。殿陛，御殿前的石阶。
5　智识：识见。
6　辩察：雄辩而详审。
7　刳剔、炮炙、烹蒸：刳剔，剖杀，割剥。炮炙，烘烤。烹蒸，蒸煮。
8　推类：类推。
9　游客：门客，出外投靠权贵的人。
10　褊性：器量小的禀性。

嵩平昔所知，少相亲，老相怨，可乎？"乃以齐丘镇洪州。

六月，晋主敬瑭殂，兄子齐王重贵立契丹以晋招纳吐谷浑，遣使来让，晋主忧悒[1]成疾。一日，冯道独对，晋主命幼子重睿出拜之，又令宦者抱置道怀中，盖欲道辅立之。六月，晋主殂，道与侍卫、马步都虞候景延广议以国家多难，宜立长君，乃奉齐王重贵为嗣。是日即位。延广始用事，禁人偶语。初，高祖疾亟，有旨召刘知远入辅政，晋主重贵寝之。知远由是怨。

胡氏曰：晋祖以幼子委冯道，道不可者，盍明言之？乃含糊不对，死肉[2]未寒，乃背顾命，其视荀息[3]为如何？

秋，七月，闽富沙王延政攻汀州，不克。归，败福州兵于尤口[4]。

晋以景延广为侍卫都指挥使。

汉循州盗张遇贤起，讨之，不克有神降于博罗县[5]民家，县吏张遇贤事之甚谨。时循州盗贼群起，莫相统一。共祷于神，神大言曰："张遇贤当为汝主。"于是群帅共奉遇贤，称王，改元，攻掠海隅。遇贤年少，无他方略，诸将但告进退而已。汉主遣越王弘昌、循王弘杲讨之，战不利，为贼所围。指挥使陈道庠等力战救之，得免。东方[6]州县，多为遇贤所陷。

八月，晋讨襄州，拔之，安从进伏诛高行周围襄州，逾年不下。奉国军[7]都虞候王清曰："贼城已危，我师已老，民力已困，不早逼之，尚何俟乎？"与指挥使刘词率众先登，拔之。从进举族自焚。

闽主曦杀其从子继柔曦宴群臣于九龙殿，从子继柔不能饮，强之。继柔私减其酒，曦怒，并客将斩之。

---

1 忧悒：忧愁不安。
2 死肉：尸体。
3 荀息：春秋时晋国大臣，晋献公临终前任命荀息为相国。荀息以股肱之力辅佐新君继位，誓死实践自己的诺言，留下了千古英名。
4 尤口：古地名，即尤溪口，位于今福建省三明市尤溪县东北尤溪口镇。
5 博罗县：古县名，治所即今广东省惠州市博罗县。
6 东方：南汉的东部地区。
7 奉国军：方镇名，治蔡州，领蔡、申、和三州。

　　唐行《昇元条》唐主自为吴相，兴利除害，变更旧法甚多。及即位，命法官删定为《昇元条》三十卷，行之。

　　闽以余廷英同平章事曦以同平章事余廷英为泉州刺史。廷英掠人女子，事觉，曦以属吏。廷英献买宴钱[1]万缗，曦悦，明日召见，谓曰："宴已买矣，皇后贡物安在？"廷英复献钱于李后，乃遣归泉州。自是诸州皆别贡皇后物。未几，复召廷英为相。

　　冬，十月，楚王希范作天策府希范作天策府，极栋宇[2]之盛，户牖栏槛[3]皆饰以金玉。

　　十一月，晋复行官卖盐法先是，河南、北诸州官自卖海盐，岁收缗钱十七万。又散蚕盐敛民钱[4]。言事者称民坐私贩盐抵罪者众，不若听民自贩，而岁以官所卖钱直敛于民，谓之食盐钱。高祖从之。俄而盐价顿贱，每斤至十钱。至是，三司使董遇欲增求羡利，而难于骤变前法，乃重征盐商，过者七钱，留卖者十钱。由是盐商殆绝，而官复自卖。其食盐钱，至今敛之如故。

　　十二月，闽以李仁遇同平章事仁遇，闽主曦之甥也，年少，美姿容[5]，得幸于曦，以为左仆射，与吏部侍郎李光准并同平章事。曦荒淫无度，尝夜宴，光准醉，忤旨，命斩之。吏不敢杀，系狱中。明日视朝，召复其位。他日，又宴，侍臣皆以醉去，独翰林学士周维岳在，曦曰："维岳身甚小，何饮酒之多？"左右曰："酒有别肠[6]，不必长大。"曦欣然命捽[7]维岳下殿，欲剖视其酒肠，或曰："杀维岳，无人复能侍陛下剧饮[8]者。"乃舍之。

1　买宴钱：朝廷官员向朝廷缴纳的财货。
2　栋宇：房屋。
3　户牖栏槛：户，门。牖，窗户。栏槛，栏杆。
4　散蚕盐敛民钱：配售养蚕抱茧用的盐，借以搜刮民众的钱财。蚕盐，政府在农村按户配售食盐的制度，二月育蚕时按户配盐，六月新丝上市，缴纳夏税时收钱，故称。
5　姿容：容貌。
6　别肠：与众不同的肠胃，比喻能豪饮。
7　捽：揪住。
8　剧饮：痛饮，豪饮。

癸卯（公元 943 年）

晋天福八年。南唐元宗璟保大元年。殷主王延政天德元年。南汉主晟乾和元年。〇是岁，并殷，凡六国、三镇。

春，二月，晋主还东京晋主之初即位也，大臣议奉表称臣、告哀于契丹，景延广请致书称"孙"而不称"臣"。李崧曰："陛下如此，他日必躬擐甲胄，与契丹战，于时悔无益矣。"延广固争，冯道依违其间。晋主卒从延广议。契丹大怒，遣使来责让，延广复以不逊语答之。契丹卢龙节度使赵延寿欲代晋帝中国[1]，屡说契丹击晋，契丹主颇然之。晋主闻契丹将入寇，还东京，然犹与契丹问遗相往来，无虚月。

胡氏曰：即事而论，延广亡晋之罪无可赎者；即情而论，则以晋父事虏，中外人心皆不能平。故慨然欲一哂之，而不思轻背信好[2]，自生衅端，公卿不同谋，将帅有异意，君德荒秽，民力困竭，乃与虏斗，何能善终？狭中[3]浅谋，一朝之忿，亡其身以及其君。嗟夫！使延广知"虑善以动，动惟厥时[4]"之义，姑守前约，而内修政事，不越三四年，可以得志于北狄[5]矣。

唐主昪殂唐宣城王景达刚毅开爽[6]，唐主爱之，屡欲以为嗣。宋齐丘亟称其才，唐主以璟年长而止。尝如璟宫，遇璟亲调乐器，大怒数日。幼子景逷母种氏有宠，乘间言景逷可为嗣。唐主怒曰："子有过，父训之，常事也。国家大计，女子何得预知？"即命嫁之。方士献丹，饵之，浸成躁急。群臣奏事，往往暴怒。然有论辩中理者，亦敛容谢之。问道士王栖霞："何道可致太平？"对曰："王者治心治身，乃治家国。今陛下尚未能去饥嗔饱喜[7]，何论太平？"

1　帝中国：帝，称帝。中国，中原地区。
2　信好：信义友好。
3　狭中：心胸狭窄。中，内心。
4　虑善以动，动惟厥时：考虑妥善而后行动，行动当适合它的时机。语出《古文尚书·说命》。
5　北狄：即北方的契丹。
6　开爽：豁达开朗。
7　饥嗔饱喜：饿肚子就生气，吃饱了就开心。

凡所赐予，皆不受。驾部郎中¹冯延己为齐王掌书记，性倾巧，与宋齐丘及陈
觉相结，尝戏谓中书侍郎孙晟曰："公有何能？"晟曰："晟，山东鄙儒，文
章不如公，诙谐不如公，谄诈不如公。然主上使公与齐王游处，盖欲以仁义辅
导之也，岂但为声色狗马之友邪？晟诚无能，如公之能，适足为国家之祸耳。"
又有魏岑者，亦在齐府。给事中常梦锡屡言觉、延己、岑皆佞邪小人，不宜侍
东官。司门郎中²萧俨亦表觉奸回乱政。唐主颇寤，未及去。会疽发背，疾亟，
太医吴廷裕遣亲信召齐王璟入侍疾。唐主谓曰："吾饵金石，始欲益寿，乃更
伤生，汝宜戒之！"是夕，殂。秘不发丧，下制："以齐王监国。"孙晟恐冯
延己等用事，欲称遗诏令太后临朝称制。翰林学士李贻业曰："先帝尝云：'妇
人预政，乱之本也。'安肯自为厉阶？此必近习奸人之诈也。且嗣君春秋已长，
明德著闻，公何得遽为亡国之言？若果宣行³，吾必对百官毁之。"晟乃止。陈
觉以烈祖⁴末年卞急，近臣多罹谴罚⁵，称疾累月，及宣遗诏，乃出。萧俨劾之，
齐王不许。自烈祖相吴，禁压良为贱⁶，令买奴婢者通官作券⁷。冯延己及弟延鲁
俱在元帅府，欲自买妾，乃草遗诏听民卖男女。萧俨驳曰："此必延己等所为，
非大行之命也。昔延鲁为东都判官，已有此请。先帝访臣，臣对曰：'陛下昔
为吴相，民有鬻男女者，为出府金⁸，赎而归之，故远近归心。今即位而反之，
可乎？'先帝斜封延鲁章，抹三笔，持入宫。今必尚在。"齐王求，果得之。
然以遗诏已行，不之改。

闽富沙王延政称帝于建州，国号殷延政称帝，以潘承祐为吏部尚书，
杨思恭为兵部尚书、同平章事。国小民贫，军旅不息。思恭以善聚敛得幸，增

1　驾部郎中：古官名，掌舆辇、传乘、邮驿、厩牧之事。
2　司门郎中：古官名，掌门关出入之籍及没收违禁与无主之物，稽查所有出入官吏。
3　宣行：宣布和施行王命。
4　烈祖：即南唐烈祖李昪。
5　谴罚：谴责惩罚。
6　压良为贱：强买平民女子为奴婢。
7　通官作券：通报官府并立字据。
8　为出府金：为了他们拿出府库中的金钱。

田亩、山泽之税，至于鱼、盐、蔬、果无不倍征[1]，国人谓之杨剥皮。

晋以桑维翰为侍中。

唐主璟立唐元宗即位，大赦，改元"保大"。秘书郎韩熙载请俟逾年改元，不从。唐主未听政，时冯延己屡入白事，一日至数四。唐主曰："书记有常职，今何烦也？"唐主为人谦谨，不名[2]大臣，数延公卿论政体[3]。李建勋谓人曰："主上宽仁大度，优于先帝。但性习[4]未定，苟旁无正人，恐不能守先帝之业耳。"初，唐主为齐王，知政事，每有过失，常梦锡常直言规正。始虽忿怼，终以谅直多之[5]。及即位，许以为翰林学士。齐丘之党疾之，坐封驳制书，贬池州判官。池州多迁客[6]，节度使王彦俦防制过甚，几不聊生，惟事梦锡如在朝廷。宋齐丘待陈觉素厚，唐主亦以为才，委任之。冯延己、延鲁、魏岑皆依附觉，与查文徽更相汲引，浸蠹政事，唐人谓为"五鬼"。延鲁自员外郎迁中书舍人，江州观察使杜昌业闻之，叹曰："国家所以驱驾[7]群臣，在官爵而已。若一言称旨，遽跻通显，后有立功者，何以赏之？"未几，岑及文徽皆为枢密副使。会觉遭母丧，岑即暴扬觉过恶，摈斥之。

汉晋王弘熙弑其主玢而自立，更名晟汉主玢骄奢，不亲政事，居丧无礼，左右忤意辄死，无敢谏者。惟越王弘昌及内常侍吴怀恩屡谏，不听。常猜忌诸弟。晋王弘熙欲图之，乃盛饰声妓，娱悦其意，以成其恶。玢好手搏，弘熙令指挥使陈道庠引力士刘思潮等五人习手搏，汉主与诸王宴而观之。至夕，大醉，弘熙使道庠、思潮等掖[8]汉主，因拉杀之。弘熙即位，更名晟。以弘昌为太尉，道庠等皆受赏赐甚厚。

1　倍征：加倍征税。
2　不名：不直呼其名。
3　政体：为政的要领。
4　性习：习性，习惯。
5　以谅直多之：因为他诚实正直而赞许他。谅直，诚实正直。多，赞许，推崇。
6　迁客：遭贬斥放逐之人。
7　驱驾：使用，驾驭。
8　掖：用手扶着别人的胳膊。

闽主曦立尚氏为贤妃妃有殊色，曦嬖之。醉中，妃所欲杀则杀之，所欲宥则宥之。

夏，四月朔，日食。

五月，殷削其平章事潘承祐官爵承祐上书陈十事，大指[1]言："兄弟相攻，逆伤天理，一也。赋敛烦重，力役无节，二也。发民为兵，羁旅愁怨，三也。杨思恭夺人衣食，使归怨于上，四也。疆土狭隘[2]，多置州县，增吏困民，五也。除道裹粮，将攻临汀[3]，曾不忧金陵、钱塘[4]乘虚相袭，六也。括高赀[5]户，财多者补官，逋负者被刑，七也。延平诸津[6]，征果、菜、鱼、米，获利至微，敛怨[7]甚大，八也。与唐、吴越为邻，即位以来，未尝通使，九也。宫室台榭，崇饰无度，十也。"殷主延政大怒，削承祐官爵，勒归私第。

汉主晟杀其弟弘杲汉主晟既立，国中议论讻讻。循王弘杲请斩刘思潮等以谢中外，不从。思潮等闻之，谮弘杲谋反，汉主令思潮等伺之。思潮斩弘杲，于是汉主谋尽诛诸弟。以越王弘昌贤而得众，尤忌之。

闽主曦杀其校书郎陈光逸光逸上书陈曦大恶五十事，曦怒杀之。

秋，七月，晋遣使括[8]民谷诏以年饥，国用不足，分遣使者六十余人，于诸道括民谷。

吴越贬其都监使章德安于处州[9]吴越王弘佐初立，上统军使阚璠强戾[10]，排斥异己，弘佐不能制。章德安数与之争，右都监使李文庆亦不附璠。璠贬德安、文庆于外，与右统军使胡进思益专横。

1　大指：主要意思，大要。
2　狭隘：范围小。
3　临汀：古郡名，辖今福建省武夷山以东及三明、永安、漳平、龙岩等市县以西地区。
4　金陵、钱塘：代指定都金陵的南唐、定都钱塘的吴越。
5　高赀：资财雄厚。
6　诸津：各个渡口。
7　敛怨：招惹怨恨。语出《诗·大雅·荡》："女炰烋于中国，敛怨以为德。"
8　括：搜求，征集。
9　处州：古州名，辖今浙江省丽水、缙云、青田、遂昌、龙泉、云和等市县。
10　强戾：强横凶暴。

唐主立其弟景遂为齐王，景达为燕王唐主缘烈祖意，以景遂为诸道兵马元帅，徙封齐王，居东宫；景达为副元帅，徙封燕王。宣告中外，约以传位。景遂、景达固辞，不许。景遂自誓必不敢为嗣，更其字曰"退身"。又立景逿为保宁王。宋太后怨种夫人，屡欲害景逿，唐主力保全之。

九月，晋主尊其母安氏为太妃晋主事太后、太妃甚谨，多侍食于其宫，待诸弟亦友爱。

晋执契丹回图使[1]乔荣，既而归之初，河阳牙将乔荣从赵延寿入契丹，契丹以为回图使，往来贩易于晋，置邸大梁。至是，景延广说晋主囚荣于狱，凡契丹贩易在晋境者皆杀之，夺其货。大臣皆言契丹不可负，乃释荣，慰赐[2]而归之。荣辞延广，延广大言曰："归语而主[3]，先帝为北朝[4]所立，故称臣奉表。今上乃中国所立，所以降志[5]于北朝者，正以不敢忘先帝盟约故耳，为邻称'孙'足矣，无称'臣'之理。翁怒则来战，孙有十万横磨剑[6]，足以相待。他日为孙所败，取笑天下，毋悔也。"荣欲为异时据验[7]，乃曰："公所言颇多，惧有遗忘，愿记之纸墨。"延广命吏书其语以授之。荣具以白契丹主。契丹主大怒，入寇之志始决。晋使如契丹者皆絷之。桑维翰屡请逊辞以谢契丹，每为延广所沮。晋主以延广为有定策功，故宠冠群臣。又总宿卫兵，故大臣莫能与之争。河东节度使刘知远知延广必致寇而不敢言，但益募兵，增置十余军，以备契丹。

冬，十月，晋主立其叔母冯氏为后初，高祖爱少弟重胤，养以为子，娶冯濛女为其妇。重胤早卒，冯夫人寡居，有美色。晋主初立，纳之，群臣皆贺。因与夫人酣饮，过梓宫前，醵而告曰："皇太后之命，与先帝不任大庆[8]。"

1　回图使：契丹官名，掌契丹与中原地区贸易。
2　慰赐：宽慰并赏赐。
3　而主：你们的君主。而，人称代词，你，你们。
4　北朝：指契丹。
5　降志：平抑心气。
6　横磨剑：长而大的利剑，亦比喻精锐善战的士卒。
7　异时据验：异时，以后，他时。据验，有凭据验证。
8　不任大庆：不任，不能承受。大庆，大可庆贺之事。

左右失笑，晋主亦自笑，顾谓左右曰："我今日作新婿，何如？"夫人与左右皆大笑。太后虽恚，而无如之何。至是，立以为后，颇预政事。兄玉时为盐铁判官，擢为端明殿学士，与议政事。

胡氏曰：出帝之少也，高祖使博士王震教以《礼记》，久之不能通大义，谓震曰："此非我家事也。"夫礼文制度，其数固难通也。若其大义，施于父子、君臣人伦之际者，王震当引譬[1]目前之事，以证先圣之教，则虽市人犹或可晓，何出帝如是之懵[2]乎？

张遇贤侵唐境，唐遣兵擒斩之遇贤为汉所败，告于神，神曰："取虔州，则大事可成。"遇贤遂趋虔州。唐主遣洪州都虞候严恩将兵讨之，以通事舍人边镐为监军。镐用虔州人白昌裕为谋主，击遇贤，屡破之。遇贤祷于神，神不复言，其徒大惧。昌裕劝镐伐木开道，出其营后袭之。其下执遇贤以降，斩于金陵市[3]。

十二月，晋杨光远诱契丹入寇初，高祖[4]以马三百借平卢节度使杨光远，景延广以诏命取之。光远怒，密召其子单州[5]刺史承祚。承祚称母病，夜开门奔青州。晋主遣内班[6]赐光远玉带、御马、金帛，以安其意。遣步军指挥使郭谨、领军卫将军蔡行遇将兵戍郓州。光远遣骑兵入淄州，劫刺史翟进宗以归。密告契丹，以晋境大饥，乘此攻之，一举可取。赵延寿亦劝之。契丹主乃集兵五万，使延寿将之，经略中国，曰："若得之，当立汝为帝。"延寿信之，为尽力。朝廷颇闻其谋，遣使城南乐及德清军[7]，征近道兵以备之。

唐以宋齐丘为青阳公，遣归九华[8]唐侍中周宗年老恭谨，中书令宋齐丘

1　引譬：引喻。
2　懵：昏昧无知的样子。
3　市：市场。
4　高祖：即晋高祖石敬瑭。
5　单州：古州名，辖今山东省单县、成武、鱼台及安徽省砀山等县地。
6　内班：指太监。
7　南乐及德清军：南乐，古县名，治所即今河南省濮阳市南乐县。德清军，改顿丘镇置，驻所位于今河南省濮阳市清丰县西南。
8　九华：即九华山。

树党[1]倾之。宗泣诉于唐主，唐主由是薄齐丘。齐丘忿恚，表乞归九华旧隐[2]。唐主知其诈，一表即从之，仍赐号九华先生，封青阳公。齐丘乃治大第于青阳[3]，服御、将吏皆如王公，而愤邑尤甚。

晋旱、水、蝗，民大饥是岁，晋境春夏旱，秋冬水，蝗大起，原野、山谷、城郭、庐舍皆满，竹、木叶俱尽。重以官括民谷，使者督责严急，不留其食，有坐匿谷抵死[4]者，县令往往纳印自劾[5]去。民馁死者数十万口，流亡不可胜数。朝廷以恒、定[6]饥甚，独不括民谷。杜威奏请如例[7]。用判官王绪谋，检索[8]殆尽，得百万斛。威止奏三十万斛，余皆入其家。又令判官李沼称贷[9]于民，复满百万斛，阖境苦之。定州吏欲援例[10]为奏，节度使马全节不许，曰："吾为观察使，职在养民，岂忍效彼所为乎？"

楚作九龙殿楚地多产金银，茶利尤厚。楚王希范奢欲[11]无厌，务穷侈靡，作九龙殿，刻沉香[12]为八龙，饰以金宝，长十余丈，抱柱相向。希范居中，自为一龙，其幞头[13]脚长丈余，以象龙角。用度不足，重为赋敛。每遣使者行田[14]，专以增顷亩[15]为功，民多逃去。希范曰："但令田在，何忧无谷？"命籍逃田，募民耕艺[16]。民舍故从新，仅能自存。自西徂[17]东，各失其业。又听人入财拜官，富商大贾，布在列位。外官还者，必责贡献。民有罪，则富者输财，强者为兵，

1　树党：建立私党。
2　旧隐：旧时的隐居处。
3　青阳：古县名，治所即今安徽省池州市青阳县，以在青山之阳为名。
4　抵死：判处死刑。
5　纳印自劾：纳印，把官印交上去。自劾，检举自己的过失。
6　恒、定：即恒州、定州。
7　如例：和其他州采用同样的方式。
8　检索：检查搜索。
9　称贷：举债，向人借钱。
10　援例：按照杜威在恒州的先例。
11　奢欲：奢侈的欲望。
12　沉香：沉香木。
13　幞头：束发用的头巾。
14　行田：巡视农田。
15　顷亩：顷和亩，泛指土地面积。
16　籍逃田，募民耕艺：查核登记逃税的田亩，募集民众耕种。耕艺，泛指耕植。
17　徂：往，到。

惟贫、弱受刑。用孔目官周陟议，令常税之外，大县贡米二千斛，中千斛，小七百斛，无米者输布帛。天策学士拓跋恒上书曰："殿下长深宫之中，藉已成之业，身不知稼穑之劳，耳不闻鼓鼙[1]之音，驰骋遨游[2]，雕墙玉食[3]。府库尽矣，而浮费益甚；百姓困矣，而厚敛不息。今淮南[4]为仇雠之国，番禺怀吞噬之志，荆渚日图窥伺，溪洞待我姑息。谚曰：'足寒伤心，民怨伤国。'愿罢输米之令，诛周陟以谢郡县，去不急之务，减兴作之役，无令一旦祸败，为四方所笑。"希范大怒。他日，请见，辞以昼寝[5]。恒谓客将曰："王逞欲而愎谏，吾见其千口飘零无日矣。"王益怒，遂终身不复见之。

闽御史中丞刘赞卒闽主曦嫁其女，取班簿阅视之。朝士有不贺者十二人，皆杖之于朝堂。以赞不举劾，亦将杖之。赞义不受辱，欲自杀。谏议大夫郑元弼谏曰："古者刑不上大夫。中丞仪刑百僚，岂宜加之棰楚？"曦正色曰："卿欲效魏徵邪？"元弼曰："臣以陛下为唐太宗，故敢效魏徵。"曦怒稍解，乃释赞。赞竟以忧卒。

甲辰（公元944年）

晋开运元年。〇是岁，凡六国、三镇，闽亡。

春，正月，契丹陷晋贝州，权知州事吴峦败死。晋遣兵御之契丹前锋将赵延寿、赵延照将兵入寇，逼贝州。先是，朝廷以贝州水陆要冲[6]，多聚刍粟，为大军数年之储。军校邵珂性凶悖，节度使王令温黜之，珂怨望，密遣人亡入契丹，言贝州易取。会令温入朝执政，以吴峦权知州事。契丹入寇，峦书生，无爪牙。珂请效死，峦使将兵守南门，自守东门。契丹主自攻贝州，峦悉

1　鼓鼙：古代军中常用的乐器，大鼓和小鼓。
2　遨游：漫游，游历。
3　雕墙玉食：雕墙，雕饰华美的墙壁。玉食，珍贵的饮食。
4　淮南：指南唐。下文"番禺"指南汉，"荆渚"指荆南高从诲政权，"溪洞"指溪洞地区的少数民族。
5　昼寝：午睡。
6　要冲：处在交通要道的形胜之地。

力拒之，烧其攻具殆尽。珂引契丹自南门入，恋赴井死。契丹遂陷贝州，所杀且万人。晋以高行周为都部署，与符彦卿、皇甫遇等将兵御之。

唐主敕齐王景遂参决庶政，既而罢之唐主决欲传位于齐、燕二王。翰林学士冯延己等因之欲隔绝中外以擅权，请敕："齐王景遂参决庶政，百官惟魏岑、查文徽得白事[1]，余非召对不得见。"唐主从之，国人大骇。给事中萧俨上疏极论，不报。侍卫都虞候贾崇叩阁求见，曰："臣事先帝三十年，观其延接疏远[2]，孜孜不息，下情犹有不通者。陛下新即位，所任者何人，而顿与群臣谢绝？臣老矣，不复得奉颜色。"因涕泗呜咽。唐主感悟，遽收前敕。唐主于宫中作高楼，召侍臣观之，众皆叹美，萧俨曰："恨楼下无井。"唐主问其故，对曰："以此不及景阳楼[3]耳。"唐主怒，贬于舒州，观察使孙晟遣兵防之。俨曰："俨以谏诤得罪，非有他志。昔顾命之际，君几危社稷，其罪顾不重于俨乎？今日反见防邪？"晟遽罢之。

胡氏曰：孙晟，唐之良臣，其欲令太后临朝也，特以遏冯延己之徒。谋之不臧而已，非生厉阶也。而萧俨直以"几危社稷"责之，过矣。晟乃能不以其言为憾[4]，不亦贤乎？

晋主自将次澶州，遣刘知远、杜威、张彦泽将兵御契丹晋主遣使持书遗契丹。契丹已屯邺都，不得通而返。以景延广为御营使，高行周以前军先发。时用兵方略、号令皆出延广，延广乘势使气，陵侮诸将，虽天子亦不能制。晋主发东京，契丹至黎阳。晋主至澶州，契丹主屯元城。契丹别将寇太原，刘知远与白承福合兵击之。诏以知远为招讨使，杜威为副使，马全节为都虞候。遣张彦泽等将兵拒契丹于黎阳。复遣译者[5]致书于契丹，求修旧好。契

1　白事：禀告公务，陈说事情。
2　延接疏远：邀请、接纳疏远之人。延接，邀请、接纳。
3　景阳楼：古楼名，建于景阳山，故址位于今江苏省南京市鸡鸣寺南古台城内。南朝陈末年，隋军杀进皇宫的时候，陈后主陈叔宝便和张丽华、孔贵妃坐在一个大篮子里躲在景阳楼畔的枯井中。
4　憾：不快，不满。
5　译者：翻译人员。

丹主复书曰："已成之势，不可改也。"太原奏破契丹伟王于秀容[1]，契丹遁去。

二月，契丹渡河，晋主自将及遣李守贞等分道击之，契丹败走晋天平节度副使颜衍遣观察判官窦仪奏博州刺史周儒降契丹，又与杨光远通使，引契丹自马家口济河。仪谓景延广曰："虏若与光远合，则河南危矣。"延广然之。二月朔，命石赟守麻家口[2]，白再荣守马家口。未几，周儒引契丹主之从弟麻答自马家口济河，营于东岸，攻郓州北津以应杨光远。晋遣李守贞、皇甫遇、梁汉璋、薛怀让将兵万人，缘河水陆俱进。契丹围高行周、符彦卿及先锋使石公霸于戚城。先是，景延广令诸将分地而守，无得相救。行周等告急，延广徐白晋主，晋主自将救之，契丹解去。三将泣诉救兵之缓，几不免。守贞等至马家口。契丹遣步卒万人筑垒，散骑兵于其外，余兵数万屯河西。渡未已，晋兵薄之，契丹骑兵退走，晋兵进攻其垒，拔之。契丹大败，溺死数千人，俘、斩亦数千人。河西之兵恸哭而去，由是不敢复东。初，契丹主得贝州、博州，皆抚慰其人，或拜官赐服章。及败于戚城及马家口，忿恚，所得民皆杀之。由是晋人愤怒，勠力争奋[3]。

晋定难节度使李彝殷侵契丹以救晋。

晋诏刘知远击契丹，知远屯乐平不进。

晋百官奏请其主听乐，不许晋主居丧期年，即于宫中奏细声[4]女乐。及出师，常奏羌笛，击鼓歌舞，曰："此非乐也。"及百官表请听乐，则诏不许。

杨光远围晋棣州，大败，走还。

三月，契丹寇晋澶州，不克，引还契丹伪弃元城去，伏精骑于古顿丘城，以俟晋军与恒、定之兵合而击之。大军欲进追之，会霖雨而止。契丹人马饥疲，赵延寿曰："晋军悉在河上，畏我锋锐[5]，必不敢前。不如即其城下，四

1　秀容：古县名，治所即今山西省忻州市。
2　麻家口：古渡口名，位于今河南省濮阳市范县西南濮城东北黄河上。
3　勠力争奋：勠力，并力，合力。争奋，竞相奋发。
4　细声：小声。
5　锋锐：凌厉的气势。

合攻之，夺其浮梁，则天下定矣。"契丹主从之。三月朔，自将兵十余万陈于澶州城北。高行周与战，自午至晡，互有胜负。契丹主以精兵当中军而来，晋主亦出阵以待之。契丹主望见晋军之盛，谓左右曰："杨光远言晋兵半已馁死，今何其多也？"以精骑左右略阵[1]，晋军不动，万弩齐发，飞矢蔽地[2]，契丹稍却，两军死者不可胜数。昏后，契丹引去。契丹主帐中小校亡来[3]，云："契丹已传木书，收军北去。"景延广疑有诈，闭壁不敢追。契丹主北归，所过焚掠，民物殆尽。

汉主晟杀其弟越王弘昌。

闽指挥使朱文进弒其主曦而自立闽拱宸都指挥使朱文进、阍门使连重遇既弒昶，惧国人之讨，相与结婚以自固。闽主曦果于诛杀，尝因醉杀控鹤指挥使魏从朗。从朗，朱、连之党也。又尝酒酣诵白居易诗云："惟有人心相对间，咫尺之情不能料。"因举酒属[4]二人，二人大惧。李后妒尚贤妃之宠，欲弒曦而立其子亚澄，使人告二人曰："主上殊不平[5]于二公，奈何？"会后父李真有疾，曦往问之。文进、重遇使马步使钱达弒曦于马上，召百官告之曰："天厌王氏，宜更择有德者立之。"众莫敢言。重遇乃推文进升殿，被衮冕，率群臣北面称臣。文进自称闽主，悉收王氏宗族五十余人，皆杀之。以重遇总六军。礼部尚书郑元弼抗辞不屈。殷主延政遣统军使吴成义将兵讨文进，不克。文进以黄绍颇为泉州刺史。

晋籍乡兵每七户共出兵械[6]资一卒，号武定军。时兵荒[7]之余，复有此扰，民不聊生。

夏，四月，晋主还大梁，以景延广为西京留守晋主命高行周、王周留

1　略阵：巡视阵地。
2　蔽地：布满整个地面。
3　亡来：逃亡而来。
4　属：叮嘱，告诫，后作"嘱"。
5　不平：愤慨，不满。
6　兵械：兵器。
7　兵荒：战争造成的饥荒及其他灾祸。

镇澶州，遂还大梁。景延广既为上下所恶，晋主亦惮之。桑维翰引其不救戚城之罪，出为西京留守。以高行周为侍卫马步都指挥使。延广郁郁不得志，日夜纵酒。

晋遣使分道括率[1]民财晋朝因契丹入寇，国用愈竭，复遣使者三十六人分道括率民财，各封剑以授之。使者多从吏卒，携锁械、刀杖入民家，大小惊惧，求死无地。州县吏复因缘为奸。河南府出缯钱二十万，景延广率[2]三十七万。留守判官卢亿曰：“公位兼将相，富贵极矣。今国家不幸，府库空竭，不得已取于民，公何忍复因而求利，为子孙之累乎？”延广惭而止。先是，诏以杨光远叛，命兖州修守备。节度使安审信以治楼堞为名，率民财以实私藏。括率使至，赋[3]缯钱十万，指取一囷[4]，已满其数。

晋遣李守贞讨杨光远于青州，契丹救之，不克。

晋太尉、侍中冯道罢，以桑维翰为中书令兼枢密使道虽为首相，依违两可，无所操决[5]。或谓晋主曰：“冯道，承平之良相，今艰难之际，譬如使禅僧飞鹰[6]耳。”乃以为匡国节度使。或谓晋主曰：“陛下欲御北狄，安天下，非桑维翰不可。”遂复置枢密院，以维翰为中书令兼枢密使，事无大小，悉以委之。数月之间，朝廷差治[7]。

晋滑州河决，发民塞之滑州河决，浸汴、曹、单、濮、郓五州之境。诏大发数道丁夫塞之。既塞，晋主欲刻碑记其事，中书舍人杨昭俭谏曰：“陛下刻石纪功，不若降哀痛之诏；染翰颂美[8]，不若颁罪己之文。”晋主乃止。

晋以折从远为府州[9]团练使初，高祖割地以赂契丹，府州与焉。会契丹

1　括率：搜刮。
2　率：聚敛，征收。
3　赋：征收。
4　指取一囷：指令取一个仓的钱。
5　操决：决断。
6　使禅僧飞鹰：让参禅僧人去飞鹰搏兔，并不是他所擅长的。
7　差治：稍见治理。
8　染翰颂美：染翰，写字。颂美，颂扬赞美。
9　府州：古州名，辖今陕西省榆林市府谷县地。

欲尽徙河西之民以实辽东，州人大恐，刺史折从远因保险拒之。及晋与契丹绝，从远引兵深入，拔十余寨，故有是命。

晋复置翰林学士以李慎仪为承旨[1]，刘温叟、徐台符、李瀚、范质为学士。

秋，八月，晋以刘知远为行营都统，杜威为招讨使，督十三节度以备契丹桑维翰两秉[2]朝政，出杨光远、景延广于外，至是一制指挥[3]，节度使十五人无敢违者，时人服其胆略。朔方节度使冯晖上章自陈未老可用，而制书见遗[4]。维翰召学士使为答诏[5]，曰："非制书忽忘，实以朔方重地，非卿无以弹压[6]。比欲移卿内地，受代亦须奇才。"晖得诏甚喜。时军国多事，咨请[7]辐凑。维翰随事裁决，初若不经思虑，人疑其疏略[8]。退而熟议之，亦终不能易也。然颇任爱憎[9]，恩怨必报，人亦以是少[10]之。契丹之入寇也，晋主再命刘知远会兵山东，皆不至。晋主疑之，谓所亲曰："太原殊不助朕，必有异图。"至是虽为都统，而实无临制之权，密谋大计，皆不得预。知远亦知见疏，但慎事自守[11]而已。郭威见知远有忧色，谓知远曰："河东山河险固，风俗尚武，土多战马，静则勤稼穑，动则习军旅，此霸王之资也，何忧乎？"

胡氏曰：宰制运动[12]，据权[13]之所易；知人善任，当国之所难。是时刘光远、杜重威之徒皆为制将，而维翰不能区别诸人材否[14]，既一概用之。又不委知远以

---

1 承旨：古官名，即翰林学士承旨。
2 秉：掌握，主持。
3 一制指挥：统一指挥权。
4 见遗：遗漏。
5 答诏：皇帝回答臣下奏疏的诏书。
6 弹压：控制，镇压。
7 咨请：具文呈请。
8 疏略：粗心大意。
9 任爱憎：依据自己的爱憎办事。
10 少：轻视，看不起。
11 慎事自守：谨慎做事，坚守节操。
12 运动：发动，动员。
13 据权：占有权力。
14 材否：是否是人材。

权，此失之大者。维翰非于知远有憾，特不深知之尔。或曰："知远先恨李崧，又恨出帝，君臣有隙，未易平也。"曰："维翰不欲御敌则已，必欲御敌，师克在和，无宁力启上心，解崧之意，加礼河东；又致书知远，使坦怀释怨，以济国[1]为务，而专付统御之权，晋岂遽亡乎？"

朱文进称藩于晋，晋以为闽国王。

晋置镇宁军于澶州。

九月朔，日食。

冬，十一月，闽泉州牙将留从效等诛朱文进所署刺史黄绍颇，传首建州泉州散员指挥使留从效谓同列曰："朱文进屠灭王氏，遣腹心分据诸州。吾属世受王氏恩，而交臂事贼，一旦富沙王[2]克福州，吾属死有余愧！"众以为然。十一月，各引军中所善壮士，夜饮于从效之家。从效绐之曰："富沙王已平福州，密旨令吾属讨黄绍颇。诸君从吾言，富贵可图。不然，祸且至矣。"众皆踊跃，操白梃，逾垣而入，执绍颇斩之。从效持州印诣王继勋第，请主军府。函绍颇首，遣副使陈洪进赍诣[3]建州。延政以继勋为泉州刺史，从效、洪进皆为都指挥使。

十二月，晋师围青州，杨光远之子承勋劫其父以降李守贞围青州经时，城中食尽，饿死者太半。契丹援兵不至，杨光远遥稽首于契丹曰："皇帝，皇帝，误光远矣！"其子承勋劝光远降，冀全其族，光远不许。承勋斩劝光远反者判官丘涛等，送其首于守贞，纵火大噪，劫其父出居私第，上表待罪，开城纳官军。

殷遣兵讨朱文进，唐遣兵攻殷朱文进闻黄绍颇死，大惧，募兵攻泉州。留从效与福州兵战，大破之。殷主延政遣吴成义率战舰千艘攻福州，朱文进求

1　济国：利国，谓对国家做出有益的贡献。
2　富沙王：即殷主王延政。
3　赍诣：送往。

救于吴越。初，唐翰林待诏臧循与枢密副使查文徽同乡里[1]。循尝为贾人[2]，习福建山川，为文徽画[3]取建州之策。文徽表请击延政，国人多以为不可。文徽独奏言攻之必克。唐主以边镐为行营都虞候，将兵从文徽伐殷，屯盖竹[4]。闻泉、漳、汀降于殷，退保建阳[5]。循屯邵武[6]。邵武民执循，送建州，斩之。

闰月，晋李守贞杀杨光远朝廷以光远罪大，而诸子归命，难于显诛，命守贞以便宜从事[7]。守贞遣人拉杀光远，以病死闻。起复承勋，除汝州防御使。

胡氏曰：光远不肯臣事契丹是也，既而举兵与契丹合，则其情实反矣。承勋以义迫其父，开门纳官军，变而不失正，亦可矣。父既被杀，而己乃受赏，于心何安？无乃被围之时，自虞[8]及祸，故为劫降之计欤？

闽人讨杀朱文进，传首建州殷吴成义闻有唐兵，诈使人告福州吏民曰："唐助我讨贼臣，大兵今至矣。"福人[9]益惧，南廊承旨林仁翰谓其徒曰："吾曹世事王氏，今受制贼臣，富沙王至，何面见之？"率其徒三十人被甲趋连重遇第，刺杀之，斩其首以示众，曰："富沙王且至，汝辈族矣。今重遇已死，何不亟取文进以赎罪？"众踊跃从之，遂斩文进，迎吴成义入城。函二首送建州。

契丹复入寇契丹复大举入寇，赵延寿引兵先进，至邢州。晋主欲自将拒之。会有疾，命天平节度使张从恩、邺都留守马全节、护国节度使安审琦会诸道兵屯邢州，武宁节度使赵在礼屯邺都。契丹主以大兵继至，建牙于元氏。朝廷惮契丹之盛，诏从恩等引兵稍却，于是恟惧，无复部伍，委弃器甲，所过焚掠，比至相州，不复能整。

1 　乡里：家乡，故里。
2 　贾人：做买卖的人。
3 　画：谋划，策划。
4 　盖竹：古地名，位于今福建省南平市建阳区东。
5 　建阳：古县名，治所位于今福建省南平市建阳区东北。
6 　邵武：古县名，治所即今福建省南平市辖邵武市。
7 　便宜从事：可斟酌情势，不拘规制条文，不须请示，自行处理。
8 　自虞：自己担心。
9 　福人：即福州人。

乙巳（公元 945 年）

晋开运二年。〇是岁，凡五国、三镇，殷改称"闽"而亡。

春，正月，契丹至相州，引还，晋主自将追之诏赵在礼还屯澶州，马全节还邺都。又遣张彦泽屯黎阳，景延广守胡梁渡[1]。契丹寇邢、洺、磁三州，杀掠殆尽，入邺都境。张从恩、马全节、安审琦悉兵陈于相州安阳水[2]之南。皇甫遇与濮州刺史慕容彦超将数千骑前觇契丹，至邺县，遇契丹数万，遇等且战且却。至榆林店[3]，契丹大至，二将谋曰："吾属今走，死无遗[4]矣！"乃止，布阵。自午至未[5]，力战百余合，相杀伤甚众。遇马毙，步战，其仆杜知敏以所乘马授之。战稍解，顾[6]知敏已为契丹所擒。遇曰："知敏义士，不可弃也。"与彦超跃马入阵，取知敏而还。俄而契丹继出新兵来战，二将曰："吾属势不可走，以死报国耳。"日且暮，安阳诸将怪觇兵不还，审琦即引骑兵出，将救之。从恩曰："虏众猥[7]至，尽吾军恐未足以当之，公往何益？"审琦曰："成败，天也。万一不济，当共受之。借使虏不南来，坐失皇甫太师，吾属何颜以见天子？"遂逾水而进。契丹解去，遇等乃得还。彦超，本吐谷浑也，与刘知远同母。契丹亦引军退，其众自相惊曰："晋军悉至矣！"时契丹主在邯郸，闻之，即时北遁，不再宿，至鼓城。从恩等议曰："契丹倾国[8]而来，吾兵少粮尽，死无日矣。不若引军就黎阳仓，南倚大河以拒之，可以万全。"议未决，从恩引兵先发，诸军继之，扰乱失亡，复如发邢州之时。留步兵五百守安阳桥[9]。夜四鼓，知相州事符彦伦谓将佐曰："此夕纷纭，人无固志，五百弊卒[10]，安能守桥？"即召入，乘城为备。至曙，望之，契丹数万骑已陈于安阳水北。

1　胡梁渡：古渡口名，即胡良渡，位于今河南省滑县东北。
2　安阳水：古水名，桑干河南支，经今河北省廊坊市固安、永清二县北。
3　榆林店：古地名，位于今河北省邯郸市临漳县西南。
4　无遗：一点儿不剩。
5　自午至未：从午时到未时。午时，上午十一时到下午一时。未时，下午一时至三时。
6　顾：回头看。
7　猥：许多，众多。
8　倾国：耗尽国力。
9　安阳桥：古桥名，一名鲸背桥，位于今河南省安阳市北安阳河上。
10　弊卒：疲惫的士兵。

彦伦命城上扬旌[1]、鼓噪，约束[2]，契丹不测。逾水环州而南，闻张彦泽兵至，引还。全节等不敢追。晋主疾小愈，河北相继告急，晋主曰："此非安寝之时！"乃部分诸将为行计[3]。马全节等奏："据降者言，虏众不多，宜乘其散归种落，大举径袭幽州。"晋主以为然，征兵诸道，下诏亲征，发大梁。

殷改国号曰闽闽之故臣共迎殷主延政，请归福州，改国号曰闽。延政以方有唐兵，未暇徙都，以从子继昌镇福州，以指挥使黄仁讽将兵卫之。赏林仁翰甚薄。仁翰未尝自言其功，发两军甲士万五千人，诣建州以拒唐。

二月，晋主至澶州，诸将引军北上晋主至澶州，马全节等诸军以次北上。刘知远闻之，曰："中国疲弊，自守恐不足，乃横挑强胡，胜之犹有后患，况不胜乎？"

胡氏曰：以知远自守之言思之，晋若用之为统帅，必以保境不战为务，此固弊虏[4]之良策也。晋之所以大困者，正由无岁不战耳。向使河北诸镇厚蓄其力，相为掎角，虏来则御，去则勿追，以逸待劳，须[5]其可乘之势，德光其能得志于中国乎？知远所以保河东者，正用此术故。深惜出帝疑之，李崧疏之，而桑维翰用之不尽其才也。

契丹陷晋祁州，刺史沈斌死之契丹以羸兵驱牛羊过祁州城下，晋刺史沈斌出兵击之。契丹以精骑夺其门，州兵不得还，赵延寿引契丹急攻之。斌在城上，延寿语之曰："使君何不早降？"斌曰："侍中父子失计，陷身虏庭，忍率犬羊以残父母之邦，不自愧耻[6]，更有骄色，何哉？沈斌弓折矢尽，宁为国家死耳，终不效公所为！"明日城陷，斌自杀。

晋以冯玉为枢密使晋端明殿学士冯玉、宣徽北院使李彦韬皆挟恩用事[7]，

1　扬旌：高举军旗。
2　约束：指限制士卒外出。
3　行计：出行的打算。
4　弊虏：使敌人疲惫。
5　须：等待。
6　愧耻：羞耻。
7　挟恩用事：仗着对君主有恩当权。

恶桑维翰，数毁之。晋主欲罢桑维翰政事，李崧、刘昫固谏而止。请以玉为枢密副使，玉殊不平。中旨以玉为枢密使，以分维翰之权。彦韬少事阎宝，为仆夫。后隶高祖帐下，有宠于晋主，性纤巧，与嬖幸相结，以蔽耳目，至于升黜[1]将相，亦得预议[2]。常谓人曰："吾不知朝廷设文官何所用？且欲澄汰，徐当尽去之。"

闽人及唐人战，闽人败绩唐查文徽表求益兵，唐主遣祖全恩将兵会之，屯赤岭[3]。闽主延政遣仆射杨思恭、统军使陈望将兵万人拒之，列栅[4]水南，旬余不战，唐人不敢逼。思恭以延政之命督望战。望曰："江淮兵精，其将习武事，国之安危，系此一举，不可不万全而后动。"思恭怒。望不得已，引兵涉水与唐战。全恩等以大军当其前，使奇兵出其后，大破之。望死，思恭仅以身免。延政大惧，婴城自守，召泉州兵分守要害。

三月，闽李仁达作乱，以僧卓岩明称帝。闽主延政遣兵讨之初，光州人李仁达仕闽，叛奔建州。及朱文进之乱，复叛奔福州。浦城人陈继珣亦叛闽主延政奔福州。至是，二人不自安。王继昌暗弱嗜酒，不恤将士，将士多怨。仁达与继珣说黄仁讽杀继昌及吴成义。仁达欲自立，恐众心未服，以雪峰寺僧卓岩明素为众所重，相与迎之，立以为帝，率将吏北面拜之。然犹遣使称藩于晋。延政闻之，族黄仁讽家，命统军使张汉真将水军五千，会漳、泉兵讨岩明。

契丹还军南下，晋都排阵使[5]符彦卿等击之，契丹败走。夏，四月，晋主还大梁杜威[6]等诸军会于定州，攻契丹，泰州降之。取满城[7]，获契丹二千人。取遂城[8]。赵延寿部曲有降者言："契丹主还至虎北口，闻晋取泰州，复拥

---

1 升黜：晋升和降免。
2 预议：参与商议。
3 赤岭：古地名，位于今福建省南平市辖武夷山市南。
4 列栅：排列营寨。
5 都排阵使：古官名，负责临敌安排阵法，有时也参与军事指挥和具体的军事行动。
6 杜威：即杜重威，下同。
7 满城：古县名，治所位于今河北省保定市满城区北。
8 遂城：古县名，治所位于今河北省保定市徐水区西。

众南向，约八万余骑，计来夕[1]当至。"威等惧，退至阳城[2]。契丹大至。晋军与战，逐北十余里，契丹逾白沟而去。晋军结阵而南，胡骑四合如山，诸军力战拒之，人马饥乏。至白团卫村[3]，埋鹿角为行寨。契丹围之数重，奇兵出寨后断粮道。是夕，东北风大起，营中掘井辄崩，人马俱渴。至曙，风甚。契丹主坐奚车[4]中，命铁鹞[5]四面下马，拔鹿角而入，奋短兵以击晋军，又顺风纵火、扬尘以助其势。军士皆愤怒，大呼曰："都招讨使何不用兵，令士卒徒死？"诸将请出战，杜威曰："俟风稍缓，徐观可否。"李守贞曰："彼众我寡，风沙之内，莫测多少，惟力斗者胜，此风乃助我也。若俟风止，吾属无类矣。"即呼曰："诸军齐击贼！"又谓威曰："令公[6]善守御，守贞以中军决死[7]矣！"马军排阵使张彦泽召诸将问计，皆曰："虏得风势，宜俟风回与战。"彦泽亦以为然。右厢副使药元福谓彦泽曰："今军中饥渴已甚，若俟风回，吾属已为虏矣。敌谓我不能逆风以战，宜出其不意急击之，此兵之诡道也。"都排阵使符彦卿曰："与其束手就擒，曷若以身徇国？"乃与彦泽、元福及皇甫遇引精骑出西门击之，诸将继至，契丹却数百步。风势益甚，昏晦[8]如夜。彦卿等拥万余骑横击契丹，呼声动天地，契丹大败而走，势如崩山。守贞亦令步兵尽拔鹿角出斗，步、骑俱进，逐北二十余里。铁鹞既下马，苍黄不能复上，委弃马仗[9]蔽地。契丹主乘奚车走十余里，追兵急，获一橐驼，乘之而走。诸将请急追之，杜威扬言曰："逢贼幸不死，更索衣囊[10]邪？"李守贞曰："人马渴甚，得水足重，难以追寇。"乃退保定州。契丹主至幽州，散兵稍集。以军失利，杖其酋

1　来夕：明晚。
2　阳城：古地名，位于今河北省保定市清苑区西南阳城镇。
3　白团卫村：古地名，亦作白坛卫村，位于今河北省保定市清苑区西南。
4　奚车：泛指北方少数民族制作的车。
5　铁鹞：契丹骑兵名。
6　令公：对中书令的尊称。中唐以后，节度使多加中书令，使用渐滥。
7　决死：决一死战。
8　昏晦：昏暗。
9　马仗：车马武器。
10　衣囊：盛衣服的包裹或口袋。

长各数百。诸军引归，晋主亦还大梁。

胡氏曰：兵法，穷寇勿追。而唐太宗讨薛仁杲、刘黑闼、宋金刚之徒，皆乘其奔败，追而击之，不遗余力，恐其稍缓计成，又难取也。故穷寇之或追或不追，归师之或遏或不遏，惟其可而已。契丹阳城之败，非伪遁而有覆[1]明矣，所宜搜索精锐，分道蹑之，待其势窘迫，然后与之立约，纵使归国。此乃止其入寇之良图也。虽然，杜重威、李守贞方有异志，苟知此策，尚不肯为，况不知乎？

晋复以邺都为天雄军。

闽兵攻福州，不克闽张汉真至福州。黄仁讽闻其家夷灭，开门力战，执汉真，斩之。卓岩明无他方略，但于殿上噀水[2]散豆，作诸法事而已。李仁达自判六军诸卫事，使黄仁讽屯西门，陈继珣屯北门。仁讽从容谓继珣曰："人之所以为人，以有忠、信、仁、义也。吾顷[3]尝有功于富沙，中间叛之，非忠也；人以从子托我而与人杀之，非信也；属者与建兵战，所杀皆乡曲故人，非仁也；弃妻子，使人鱼肉之，非义也。此身十沉九浮，死有余愧！"因拊膺恸哭。继珣曰："大丈夫徇功名[4]，何顾妻子？宜置此事，勿以取祸。"仁达闻之，使人杀之。由是兵权尽归仁达。

五月，晋顺国[5]节度使杜威入朝威久镇恒州，贪残不法，又畏懦过甚，每契丹数十骑入境，威已闭门登陴。由是虏无所忌惮，属城多为所屠，威竟不出一卒救之。千里之间，暴骨如莽[6]。威见所部残弊，为众所怨，又畏契丹之强，累表求朝[7]，不许。威不俟报，遽委镇入朝。桑维翰曰："威居常凭恃勋亲，

---

1 覆：伏击，袭击。
2 噀水：将水含在口中喷出。
3 顷：往昔。
4 徇功名：为功名舍身。徇，舍身。
5 顺国：方镇名，即顺国军，由恒州成德军改称。
6 如莽：像草丛一样密密麻麻。
7 求朝：请求入朝为官。

邀求姑息[1]。及疆场多事，曾无守御之意。宜因此时废之，庶无后患。"晋主不悦，曰："威，朕之密亲[2]，必无异志，但长公主[3]欲相见耳，公勿以为疑。"维翰自是不敢复言，以足疾[4]辞位。

闽李仁达杀卓岩明，称藩于唐仁达大阅战士，阴教军士突前刺杀岩明，共执仁达，使居岩明之坐。仁达乃自称威武留后，奉表、称藩于唐，亦遣使入贡于晋。唐以仁达为节度使，赐名弘义。

六月，晋以杜威为天雄节度使威献部曲步、骑兵四千人，粟十万斛，刍[5]二十万束，云皆在本道。晋主以其所献骑兵隶扈圣[6]，步兵隶护国。威复请以为牙队，而廪赐皆仰县官。威又令公主白求天雄节钺，许之。

晋遣使如契丹契丹连岁入寇，中国疲于奔命，边民涂地。契丹人畜亦多死，国人厌苦之。述律太后谓契丹主曰："使汉人为胡主，可乎？"曰："不可。"太后曰："然则汝何故欲为汉主？"曰："石氏负恩[7]，不可容。"太后曰："汝今虽得汉地，不能居也。万一蹉跌，悔何所及？"又谓其群下曰："汉儿何得一向眠[8]？自古但闻汉和藩[9]，不闻藩和汉。汉儿果能回意，我亦何惜与和？"桑维翰屡劝晋主复请和于契丹，以纾国患。晋主遣使奉表称臣，诣契丹谢过[10]。契丹主曰："使景延广、桑维翰自来，仍割镇、定两道隶我，则可和。"朝廷以契丹语忿，谓其无和意，乃止。及契丹主入大梁，谓李崧等曰："向使晋使再来，则南北不战矣。"

1　居常凭恃勋亲，邀求姑息：平时经常倚仗自己是功臣亲贵，要求对自己无原则地宽容。居常，平时经常。邀求，要求，企求。姑息，无原则地宽容。
2　密亲：关系密切的亲戚，近亲。
3　长公主：即杜重威的夫人，晋高祖石敬瑭之妹。
4　足疾：脚有病。
5　刍：喂牲畜的草。
6　扈圣：即扈圣军，天子禁军名。扈圣，原意为跟随天子出行。
7　负恩：忘恩，背恩。
8　一向眠：睡卧时不翻来复去。谓安睡。
9　和藩：中原王朝与外族、外国修好。和，修好。
10　谢过：承认错误，表示歉意。

秋，七月，唐兵拔镡州[1]闽人或告福州援兵谋叛，闽主延政收其铠仗，遣还，伏兵杀之，死者八千余人，脯[2]其肉以归为食[3]。唐边镐拔镡州，魏岑、冯延己、延鲁以师出有功，皆踊跃赞成之。征求供亿，府库为之耗竭[4]，洪、饶、抚、信之民尤苦之。延政称臣吴越以求救。

楚王希范杀其弟希杲。

八月朔，日食。

晋加冯玉同平章事和凝罢，加枢密使冯玉同平章事，事无大小，悉以委之。晋主自阳城之捷，谓天下无虞，骄侈益甚，多造器玩[5]，广宫室，作织锦楼以织地衣，用工数百，期年乃成。又赏赐优伶无度。桑维翰谏曰："向者陛下亲御胡寇，战士重伤者，赏不过帛数端。今优人一谈一笑称旨[6]，往往赐束帛、万钱、锦袍、银带。彼战士见之，能不觖望？士卒解体，陛下谁与卫社稷乎？"不听。冯玉每善承迎，益有宠。有疾在家，晋主谓诸宰相曰："自刺史以上，俟冯玉出乃得除。"玉乘势弄权[7]，赂遗辐凑，朝政益坏。

唐兵拔建州，闽主延政出降，汀、泉、漳州皆降唐兵围建州既久，建人离心。或谓董思安盍早择去就，思安曰："吾世事王氏，危而叛之，天下其谁容我？"众感其言，无叛者。唐先锋使王建封先登，遂克建州，闽主延政降。思安整众[8]奔泉州。初，唐兵之来，建人苦王氏之乱与杨思恭之重敛，争伐木开道以迎之。至是，纵兵掠焚[9]，建人大失望。

汉主杀其仆射王翷汉主杀刘思潮，以翷尝与高祖[10]谋立弘昌，赐死。内

1　镡州：古州名，辖今福建省南平、三明、顺昌、沙县、尤溪、永安、大田等市县。
2　脯：制成干肉。
3　以归为食：带回去作食物。
4　耗竭：消耗干净。
5　器玩：可供玩赏的器物。
6　称旨：符合上意。
7　弄权：把握权力，控制朝政。
8　整众：整治部队。
9　掠焚：抢劫焚烧。
10　高祖：即南汉高祖刘龑，今汉主之父。

外皆惧不自保。

冬，十月，唐以王延政为羽林大将军延政至金陵。唐主斩杨思恭以谢建人，以王崇文为永安[1]节度使。崇文治以宽简，建人遂安。

十一月，晋遣使如高丽初，高丽王建因胡僧袜啰言于晋高祖曰："勃海，我婚姻[2]也，其王为契丹所虏，请与朝廷共击取之。"高祖不报。及是，袜啰复言之。晋主欲使高丽扰契丹东边，以分其兵势。会建卒，子武上表告丧[3]。以武为高丽王，遣通事舍人郭仁遇使其国，使击契丹。仁遇见其兵极弱，向者之言，特建为夸诞耳。武亦更以他故[4]为解。

吴越杀其臣杜昭达、阚璠吴越内都监使杜昭达、统军使阚璠皆好货[5]，富人程昭悦以货结二人，得侍弘佐左右。昭悦狡佞，王悦之，宠待逾于旧将，璠不能平。昭悦惧，谋去璠。璠专而愎，国人恶之者众，王亦恶之。昭悦私谓右统军使胡进思曰："今欲除公及璠各为本州[6]，使璠不疑，可乎？"进思许之，乃以璠为明州、进思为湖州刺史。璠怒曰："我出于外，是弃我也。"进思曰："老兵得大州，幸矣，不行何为？"璠乃受命。既而复以他故留进思。统军使钱仁俊母，杜昭达之姑也。昭悦因谮璠、昭达谋奉仁俊作乱，下狱锻炼成之。诛璠、昭达，幽仁俊于东府[7]。昭悦治阚、杜之党，凡权位[8]与己侔，意所忌者，诛放[9]百余人。进思重厚寡言，昭悦以为戆，故独存。昭悦收仁俊故吏慎温其，使证仁俊之罪。拷掠备至，温其坚守不屈，弘佐嘉之，擢为国官。

晋桑维翰罢初，晋主疾未平，会正旦，枢密使桑维翰遣女仆入宫起居[10]太后，因问："皇弟睿近读书否？"冯玉因谮维翰有废立之志。李守贞、李彦韬

1　永安：方镇名，即永安军，治建州，后改为忠义军。
2　婚姻：亲家，有婚姻关系的亲戚。
3　告丧：报丧。
4　他故：别的理由、原因。
5　好货：贪爱财物。货，财物。
6　本州：家乡所在的州。
7　东府：吴越以越州为东府，系吴越国陪都，即今浙江省绍兴市。
8　权位：权力和地位。
9　诛放：责其罪而放逐之。
10　起居：问安，问好。

合谋排¹之，以赵莹柔而易制，共荐以代维翰。罢维翰政事，为开封尹²。以莹为中书令，李崧为枢密使。维翰遂称足疾，希复³朝谒，杜绝宾客。或谓冯玉曰："桑公元老，当优以大藩，奈何使之尹京⁴，亲猥细⁵之务乎？"玉曰："恐其反耳。"曰："儒生安能反？"玉曰："纵不自反，恐其教人耳。"

丙午（公元 946 年）

晋开运三年。〇是岁，凡四国、三镇。

春，正月，唐以宋齐丘为太傅唐齐王景达府属⁶谢仲宣言于景达曰："宋齐丘，先帝布衣之交，今弃之草莱，不厌⁷众心。"景达为之言于唐主曰："齐丘宿望，勿用可也，何必弃之以为名⁸？"唐主乃以齐丘为太傅，但奉朝请，不预政事。

唐以李建勋、冯延己同平章事建勋练习吏事，而懦怯少断。延己工文辞，而狡佞，喜大言，多树党。水部郎中高越上书，指延己兄弟过恶。唐主怒，贬越蕲州司士⁹。初，唐主置宣政院于禁中，以给事中常梦锡领之，专典机密。梦锡与中书侍郎严续皆忠直无私。唐主谓梦锡曰："大臣惟严续中立，然无才，恐不胜其党，卿宜左右之。"未几，梦锡罢宣政院，续亦出为池州观察使。梦锡于是移疾纵酒，不复预朝廷事。续，可求之子也。

二月朔，日食。

夏，四月，晋灵州党项作乱初，冯晖在灵州，留拓跋彦超于州下，故

1　排：排斥，排挤。
2　开封尹：古官名，五代除后唐外均都汴州，后升汴州为开封府，置开封尹，执掌京师的政务。
3　希复：很少再。希，很少。
4　尹京：治理京畿。
5　猥细：繁杂琐碎。
6　府属：王府的属官。
7　不厌：不合。
8　弃之以为名：舍弃他，反而让他博得名声。
9　司士：古官名，掌津梁、舟车、舍宅、百工众艺之事。

诸部不敢为寇。及将罢镇而纵之。王令温代镇[1]，不存抚羌、胡，以中国法绳[2]之，羌、胡怨怒。彦超与石存、也厮褒三族共攻灵州。

唐泉州牙将留从效逐其刺史王继勋而代之。

晋定州指挥使孙方简叛，降契丹定州西北有狼山，土人筑堡于山上以避胡寇。堡中有佛舍，尼[3]孙深意居之，以妖术惑众，远近信奉之。中山人孙方简及弟行友自言深意之侄，事之甚谨。深意死，方简嗣行其术，称深意坐化[4]，事之如生，其徒日滋。会晋与契丹绝好，北边寇盗充斥，方简、行友因率乡里豪健[5]，据寺自保。契丹入寇，率众邀击，颇获其军资，人挈家往依之者益众，遂为群盗。惧为吏所讨，乃归款朝廷。朝廷亦资[6]其御寇，署东北招收指挥使。方简邀求不已，朝廷小不副[7]其意，则举寨降于契丹，请为乡道[8]以入寇。时河北大饥，民饿死者所在以万数，盗贼蜂起，吏不能禁。天雄军将刘延翰市马于边，方简执之，献于契丹。延翰逃归，言："方简欲乘中国凶饥[9]，引契丹入寇，宜为之备。"

六月，晋复以冯晖为朔方节度使晖在灵武得羌、胡心，市马期年，至五千四。朝廷忌之，徙镇邠州。晖乃厚事冯玉、李彦韬，复求灵州。会有羌、胡之扰，从之，使将关西兵击羌、胡。

契丹寇定州，晋遣兵御之定州言契丹勒兵压境。诏以李守贞为都部署，将兵御之。时李彦韬方用事，视守贞蔑如也，守贞恨之。有自幽州来者，言赵延寿有意归国，李崧、冯玉信之，命杜威致书延寿，啖以厚利。延寿复书，乞

1　代镇：取代冯晖镇守。
2　绳：制裁。
3　尼：尼姑。
4　坐化：和尚盘膝端坐死去。
5　豪健：壮健，强健。
6　资：凭借。
7　副：符合。
8　乡道：向导，带路的人。
9　凶饥：凶荒，灾荒。

发大军应接，辞旨恳密[1]。朝廷欣然，复遣人诣延寿，与为期约。

唐遣陈觉使福州初，唐人既克建州，欲乘胜取福州，唐主不许。枢密使陈觉请自往说李弘义，必令入朝。宋齐丘荐觉才辩可遣，唐主乃以觉为宣谕使，厚赐弘义。弘义知其谋，见觉辞色甚倨[2]，觉不敢言入朝事而还。

秋，七月，河决河决杨刘，西入莘县，广四十里，自朝城北流。

八月，晋刘知远杀白承福，夷其族晋主数召承福入朝，宴赐[3]甚厚，使戍滑州。属岁大热，遣其部落还太原畜牧[4]，多犯法，刘知远无所纵舍。部落知朝廷微弱，且畏知远之严，谋相与遁归故地。有白可久者，位亚承福，率所部先亡归契丹。知远与郭威谋曰："今天下多事，置此属于太原，乃腹心之疾也，不如去之。"密表："吐谷浑反复，请迁于内地。"晋主遣使发其部落，分置诸州。知远遣威诱承福等入居太原城中，诬以谋叛[5]，杀之，合四百口。吐谷浑由是遂微。

晋流慕容彦超于房州濮州刺史慕容彦超坐违法科敛[6]，擅取官麦。李彦韬素与彦超有隙，发其事，趣冯玉，使杀之。李崧曰："如彦超之罪，今天下藩侯皆有之。若尽其法，恐人人不自安。"乃敕免死，削官爵，流房州。

唐攻福州，克其外郭唐陈觉自福州还，耻无功，矫诏召弘义入朝，擅发汀、建、抚、信州兵，命冯延鲁将之趋福州。唐主以觉专命，甚怒。群臣多言兵已傅[7]城下，不可中止，当发兵助之。觉、延鲁进攻福州，弘义出击，大破之。唐主遣王崇文、魏岑会兵攻福州，克其外郭，弘义固守第二城[8]。

1　恳密：恳切真挚。
2　倨：傲慢。
3　宴赐：宴请和赏赐。
4　畜牧：放养牲畜。
5　谋叛：谋反。
6　科敛：摊派力役、赋税或索取钱财。
7　傅：靠近，迫近。
8　第二城：第二道城墙。

　　冯晖击破党项，入灵州冯晖引兵过旱海[1]，糇粮已尽。拓跋彦超众数万，扼要路，据水泉以待之。军中大惧。晖以赂求和于彦超，彦超许之。自旦[2]至日中，使者往返数四，兵未解。药元福曰："虏知我饥渴，佯许和以困我耳。若至暮，吾辈成擒[3]矣。今虏虽众，精兵不多，依西山而陈者是也。其余步卒，不足为患。请公严阵[4]以待我，我以精骑先犯西山兵，小胜则举黄旗，大军合势击之，破之必矣。"乃率骑先进，用短兵力战。彦超小却，元福举黄旗，晖引兵赴之，彦超大败。明日，晖入灵州。

　　晋张彦泽败契丹于定州北。

　　晋以楚王希范为诸道兵马元帅希范知晋主好奢靡，屡以珍玩为献，求都元帅，故有是命。

　　冬，十月，晋遣杜威将兵伐契丹契丹使瀛州刺史刘延祚遗乐寿监军王峦书，请举城内附，云："城中契丹兵不满千人，乞朝廷发轻骑袭之，己为内应。契丹主已归牙帐，地远阻水，不能救也。"峦与杜威屡奏瀛、莫乘此可取，冯玉、李崧信以为然，欲发大兵迎赵延寿及延祚。先是，李守贞数将兵过广晋，杜威厚待之，赠金帛甲兵，动以万计。守贞入朝，因言："陛下若他日用兵，臣愿与威勠力以清沙漠。"及将北征，晋主与冯玉、李崧议，以威为都招讨使，守贞副之。赵莹私谓冯、李曰："杜令国戚，贵为将相，而所欲未厌[5]，心常慊慊，岂可复假以兵权？必若有事北方，不若止任守贞为愈[6]也。"不从。十月，下敕榜[7]曰："专发大军，往平黠虏。先收瀛、莫，安定关南；次复幽燕，荡平塞北。""有能擒获虏主者，除上镇[8]节度使，赏钱万缗，绢万匹，银

────────

1　旱海：古地名，又称翰海，因多沙碛，少水泉，周七百里，故称七百里旱海，位于今宁夏回族自治区盐池、同心、灵武、吴忠等县市及甘肃省环县交界地区。
2　旦：天亮的时候，早晨。
3　成擒：被擒。
4　严阵：摆好严整的阵势。
5　厌：满足。
6　愈：较好。
7　敕榜：官府文书名，戒励百官、晓谕军民时用之。
8　上镇：大的、好的藩镇。

万两。"时自六月积雨[1]，至是未止，军行[2]及馈运者甚艰苦。

胡氏曰：冯玉以女宠与政，不足责矣。李崧为相，而信赵延寿、刘延祚之诈，遂兴大众，为虏所致。向使桑维翰、刘知远当之，必能遥度情伪[3]，不轻举措以取败亡矣。

吴越遣兵救福州唐主命留从效将州兵会攻福州，福州遣使乞师于吴越。吴越王弘佐召诸将，皆曰："道险远，难救。"内都监使水丘昭券以为当救。弘佐曰："唇亡齿寒，吾为天下元帅，曾不能救邻道，将安用之？诸君但乐饱食安坐邪？"遣统军使张筠将兵救福州。先是募兵，久无应者，弘佐命纠[4]之，曰："纠而为兵者，粮赐减半。"明日，应募者云集。弘佐命昭券专掌用兵，程昭悦掌应援、馈运事，而以军谋[5]委元德昭。弘佐议铸铁钱以益将士禄赐，其弟弘亿谏曰："铸铁钱有八害：新钱既行，旧钱皆流入邻国，一也；可用于吾国而不可用于他国，则商贾不行，百货不通，二也；铜禁至严，民犹盗铸，况家有铛釜[6]，野有铧犁[7]，犯法必多，三也；闽人铸铁钱而乱亡[8]，不足为法，四也；国用幸丰而自示空乏，五也；禄赐有常而无故益之，以启无厌之心，六也；法变而弊，不可遽复，七也；钱者，国姓，易之不祥，八也。"弘佐乃止。

十一月，晋师至瀛州，与契丹战，不利而还杜威、李守贞会兵于广晋而北行。威屡使公主入奏，请益兵。由是禁军皆在麾下，而宿卫空虚。十一月，至瀛州，城门洞启[9]，寂若无人，威等不敢进。闻契丹将高谟翰先已引兵潜出，威遣梁汉璋将二千骑追之。汉璋败死，威等引兵南还。

吴越兵救福州，不克吴越兵至福州，潜入州城。唐兵进据东武门，李达

1　积雨：久雨。
2　军行：行军。
3　察度情伪：察度，审察揣度。情伪，虚实。
4　纠：征集，集结。
5　军谋：军事谋略。
6　铛釜：用铁铸成的煮饭器具。
7　铧犁：用铁铸成的耕田器具。
8　乱亡：败乱灭亡。
9　洞启：敞开。

与吴越兵御之，不利。自是内外断绝，城中益危。唐主遣王建封助攻福州。时王崇文虽为元帅，而陈觉、冯延鲁、魏岑争用事，留从效、王建封倔强不用命，各争功，进退不相应。由是将士皆解体，故攻城不克。

契丹大举入寇。十二月，晋将王清战死，杜威等以兵降。契丹遣兵入大梁，执晋主重贵以归，杀桑维翰，囚景延广契丹主大举入寇，趋恒州。杜威等闻之，将自冀、贝而南。张彦泽时在恒州，引兵会之，言契丹可破之状。威等乃复趋恒州，以彦泽为前锋，与契丹夹滹沱而军。契丹恐晋军急渡滹沱，与恒州合势，议引兵还。及闻晋军筑垒为持久之计，遂不去。威性懦怯，偏裨皆节度使，但日相承迎，置酒作乐，罕议军事。磁州刺史李谷说威及李守贞曰："今大军去恒州咫尺，烟火相望。若多以三股木置水中，积薪布土其上，桥可立成。密约城中举火相应，夜募壮士，斫虏营而入，表里[1]合势，虏必遁逃。"诸将皆以为然，独杜威不可，遣谷出督怀、孟[2]军粮。契丹以大兵当晋军之前，潜遣其将萧翰将百骑出晋军之后，断晋粮道及归路。樵采者遇之，尽为所掠。有逸归[3]者，皆称虏众之盛，军中恟惧。翰等获晋民，皆黥其面曰"奉敕不杀"，纵之南走。运夫在道遇之，皆弃车惊溃[4]。十二月，李谷自书密奏，具言大军危急之势，请幸滑州，及发兵守澶州、河阳以备奔冲。杜威奏请益兵，诏悉发守宫禁者，得数百人，赴之。威又遣使告急，还为契丹所获。自是朝廷与军前声问两不相通。开封尹桑维翰以国家危在旦夕，求见言事。晋主方在苑中调鹰[5]，辞不见。又诣执政言之，执政不以为然。退，谓所亲曰："晋氏不血食矣！"

胡氏曰：史载维翰请见言事，而不知其所欲言，读之者皆有遗恨。以愚度之，维翰非有他策，不过劝帝称臣谢过，割关南以增赂耳。此可以救目前

1　表里：外部和内部。
2　怀、孟：即怀州、孟州。
3　逸归：逃回来。
4　惊溃：惊慌溃散。
5　调鹰：调教和训练鹰隼。

之危，终不足以弭异日之祸。盖与夷狄共事，势均力敌，犹且见图，况为之下乎？

　　晋主欲自将北征，李彦韬谏而止。诏以高行周、符彦卿共戍澶州，景延广戍河阳。指挥使王清言于杜威曰："请以步卒二千为前锋，夺桥开道，公率诸军继之。得入恒州，则无忧矣。"威许诺，遣清与宋彦筠俱进。清战甚锐，契丹小却。诸将请以大军继之，威不许。彦筠败走，清独率麾下力战。屡请救，威竟不遣一骑助之。清谓其众曰："上将握兵，坐观吾辈困急而不救，此必有异志。吾辈当以死报国耳！"众感其言，莫有退者，至暮，战不息。契丹以新兵继之，清及士众[1]尽死。由是诸军皆夺气。契丹遥以兵环晋营，军中食尽。威与李守贞、宋彦筠谋降契丹。威潜遣腹心诣契丹牙帐，邀求重赏。契丹主绐之曰："赵延寿威望素浅，恐不能帝中国。汝果降者，当以汝为之。"威喜，遂定降计。伏甲召诸将，出降表[2]使署名，诸将骇愕听命。命军士出陈[3]于外，军士皆踊跃，以为且[4]战。威亲谕之曰："今食尽途穷，当为汝曹共求生计。"因命释甲。军士皆恸哭，声振原野。威、守贞仍于众中扬言："主上失德，信任奸邪，猜忌于己。"闻者无不切齿。契丹主遣赵延寿衣赭袍至晋营慰抚士卒，亦以赭袍衣威，其实皆戏之耳。威引契丹主至恒州城下，顺国节度使王周亦出降。先是，契丹主屡攻易州，刺史郭璘固守拒之。契丹主每过城下，指而叹曰："吾能吞并天下，而为此人所扼。"至是，遣通事耿崇美至易州，诱谕其众，众皆降。璘不能制，遂为崇美所杀。契丹主以孙方简为义武节度使，麻答为安国节度使。张砺言于契丹主曰："今大辽已得天下，中国将相宜用中国人为之，不宜用北人及左右近习。苟政令乖失[5]，则人心不服，虽得之，犹将失之。"契

1　士众：众士兵。
2　降表：请求投降的文书。
3　出陈：出兵列阵。
4　且：将要。
5　乖失：差错，过失。

丹主不从。引兵南,杜威将降兵以从。遣张彦泽将二千骑先取大梁,以通事傅住儿为都监。杜威之降也,皇甫遇初不预谋。契丹主欲遣遇先入大梁,遇辞。退,谓所亲曰:"吾位为将相,败不能死,忍复图其主乎?"至平棘,谓从者曰:"吾不食累日矣,何面目复南行?"遂扼吭[1]而死。

胡氏曰:《五代史》称,杜重威召诸将示以降表,遇等愕然,不能对。遂以次署名,麾其下解甲,与张彦泽先入京师。行至平棘,绝吭[2]而死。欧阳子[3]讥之曰:"使遇奋然攘袂而起,杀杜威于坐中,虽不幸而不免,犹为得其死矣,其义烈岂不凛然[4]哉?既俯首听命,相与亡人之国,虽死不能赎也,岂足贵哉?"遇一人尔,如《晋史》则鄙夫也,如《通鉴》则节士也,其相去远矣。尚论[5]取予,可不慎哉?

张彦泽倍道疾驱,夜渡白马津。晋主召李崧、冯玉、李彦韬入禁中计事,欲诏刘知远发兵入援。明日,彦泽自封丘门[6]斩关而入,城中大扰。晋主于宫中起火,自携剑驱后宫赴火,为亲军将薛超所持。俄而彦泽传契丹主与太后书慰抚之,且召桑维翰、景延广。晋主乃命灭火,与后妃聚泣。召范质草降表,自称:"孙男臣重贵,祸至神惑,运尽天亡。今与太后及妻冯氏,举族面缚待罪,遣男延煦、延宝奉国宝[7]出迎。"太后亦上表,称"新妇[8]李氏妾"。傅住儿入宣契丹主命,晋主脱黄袍,服素衫拜受,左右皆掩泣。使召张彦泽,欲与计事,彦泽微笑不应。或劝桑维翰逃去,维翰曰:"吾大臣,逃将安之?"坐而俟命。彦泽以晋主命召维翰,维翰至天街,遇李崧,驻马[9]语未毕,有军吏

---

1 扼吭:自缢,上吊自杀。
2 绝吭:刎颈,抹脖子。
3 欧阳子:即欧阳修,《五代史》的编撰者。
4 凛然:严肃而可敬畏的样子。
5 尚论:向上追论。
6 封丘门:大梁城北墙西门。
7 国宝:即传国玉玺。
8 新妇:儿媳。
9 驻马:使马停下不走。

于马前揖[1]维翰赴侍卫司[2]。维翰知不免，顾谓崧曰："侍中当国，今日国亡，反令维翰死之，何也？"崧有愧色。

胡氏曰：桑国侨[3]责李崧是也，据一时言之可尔。治乱皆有本原。古之王者，必由正道。始之以正，尚不能使子孙善守而永世[4]，况始之不以正乎？石敬瑭、刘知远皆起晋阳。以知远观之，所对者新胜之契丹，岂潞王[5]危亡之比？然知远崛然[6]自奋，亦克有立。则知国侨称臣割地，以急近功，其策大失。譬犹拊摩[7]豺虎，与之共守犬羊，终见啖啮[8]，必致之理[9]也。是则维翰虽无当国亡国之恶，而有谋国误国之罪矣。虽然，国侨非取怒契丹，固可预通情款[10]，求庇其身。而初不相闻，竟死彦泽之手，是则志在兴晋，而不为身谋，亦足以为贤矣。

彦泽倨坐见维翰，维翰责之曰："去年拔公于罪人之中，复领大镇，授以兵权，何乃负恩至此？"彦泽无以应，遣兵守之。彦泽纵兵大掠二日，都城为之一空。彦泽自谓有功于契丹，旗帜皆题"赤心[11]为主"，见者笑之。彦泽素与阁门使高勋不协，杀其叔父及弟。中书舍人李涛谓人曰："吾与其逃于沟渎[12]而不免，不若往见之。"乃投刺谒彦泽，曰："上疏请杀太尉人李涛谨来请死。"彦泽欣然接之，谓涛曰："舍人惧乎？"涛曰："涛今日之惧，亦犹足下昔年之惧也。向使高祖用涛言，事安至此？"彦泽大笑，命酒饮之。涛引满而去，旁若无人。彦泽迁晋主于开封府，顷刻不得留，见者流涕。晋主悉以内库

1　揖：拱手行礼。
2　侍卫司：古官署名，统掌禁军。
3　桑国侨：即桑维翰，字国侨。
4　永世：世世代代，永远。
5　潞王：即后唐潞王李从珂。
6　崛然：挺立貌。
7　拊摩：抚摸。
8　啖啮：啃食。
9　必致之理：按理是必然的结果。
10　情款：交情，情意。
11　赤心：专一的心志。
12　沟渎：比喻困厄之境。

金珠自随，彦泽曰："此物不可匿也。"晋主悉归之，亦分以遗彦泽。彦泽遣指挥使李筠以兵守晋主，内外不通。上契丹主表章，皆先示彦泽，然后敢发。使取内库帛，主者不与，曰："此非帝物也。"求酒于李崧，崧亦辞不进。欲见李彦韬，彦韬亦不往。冯玉佞[1]彦泽，求自送传国宝，冀契丹复任用。延煦之母有美色，彦泽使人取之。杀桑维翰，以带加颈，白契丹主云其自经。契丹主命厚抚其家。高行周、符彦卿皆诣契丹降。契丹主以阳城之败诘之，彦卿曰："臣当时惟知为晋主竭力，今日死生惟命[2]。"契丹主笑而释之。契丹主赐晋主手诏曰："孙勿忧，必使汝有啖饭[3]之所。"又以所献传国宝非真，诘之，晋主奏："顷王从珂自焚[4]，旧传国宝不知所在。此宝先帝所为，群臣备知[5]。"乃止。有司欲使晋主衔璧牵羊，大臣舆榇，迎于郊外。契丹主曰："吾遣奇兵取大梁，非受降也。"不许。又诏晋文武群臣，一切如故，朝廷制度并用汉礼。遣兵趋河阳捕景延广。延广见契丹主于封丘，契丹主诘之曰："致两主失欢，皆汝所为也。十万横磨剑安在？"召乔荣使相辨证[6]。延广初不服，荣以纸所记语示之，乃服。延广伏地请死，乃锁之。

1　佞：用花言巧语谄媚。
2　死生惟命：是生是死全由命运决定。
3　啖饭：吃饭。
4　顷王从珂自焚：当时后唐潞王李从珂自焚。顷，当时。
5　备知：周知，尽知。
6　辨证：争辩举证。

资治通鉴纲目

卷
五
十
八

起丁未汉高祖刘知远晋天福十二年，尽辛亥[1]周太祖郭威广顺元年凡五年。

丁未（公元 947 年）

二月，汉高祖刘知远立，仍称"晋天福十二年"。六月，改号汉。〇是岁，晋亡汉兴，并蜀、南汉、南唐，凡四国。吴越、湖南、荆南，凡三镇。

春，正月，契丹德光入大梁，杀张彦泽，景延广自杀正月朔，百官遥辞晋主于城北，乃易素服纱帽[2]，迎契丹主，伏路侧请罪。契丹主命起，改服[3]，抚慰之。晋主、太后迎于封丘门外，契丹主辞不见。遂入门，民皆惊走。契丹主遣通事谕之曰："我亦人也，汝曹勿惧！会当使汝曹苏息[4]。我无心南来，汉兵引我至此耳。"至明德门[5]，下马拜而后入。日暮，复出，屯于赤冈[6]。执杨承勋，责以杀父版契丹，杀之。高勋诉张彦泽杀其家人，契丹主亦怒彦泽剽掠京城，锁之。百姓争投牒[7]疏彦泽罪。遂与傅住儿俱斩北市，仍命高勋监刑。彦泽前所杀士大夫子孙，皆绖杖[8]号哭诟骂，以杖扑之。勋命剖其心以祭死者，市人争破脑取髓，脔其肉而食之。契丹送景延广归其国，宿陈桥[9]，夜，扼吭而死。

胡氏曰：兴晋者，桑维翰也。亡晋者，景延广也。二人用心异而受祸同，何也？欧阳子曰："本末[10]不顺，而与夷狄共事者，常见其祸，未见其福也。"

契丹封晋主重贵为负义侯，徙之黄龙府[11]契丹主使迁晋主及其家人于封

1　辛亥：即公元 951 年。
2　纱帽：古代君主、贵族和官员所戴的一种帽子，后用作官职的代称。
3　改服：更换衣服。
4　苏息：休养生息。
5　明德门：大梁城内宫城南面中门。
6　赤冈：古地名，五代汴州城北军事要地，位于今河南省开封市东北。
7　投牒：呈递诉状。
8　绖杖：绖，用麻做的丧带，系在腰或头。杖，丧杖。
9　陈桥：古地名，一名陈桥镇、陈桥驿，位于今河南省新乡市封丘县东南。
10　本末：主次，先后。
11　黄龙府：古行政区名，契丹改渤海国扶余府置，辖今吉林省农安、德惠、长春等县市地。

禅寺[1]，以兵守之，数遣使存问。时雨雪连旬[2]，外无供亿，上下冻馁。太后使人谓寺僧曰："吾尝于此饭僧数万，今日独无一人相念邪？"僧辞以虏意难测，不敢献食。晋主阴祈[3]守者，乃稍得食。黄龙府，即慕容氏和龙城也。

契丹以李崧为枢密使，冯道为太傅。晋诸藩镇皆降契丹引兵入宫，诸门皆以契丹守卫，磔[4]犬、悬羊皮为厌胜。谓晋群臣曰："自今不修甲兵，不市战马，轻赋省役，天下太平矣。"改服中国衣冠，百官起居皆如旧制。赵延寿、张砺共荐李崧，会冯道自邓州入朝，契丹主素闻二人名，皆礼重之。以崧为太子太师，充枢密使；道守太傅，于枢密院祗候[5]。契丹主遣使以诏赐晋之藩镇，晋之藩镇争上表称臣。唯彰义节度使史匡威据泾州拒契丹，而雄武[6]节度使何重建以秦、阶、成州降蜀。

契丹分遣晋降卒还营初，杜重威既以晋军降契丹，契丹主悉收其铠仗贮恒州，驱马归其国，遣重威将其众从己而南。及河，恐其为变，欲悉以胡骑拥而纳之河流。或谏曰："晋兵在他所者尚多，彼闻降者尽死，必皆拒命。不若且抚，徐思其策。"契丹主乃使重威以其众屯陈桥。会久雪冻馁，咸怨重威。重威每出，道旁人皆骂之。契丹主犹欲诛晋兵，赵延寿曰："皇帝亲冒矢石以取晋国，欲自有之乎，将为他人取之乎？"契丹主变色曰："朕举国南征，五年不解甲，仅能得之，岂为他人乎？"延寿曰："晋国南有唐，西有蜀，常为仇敌。东西数千里，常以兵戍之。南方暑湿[7]，上国[8]之人不能居也。他日车驾北归，无兵守之，吴、蜀必相与乘虚入寇。如此，岂非为他人取之乎？"契丹主曰："然则奈何？"延寿曰："陈桥降卒，分以戍边，则吴、蜀不能为患矣。"

1　封禅寺：古寺名，原名独居寺，位于今河南省开封市东。
2　连旬：接连数旬。
3　阴祈：暗地里请求。祈，请求，希望。
4　磔：古代祭祀时分裂牲畜肢体。
5　祗候：恭候。
6　雄武：方镇名，即雄武军，治秦州，领秦、成、阶三州。
7　暑湿：炎热潮湿。
8　上国：指契丹。

契丹主曰："昔吾失于断割[1]，悉以唐兵授晋，既而返为仇雠。今幸入吾手，岂可复留以为后患乎？"延寿曰："向留晋兵，不质其妻子，故有此忧。今若悉徙其家于恒、朔，每岁分番[2]使戍南边，何忧其为变哉？"契丹主悦。由是陈桥兵始得免，分遣还营。

故晋主重贵发大梁晋主与太后、安太妃、冯后及弟睿、子延煦、延宝俱北迁，从者百余人。契丹遣三百骑援送[3]，又遣赵莹、冯玉、李彦韬与之俱。在途供馈不继，或时绝食[4]。旧臣无敢进谒者，独磁州刺史李谷迎谒于路，倾赀[5]以献。晋主至中度桥[6]，见杜重威寨，叹曰："天乎！我家何负，为此贼所破？"恸哭而去。

契丹纵兵大掠，遣使括借[7]士民钱帛契丹主广受四方贡献，大纵酒作乐。赵延寿请给上国兵食，契丹主曰："吾国无此法。"乃纵胡骑四出剽掠，谓之"打草谷"。丁壮毙于锋刃，老弱委于沟壑，自东、西两畿[8]及郑、滑、曹、濮数百里间，财畜[9]殆尽。契丹主谓判三司[10]刘昫曰："契丹兵应有优赐，速宜营办[11]。"时府库空竭，昫请括借都城士民钱帛，又分遣使者数十人诣诸州括借，皆迫以严诛[12]，人不聊生。其实无所颁给，皆蓄之内库，欲辇归[13]其国。于是内外怨愤，始患苦契丹，皆思逐之矣。

晋刘知远遣使奉表于契丹初，晋主忌河东节度使、北平王刘知远，以为北面行营都统。知远因之广募士卒，又得吐谷浑财畜，由是富强，步、骑至

1　断割：裁决。
2　分番：轮流。
3　援送：护送。
4　绝食：粮食断绝。
5　倾赀：用尽钱财。
6　中度桥：古桥名，位于今河北省石家庄市正定县东南，跨滹沱河上。
7　括借：搜刮征借。
8　东、西两畿：指洛阳、大梁两个都城的近郊。
9　财畜：财产牲畜。
10　判三司：古官名，即判三司使，同三司使。
11　营办：操持办理。
12　严诛：严厉责罚。
13　辇归：装车运回。

五万人。晋主与契丹结怨，知远知其必危，而未尝论谏。契丹屡深入，知远初无邀遮、入援之志。及闻契丹入汴，乃分兵守四境，遣客将王峻奉表称臣。契丹主赐诏褒美[1]，亲加"儿"字于知远姓名之上，仍赐以木拐[2]。胡法以优礼大臣，如汉赐几杖之比。既而知其观望不至，使谓知远曰："汝不事南朝，又不事北朝，意欲何所俟邪？"孔目官郭威言于知远曰："虏恨深矣！王峻言契丹贪残失人心，必不能久有中国。"或劝知远举兵进取[3]，知远曰："用兵当随时制宜。今契丹新据京邑，未有他变，岂可轻动？且观其所利[4]，止于货财。货财既足，必将北去。况冰雪已消，势难久留。宜待其去，然后取之，可以万全。"昭义节度使张从恩欲朝契丹，谋于知远。知远曰："君宜先行，我当继往。"从恩以为然。判官高防谏曰："公晋室懿亲，不宜轻变臣节。"从恩不从。以副使赵行迁知留后，以其姻家[5]王守恩与防佐之，遂行。

荆南节度使高从诲遣使入贡于契丹，又遣使诣河东劝进。

唐主立其弟景遂为太弟唐主立齐王景遂为皇太弟，徙景达为齐王，弘冀为燕王。景遂尝与宫僚[6]燕集，赞善大夫张易有所规谏。景遂方与客传玩[7]玉杯，弗之顾[8]。易怒曰："殿下重宝而轻士。"取杯抵地，碎之，众皆失色。景遂敛容谢之，待易益厚。景达性刚直[9]，唐主与宗室近臣饮，冯延己、延鲁、魏岑、陈觉辈极倾诡之态，景达屡呵责[10]之。复极言谏唐主，以不宜亲近佞臣[11]。延己以二弟立非己意，欲以虚言德之。尝宴东宫，佯醉，抚景达背曰："尔不可忘我！"景达大怒，入白唐主，请斩之。唐主谕解，乃止。张易谓景达曰："群小交构，

---

1 褒美：称赞表扬。
2 木拐：木制的手杖。
3 进取：进攻，攻取。
4 利：占有，谋利。
5 姻家：联姻的家族或其成员。
6 宫僚：宫中的僚属。
7 传玩：传递观赏。
8 弗之顾：没有回头理他。
9 刚直：刚强正直。
10 呵责：呵斥。
11 佞臣：奸邪谄上之臣。

祸福所系。殿下力未能去，数面折之，使彼惧而为备，何所不至[1]？"自是每游宴，景达多辞疾不预。

唐遣使如契丹唐主遣使贺契丹灭晋，且请诣长安修复诸陵，契丹不许。而晋密州刺史皇甫晖、棣州刺史王建皆避契丹，率众奔唐。淮北贼帅多请命于唐。唐史馆修撰韩熙载上疏曰："陛下恢复祖业[2]，今也其时。若虏主北归，中原有主，则未易图也。"时方连兵福州，未暇北顾，唐人皆以为恨，唐主亦悔之。

二月，契丹行朝贺礼，大赦。以赵延寿为中京留守契丹主召晋百官问曰："中国之俗异于吾国，吾欲择一人君之，如何？"皆曰："夷夏之心，皆愿推戴皇帝。"二月朔，契丹主服通天冠、绛纱袍，登正殿，设乐悬[3]、仪卫于庭，百官朝贺。下制称"大辽会同十年"，大赦。赵延寿以契丹主负约，心怏怏，乞为皇太子。契丹主曰："皇太子当以天子儿为之，岂燕王所可为也？"因令为延寿迁官。时契丹以恒州为中京，张砺奏拟延寿中京留守、大丞相、录尚书事、都督中外诸军事，契丹主取笔涂去"录尚书事、都督中外诸军事"而行之。

晋刘知远称帝于晋阳河东将佐劝知远称尊号以号令四方，知远不许。闻晋主北迁，声言欲出兵井陉，迎归晋阳，命指挥使史弘肇集诸军，告以出师之期。军士皆曰："今天下无主，主天下者，非我王而谁？宜先正位号，然后出师。"争呼万岁不已。知远曰："虏势尚强，吾军威未振，当且建功业。士卒何知？"命左右遏止之。郭威与都押衙杨邠入说知远曰："此天意也，王不乘此取之，人心一移，则反受其咎矣。"知远从之。契丹以其将刘愿为保义节度副使，陕人苦其暴虐。都头王晏与指挥使赵晖、侯章谋曰："刘公威德远著，吾辈若杀愿，举陕城归之，为天下唱[4]，取富贵如反掌耳。"晖等然之。乃斩愿

1　何所不至：什么事干不出来。
2　祖业：祖先创立的功业。
3　乐悬：悬挂的钟磬类乐器。
4　唱：倡导，发起。

及契丹监军，奉晖为留后。知远即位，自言未忍改晋国，又恶"开运"之名，乃更称天福十二年。诏："诸道为契丹括率钱帛者，皆罢之。晋臣为使者，令诣行在。契丹所在诛之。"

胡氏曰：五代之取国，惟后唐与汉为此善于彼。盖梁篡唐，而后唐代之；晋为契丹所灭，而汉兴焉。非若李嗣源之逼庄宗，石敬瑭之夺潞王，郭威之逐汉隐帝也。晋受虏击，知远不救，固为罪矣。然是时，朝权则付之李崧、冯玉，而顾命大臣如桑维翰不得与；兵柄则付之杜威、李守贞，而勋旧重将如知远不得闻。故维翰可以当国责李崧，而后世不当以幸祸[1]责知远也。

晋主知远自将迎故晋主重贵，至寿阳[2]而还知远自将东迎出帝，至寿阳，闻已过数日，乃留兵戍承天军而还。出帝既出塞，契丹无复供给。至锦州[3]，令拜阿保机墓。出帝不胜屈辱，泣曰："薛超误我！"冯后求毒药，欲与出帝俱自杀，不果。

晋遣贼帅梁晖袭取相州，杀契丹守兵契丹主闻知远即位，遣耿崇美守泽、潞，高唐英守相州，崔廷勋守河阳，以控扼要害。初，晋置天威军，教习岁余，竟不可用，悉罢之，但令七户输钱十千，其铠仗悉输官。而无赖子弟不复肯复农业，山林之盗，自是而繁。及契丹入汴，纵胡骑打草谷，又多以其子弟及亲信为节度、刺史，不通政事，华人之狡狯者多往依其麾下，教之妄作，民不堪命。于是所在相聚为盗，多者数万人，少者不减千百。滏阳[4]贼帅梁晖有众数百，送款晋阳。磁州刺史李谷密表令晖袭相州。晖侦知[5]高唐英未至，夜遣壮士逾城，启关[6]纳众，杀契丹数百，据州自称留后。

晋主知远还晋阳知远还至晋阳，议率民财以赏将士。夫人李氏谏曰："陛下因河东创大业，未有以惠泽其民，而先夺其生生之资，殆非新天子所以

1　幸祸：幸灾乐祸。
2　寿阳：古县名，治所位于今山西省晋中市寿阳县西南。因位于寿水之阳，故名。
3　锦州：古州名，辖今辽宁省锦州、葫芦岛、兴城三市地。
4　滏阳：古县名，治所即今河北省邯郸市磁县。以城在滏水之阳，故名。
5　侦知：探知，暗中查明。
6　启关：打开城门。

救民之意也。请悉出宫中所有以劳军[1]，虽复不厚，人无怨言。"知远从之，中外大悦。

吴越诛其都监程昭悦。

陕、晋、潞州皆杀契丹使者，奉表诣晋阳建雄[2]留后刘在明朝于契丹，以节度副使骆从朗知州事。知远遣张晏洪如晋州，谕以即位，从朗囚之。大将药可俦杀从朗，推晏洪权留后，遣使以闻。晋州民亦相率杀契丹使者。契丹主赐赵晖诏，即以为保义留后。晖斩使者，焚其诏，遣使奉表劝知远早引兵南向。高防亦与王守恩谋，斩赵行迁，杀契丹使者，举镇降知远。

澶州贼帅王琼攻契丹将郎五，不克而死镇宁[3]节度使耶律郎五性残虐，澶州人苦之。贼帅王琼率其徒千余人围郎五于衙城[4]，契丹主闻之，惧，遣兵救之。琼败死。然契丹主自是无久留河南之意矣。

契丹以李从益为许王唐王淑妃与郇公从益居洛阳。赵延寿娶明宗女，淑妃诣大梁会礼[5]，契丹主见而拜之，曰："吾嫂也。"以从益为许王，复归于洛。

契丹以张砺、和凝同平章事。

群盗陷宋、亳、密州东方群盗大起，陷宋、亳、密三州。契丹主谓左右曰："我不知中国之人难制如此。"亟遣泰宁安审琦、武宁符彦卿等归镇。彦卿至埇桥[6]，贼帅李仁恕控彦卿马，请从入城。彦卿子昭序遣人出呼贼中曰："相公已陷虎口，听相公助贼攻城，城不可得也。"贼知不可劫，乃相率罗拜解去。

三月朔，契丹行入阁礼契丹主服赭袍，坐崇元殿，百官行入阁礼。

胡氏曰：卫宣公淫乱，遂为狄所灭。晋室三纲绝，遂召五胡之乱。唐世家法不正，又好结戎狄，非独当其世数困于猾夏，流及五代，更七八传，其甚则

1　劳军：慰劳部队。
2　建雄：方镇名，即建雄军，治晋州。
3　镇宁：方镇名，即镇宁军，治澶州。
4　衙城：古时军中主将居住的内衙卫城。
5　会礼：会面见礼。
6　埇桥：古桥名，亦作甬桥，位于今安徽省宿州市城南古汴河上。

至此，而天下之乱极矣。尧、舜修德而建士师[1]，三王自治而立司寇，谨华夷之辨，禁侵乱[2]之阶，所以深扶人理、虑末流之若此，使斯人与禽兽杂处，而罹其凶害[3]也。

晋主知远遣使安集农民保山谷、避契丹者。

契丹以萧翰为宣武节度使契丹主谓晋百官曰："天时向暑，吾难久留，欲暂至上国省太后。"乃以汴州为宣武军，以萧翰为节度使。翰，述律太后之兄子。其妹复为契丹主后，始以"萧"为姓。自是契丹后族皆称萧氏。

吴越复遣兵救福州，败唐兵，遂取福州吴越遣余安将水军救福州，至白虾浦[4]，海岸泥淖，须布竹簟[5]乃可行。唐军聚而射之，簟不得施。冯延鲁曰："相持不战，徒老我师。不若纵其登岸，尽杀之，则城不攻自降矣。"裨将孟坚曰："浙兵[6]至此已久，不能进退，求一战而死不可得。若听其登岸，彼必致死于我，其锋不可当，安能尽杀乎？"不听。吴越兵既登岸，大呼奋击，延鲁弃众而走，孟坚战死。城中兵亦出，夹击唐兵，大破之。唐军烧营而遁，死者二万余人，委弃资械数十万，府库为之耗竭。余安引兵入福州，李达举所部授之。

契丹德光发大梁契丹主发大梁，晋文武诸司、诸军吏卒从者皆数千人，宫女、宦官数百人，尽载府库之实[7]以行。谓宣徽使高勋曰："吾在上国，以射猎为乐，至此令人悒悒。今得归，死无恨矣。"

晋主知远以其弟崇为太原尹。

夏，四月，契丹陷相州，屠之契丹主攻相州，克之，悉杀城中男子，驱其妇女而北，留高唐英，使守。城中遗民仅七百人，而髑髅[8]十余万。或告

1　士师：古官名，执掌禁令刑狱。
2　侵乱：侵犯扰乱。
3　凶害：灾害。
4　白虾浦：古地名，位于今福建省福州市东南。
5　竹簟：粗竹席。簟，竹席。
6　浙兵：即吴越的军队。
7　实：物资，器物。
8　髑髅：死人的头骨。

磁州刺史李谷谋举州应河东，契丹主执而诘之，谷不服。契丹主引手于军中，若取文书者。谷知其诈，因请曰："必有其验，乞显示之。"凡六诘，谷辞气不屈，乃释之。

晋以刘信、史弘肇为侍卫都指挥使，杨邠为枢密使，郭威为副使，王章为三司使。

晋以苏逢吉、苏禹珪同平章事。

晋以折从阮为永安军节度使从远入朝，更名从阮。置永安军于府州，以从阮为节度使。

契丹寇潞州，晋遣史弘肇救之，郑谦守忻、代，阎万进守岚、宪[1]契丹昭义节度使耿崇美屯泽州，将攻潞州。知远遣史弘肇将兵救之。又以郑谦为忻、代都部署，阎万进为岚、宪都制置使。知远闻契丹北归，欲经略河南，故以弘肇为前驱，而遣二人出北方，以分契丹兵势。

晋以武行德为河阳节度使契丹以船载晋铠仗溯河归国，命宁国都虞候武行德部送之。至河阴，行德与将士谋曰："虏势不能久留中国，不若共逐其党，坚守河阳，以俟天命之所归者而臣之。"众以为然，即相与杀契丹监军使。会崔廷勋以兵送耿崇美之潞州，行德遂乘虚入据河阳，遣弟行友奉蜡表诣晋阳。史弘肇遣先锋将马诲击契丹，斩首千余级。崇美等不敢进，引而南。弘肇遣诲追击，破之。崇美等退保怀州。知远以行德为河阳节度使。契丹主闻之，叹曰："我有三失，宜天下之叛我也！诸道括钱，一失也；令上国人打草谷，二失也；不早遣诸节度使还镇，三失也。"

胡氏曰：德光知其以"三失"失中国，可谓睹败而思过者矣。使无此三失，亦必不能有中国。何者？足不可以加之首，无足上首下之理故也。然德光善自为谋者，讨出帝之相负而废之，治李崧、冯玉、景延广之误国而黜之，数杜重威、李守贞、张彦泽背君残暴而杀之，按兵近郊，召桑维翰、刘知远，委以扶

1　宪：宪州，古州名，辖今山西省娄烦县及静乐县部分地。

立重睿，戡暴禁奸，无所取而去。虽古之伐罪吊民，亦不是过矣。今乃灭人社稷，贪其位而不能居，取其子女、玉帛以归其国，是盗贼之魁[1]。使迟留岁月，攻伐之兵四面而至，亦不能免，何"三失"之足咎乎？

唐流陈觉于蕲州、冯延鲁于舒州唐主以矫诏、败军皆陈觉、冯延鲁之罪，议斩二人以谢中外。御史中丞江文蔚对仗弹冯延己、魏岑，曰："延己、延鲁、岑、觉四人，皆阴狡弄权，壅蔽聪明[2]，排斥忠良，引用群小，谏争者逐，窃议者刑，上下相蒙，道路以目。今觉、延鲁虽伏辜，而延己、岑犹在，本根[3]未殄，枝干复生。同罪异诛，人心疑惑。"唐主以文蔚言太过，怒，贬江州司士参军。流觉于蕲州，延鲁于舒州。知制诰徐铉、史馆修撰韩熙载上疏曰："觉、延鲁罪不容诛，但齐丘、延己为之陈请，故陛下赦之。擅兴[4]者不罪，则疆场有生事者矣；丧师者获存，则行阵无效死者矣。请行显戮，以重军威。"不从，但罢延己为太弟少保，贬岑太子洗马。熙载屡言宋齐丘党与必为祸乱。齐丘奏熙载嗜酒猖狂，贬和州司士参军。

契丹耶律德光死于杀胡林[5]。赵延寿入恒州，自称权知南朝军国事契丹主至临城，得疾，至杀胡林而卒。国人剖其腹，实盐数斗，载之北去，晋人谓之"帝羓"。赵延寿恨契丹主负约，即日引兵入恒州。契丹永康王兀欲，东丹王之子也，以兵继入，契丹诸将密议奉以为主。延寿不知，自称受契丹皇帝遗诏，权知南朝军国事，所以供给兀欲与诸将同，兀欲衔之。契丹主丧至国，述律太后不哭，曰："待诸部宁一如故，则葬汝矣。"或说延寿曰："契丹诸大人数日聚谋，此必有变。今汉兵不减万人，不若先事图之。"延寿犹豫不决，下令以来月朔日于待贤馆上事[6]，受文武官贺。李崧以虏意不同，事理[7]难

---

1 魁：居首位，第一。
2 壅蔽聪明：壅蔽，隔绝蒙蔽。聪明，君主的视听。
3 本根：草木的根、干。
4 擅兴：无诏旨擅自发兵。
5 杀胡林：古地名，即杀虎林，位于今河北省石家庄市栾城区西北。
6 上事：接任，就职。
7 事理：事情，事项。

测，延寿乃止。

五月，契丹兀欲执赵延寿而自立兀欲召延寿及张砺等饮。兀欲妻素常诣事延寿，从容谓曰："妹自上国来，宁[1]欲杀我乎？"延寿与俱入。良久，兀欲欲出，谓砺等曰："燕王谋反，吾已锁之矣。"又曰："先帝在汴时，遗我一筹[2]，许我知南朝军国。近者临崩[3]，别无遗诏，而燕王擅自知南朝军国，岂理邪？"后数日，集藩、汉之臣于府署[4]，宣契丹主遗制，即皇帝位，举哀，成服。既而易吉服见群臣，不复行丧，歌吹[5]之声不绝于内。

晋以刘崇为北都留守知远集群臣议进取。诸将咸请出师井陉，攻取镇、魏。知远欲自石会趋上党。郭威曰："虏主虽死，党众犹盛，各据坚城。我出河北，兵少路迂[6]，旁无应援，若群虏合势共击，我军粮饷路绝，此危道也。上党山路险涩[7]，粟少民残，无以供亿，亦不可由。近者陕、晋相继款附，引兵从之，万无一失。不出两旬，洛、汴定矣。"知远曰："卿言是也。"诏谕诸道，以太原尹崇为北京留守。

楚文昭王希范卒，弟希广嗣希广，希范之母弟也，性谨顺[8]，希范爱之，使判内外诸司事。希范卒，将佐议所立。张少敌、袁友恭以武平[9]节度使、知永州事希萼最长，请立之。刘彦瑫、李弘皋皆欲立希广。拓跋恒曰："三十郎[10]居长，请遣使以礼让之。不然，必起争端。"彦瑫等皆曰："天与不取，异日吾辈安所自容乎？"希广懦弱，不能自决。彦瑫等称希范遗命，共立之。少敌退而叹曰："祸其始此乎？"与拓跋恒皆称疾不出。

1　宁：难道，岂。
2　筹：古代投壶用的签子，形如箭。
3　临崩：即将驾崩。
4　府署：官署。
5　歌吹：歌声和乐声。
6　迂：曲折，绕远。
7　险涩：崎岖阻塞。
8　谨顺：谨慎恭顺。
9　武平：方镇名，即武平军，治朗州。
10　三十郎：即马希萼。

晋主知远发太原，出晋、绛。

晋史弘肇克泽州，契丹将崔廷勋等遁去始弘肇攻泽州，刺史翟令奇固守不下。知远以弘肇兵少，欲召还。苏逢吉、杨邠曰："今陕、晋、河阳皆已向化，廷勋、崇美朝夕[1]遁去。若召弘肇还，则河南人心动摇，虏势复壮矣。"知远未决，使问弘肇，弘肇曰："兵已及此，势如破竹，可进不可退。"乃遣李万超说令奇，令奇降。廷勋、崇美、奚王拽剌合兵逼河阳，武行德战败，闭城自守。拽剌欲攻之，廷勋曰："今北军已去，得此何用？且杀一夫犹可惜，况一城乎？"乃拥众北遁。契丹在河南者相继北去。弘肇为人沉毅寡言，御众严整，将校小不从命，立挝杀[2]之。士卒所过，犯民田及系马于树者，皆斩。军中惕息，莫敢犯令，故所向必克。知远自晋阳安行[3]入洛及汴，兵不血刃，皆弘肇之力也。知远由是倚爱[4]之。

契丹将萧翰劫李从益称帝于大梁，遂北走。从益避位翰闻刘知远拥兵而南，欲北归，恐中国无主，必大乱，己不得从容而去。时唐许王从益与王淑妃在洛阳，翰矫契丹主命，以从益知南朝军国事，召己赴恒州。淑妃、从益匿于徽陵下宫[5]，不得已而出。翰立以为帝，率诸酋长拜之。百官谒见淑妃，淑妃泣曰："吾母子单弱如此，而为诸公所推，是祸吾家也。"翰留燕兵千人为从益卫而行。从益遣使召高行周、武行德，皆不至。淑妃惧，召大臣谋之曰："吾母子为萧翰所逼，分当灭亡。诸公无罪，宜早迎新主，自求多福，勿以吾母子为意！"众感其言，皆不忍去。或曰："今集诸营，与燕兵并力坚守一月，北救必至。"淑妃曰："吾母子亡国之余，安敢与人争天下？若新主见察[6]，当知我无所负。今更为计划[7]，则祸及他人，阖城涂炭，终何益乎？"众犹欲拒守，

1　朝夕：早晚。
2　挝杀：击杀。挝，敲打，击。
3　安行：徐行，缓行。
4　倚爱：倚赖爱重。
5　下宫：亲庙。
6　见察：明察。
7　计划：谋划。

三司使刘审交曰："城中公私穷竭，遗民无几，若复受围一月，无噍类矣。愿诸公勿复言，一从太妃处分。"乃用赵远、翟光邺策，称梁王，知军国事。遣使奉表称臣迎知远，仍出居私第。

契丹兀欲勒兵出塞契丹主兀欲以德光有子在国，己以兄子袭位，又无述律太后之命，内不自安。初，阿保机卒于渤海[1]，述律太后杀酋长数百人。至是，诸酋长惧死，乃谋奉兀欲，勒兵北归。以麻答为中京留守，晋文武士卒悉留恒州，独以后宫、宦者、教坊自随。

晋主知远至绛州，降之初，知远以绛州刺史李从朗拒命，遣兵攻之，未下。至是，亲至城下谕之，从朗乃降。知远命亲将分护诸门，士卒一人毋得入。

六月，契丹将萧翰至恒州，杀其国相张砺翰至恒州，与麻答以铁骑围张砺之第，数之曰："汝何故言于先帝，云'胡人不可以为节度使'，又云'解里[2]好掠人财，我好掠人子女'。今我必杀汝！"命锁之。砺抗声曰："此皆国家大体[3]，吾实言之。欲杀即杀，奚以锁为？"是夕，愤恚而卒。

吴越忠献王弘佐卒，弟弘倧嗣。

晋主知远入洛阳，遣使杀李从益知远至洛阳，汴州百官奉表来迎。谕以受契丹补署者皆勿自疑，聚其告牒而焚之。赵远更名"上交"。命郑州防御使郭从义先入大梁清宫[4]，密令杀李从益及王淑妃。淑妃且死，曰："吾儿何罪而死？何不留之，使每岁寒食，以一盂[5]麦饭洒明宗陵乎？"闻者泣下。

晋主知远入大梁，诸镇多降。始改国号曰汉知远发洛阳。枢密院吏魏仁浦自契丹逃归，郭威问以兵数及故事。仁浦强记精敏，威由是亲任之。知远至大梁，晋之藩镇相继来降。复以汴州为东京，改国号曰汉，仍称天福年，

1　渤海：即原渤海国。
2　解里：即契丹将领麻答。
3　大体：大要，纲领。
4　清宫：清理宫室。古代帝王行幸所至，必先令人检查起居宫室，使其清静安全，以防发生意外。
5　盂：盛饮食或其他液体的圆口器皿。

曰："余未忍忘晋也。"

契丹兀欲幽其祖母于木叶山契丹述律太后闻契丹主自立，大怒，发兵拒之。契丹主以伟王为前锋，相遇于石桥[1]。太后以李彦韬为排阵使，彦韬迎降于伟王，太后兵败。契丹主幽太后于阿保机墓，改元"天禄"，自称"天授皇帝"。慕中华风俗，多用晋臣，而荒于酒色，轻慢[2]诸酋长。由是国人不附，诸部数叛，故数年之中，不暇南寇[3]。

唐以李金全为北面招讨使唐主闻契丹主德光死，萧翰弃大梁去，下诏曰："乃眷[4]中原，本朝故地。以金全为北面行营招讨使。"议经略北方。闻汉已入大梁，遂不敢出兵。

秋，七月，汉以杜重威为归德节度使。重威拒命，汉发兵讨之重威自以附契丹，负中国，内常疑惧，移镇制下，拒而不受，遣其子质于麻答以求援。麻答遣其将杨衮将契丹千五百人及幽州兵赴之。诏削夺重威官爵，以高行周为招讨使，慕容彦超副之，以讨重威。时兵荒之余，公私匮竭。王章白汉主罢不急之务、省无益之费以奉军，用度克赡[5]。

汉立高祖、世祖及四亲庙。

恒州将何福进、李荣逐契丹将麻答，遣使降汉麻答贪猾残忍，民间有珍货、美女，必夺取之。又捕村民，诬以为盗，披面抉目[6]，焚炙[7]而杀。悬人肝、胆、手、足，饮食起居于其间。契丹所留兵不满二千人，麻答常疑汉兵，稍稍废省。及损其食以饲胡兵，众心怨愤，闻汉主入大梁，皆有南归之志。前颍州防御使何福进、控鹤指挥使李荣潜结军中壮士，谋攻契丹，夺守门兵，杀十余人，因突入府，据甲库[8]，召汉兵及市人，给铠仗，焚衙门，与契丹战。荣

1　石桥：古桥名，一名沙河石桥，位于今内蒙古赤峰市巴林左旗西南。
2　轻慢：对人不敬重，态度傲慢。
3　南寇：向南侵略。
4　乃眷：语出《诗·大雅·皇矣》："乃眷西顾。"后以"乃眷"喻关怀。
5　克赡：能富足。克，能够。
6　披面抉目：披面，剥皮。抉目，挖眼。
7　焚炙：烧灼。
8　甲库：储藏甲胄兵器的仓库。

召诸将并力，指挥使白再荣狐疑，不得已而行。诸将继至，烟火四起，鼓噪震地。麻答等大惊，载宝货家属，走保北城。而汉兵无所统一，贪狯[1]者乘乱剽掠，懦者窜匿。八月朔，契丹自北门入，势复振，汉民死者二千余人。前磁州刺史李谷恐事不济，请冯道等至战所慰勉士卒，士卒争自奋。会日暮，有村民数千噪于城外，欲夺契丹宝货、妇女。契丹惧而北遁，麻答、崔廷勋皆奔定州，与义武耶律忠合。忠即郎五也。冯道等四出安抚兵民，众推道为节度使。道曰："我书生也，宜择诸将为留后。"时李荣功最多，而白再荣位在上，乃以再荣权知留后，具以状闻，且请援兵。汉主遣飞龙使李彦从将兵赴之。再荣贪昧猜忌，遣军士围李崧、和凝第求赏给[2]。崧、凝与之，又欲杀二人以灭口。李谷责之曰："国亡主辱，公辈握兵不救。今仅能逐一虏将，镇民死者近三千人，岂独公之力邪？新天子若诘公专杀之罪，公何辞以对？"再荣惧而止。又欲率民财以给军，谷力争止之。汉人尝事麻答者，再荣皆拘之以取其财，恒人以其贪虐，谓之"白麻答"。

　　汉制，盗贼毋问赃多少，皆死时四方盗贼多，朝廷患之，故重其法。仍分命使者逐捕。苏逢吉自草诏，意云："应[3]贼盗，并四邻同保[4]，皆全族处斩。"众以为："盗犹不可族，况邻保乎？"逢吉固争，不得已，但省去"全族"字。由是捕贼使者张令柔杀平阴十七村民。逢吉为人，文深[5]好杀。在河东幕府，汉主尝令静狱[6]以祈福，逢吉尽杀狱囚还报。及为相，朝廷草创[7]，悉以军事委杨邠、郭威，庶务委逢吉及苏禹珪。二相决事，皆出胸臆[8]，不拘旧制，用舍黜陟，惟其所欲。汉主方倚信之，无敢言者。逢吉尤贪诈[9]，继母死，不为

1　贪狯：贪婪狡诈。
2　赏给：赏钱。
3　应：接应。
4　四邻同保：同一保甲中的四邻。
5　文深：歪曲或苛刻地引用法律条文，给人定罪。
6　静狱：详细地审理狱囚并为之平反。
7　草创：开始兴办。
8　胸臆：臆测。
9　贪诈：贪婪狡诈。

服[1]。庶兄自外至，不白逢吉而见诸子。逢吉密语郭威，以他事杖杀之。

楚王希广以其兄希萼守朗州希广庶弟[2]希崇性狡险，阴遗希萼书，言刘彦瑶等违先王之命，废长立少，以激怒之。希萼来奔丧，彦瑶白希广，遣指挥使周延诲等将水军逆之，不听入，劝希广杀之。希广曰："吾何忍杀兄？宁分潭、朗而治之。"乃厚赠希萼，遣还朗州。希崇常为希萼诇希广语言动作，约为内应。

荆南袭汉襄、郢，不克初，荆南介居湖南、岭南之间，地狭兵弱，自武信王季兴时，诸道入贡过其境者，多掠夺其货币[3]。及诸道诘让、加兵，不得已，复归之。及从诲立，唐、晋、契丹、汉更据中原，南汉、闽、吴、蜀皆称帝，从诲利其赐予，所向称臣。诸国贱之，谓之"高无赖"。

南汉主晟杀其弟八人晟恐诸弟与其子争国，杀齐王弘弼等八人，尽杀其男子，纳其女充后宫。作离宫千余间，饰以珠宝，设镬汤、铁床[4]、刳剔等刑，号"生地狱"。

汉以窦贞固、李涛同平章事初，汉主与窦贞固俱事晋高祖，雅相知重[5]。及即位，欲以为相，问苏逢吉，其次谁可者。逢吉与李涛善，因荐之。会高行周、慕容彦超共讨杜重威，彦超欲急攻城，行周欲缓之以待其弊。行周女为重威子妇，彦超扬言："行周以女故，爱贼不攻。"由是二将不协。汉主恐生他变，欲自将击重威，意未决。涛上疏请亲征。汉主大悦，以涛有宰相器，制贞固、涛并同平章事。诏幸澶、魏劳军。

汉晋昌[6]节度使赵匡赞叛，降于蜀匡赞，延寿之子也，恐不为朝廷所容，遣使降蜀。

冬，十月，汉主如澶、魏劳军。十一月，杜重威出降汉主至邺都城

1　为服：为继母服丧。
2　庶弟：庶出之弟。
3　货币：钱财。
4　镬汤、铁床：镬汤，用铁锅烹、煮。铁床，古代刑具名，烧红的铁板床。
5　雅相知重：互相极为看重。雅，很，极。知重，赏识，看重。
6　晋昌：方镇名，即晋昌军，领京兆府、棣州。

下，舍于高行周营。行周言曰："城中食未尽，急攻，徒杀士卒，未易克也。不若缓之，彼食尽自溃。"汉主然之。慕容彦超数因事陵轹行周，行周泣诉于执政，苏逢吉、杨邠密以白汉主。汉主命二臣和解之，又召彦超于帐中责之，且使诣行周谢。既而城中食浸竭。将士多出降者。慕容彦超固请攻城，自寅至辰[1]，士卒死伤者万余人，不克而止，乃不敢复言。初，契丹留幽州兵千五百人戍汴，汉主至，尽杀之于繁台[2]之下。至是，张琏将幽州兵二千助重威，汉主遣人招谕，许以不死。琏曰："繁台之卒，何罪而戮？今守此，以死为期耳。"由是城久不下。十一月，重威食竭力尽，开门出降。城中馁死者什七八。张琏先邀朝廷信誓，诏许以归乡里，及出降，杀之。郭威请杀重威牙将百余人，并重威家赀籍之以赏战士，从之。以重威为太傅。重威每出入，路人往往掷瓦砾诟之。

司马公曰：汉高祖[3]杀无辜千五百人，非仁也；诱张琏而诛之，非信也；杜重威罪大而赦之，非刑也。仁以合众，信以行令，刑以惩奸。失此三者，何以守国？其祚运[4]之不延[5]也，宜哉！

胡氏曰：汉于天下未尝有实德[6]，其上世又无积仁累行[7]之致，政使三者皆得，亦未见永年[8]之道，况重以三失乎？然杜重威之罪，上通于天，汉既讨之，不应受降，降则不可杀矣。

十二月，蜀人侵汉。

汉主之子开封尹承训卒承训孝友忠厚，达[9]于从政，人皆惜之。

1　自寅至辰：从寅时到辰时。寅时，凌晨三时到五时。辰时，上午七时到九时。
2　繁台：古台名，位于今河南省开封市东南禹王台公园内，相传为春秋时师旷吹台，汉梁孝王增筑，后有繁姓居其侧，故名。
3　汉高祖：指后汉高祖刘知远。
4　祚运：国运。
5　延：延续。
6　实德：实惠，实际的好处。
7　累行：约束自己的行为。累，通"缧"。
8　永年：长久。
9　达：对事理认识得透彻。

汉主还大梁。

吴越戍将杀李仁达，夷其族。

汉凤翔节度使侯益叛，降于蜀。

吴越统军使胡进思废其君弘倧，而立其弟弘俶弘倧性刚严，诛杭、越侮法[1]吏三人。统军使胡进思恃迎立[2]功，干预政事。弘倧恶之，有所谋议，数面折之。进思恨怒，不自安。弘倧与指挥使何承训谋逐之。又谋于内都监使水丘昭券。昭券以为进思党盛难制，不如容之。弘倧犹豫未决。承训反以谋告进思。进思作乱，率亲兵戎服入见。弘倧叱之不退，猝愕[3]，趋入义和院。进思锁其门，矫称王命，告中外云：“猝得风疾，传位于弘俶。”因率诸将迎弘俶于私第，且召丞相元德昭。德昭至，立于帘外不拜，曰：“俟见新君。”进思亟出褰帘[4]，德昭乃拜。进思称弘倧之命，承制授弘俶镇海、镇东节[5]，弘俶曰：“能全吾兄，乃敢承命。不然，当避贤路。”进思许之，弘俶始视事。进思杀水丘昭券。进思之妻曰：“他人犹可杀，昭券，君子也，奈何害之？”

戊申（公元948年）

汉乾祐元年。二月，隐帝承祐立。○是岁，凡四国、三镇。

春，正月，汉遣将军王景崇等经略关中汉主以赵匡赞、侯益与蜀兵共为寇，患之。会回鹘入贡，诉称为党项所阻，乞兵应接。诏将军王景崇、齐藏珍将禁军数千赴之，因使之经略关西。晋昌节度判官李恕久在赵延寿幕下，延寿使之佐匡赞。匡赞将入蜀，恕谏曰：“汉家新得天下，方务招怀，君谢罪归朝，必保富贵。入蜀非全计也。”匡赞乃遣恕奉表请入朝。景崇等未行而恕至，帝问恕：“匡赞何为附蜀？”对曰：“匡赞自以身受虏官，父在虏庭，恐陛下

1　侮法：藐视和歪曲法令。
2　迎立：迎接而推立为君长。
3　猝愕：突然惊愕。猝，仓促，突然。
4　褰帘：掀开帘子。褰，撩起，揭起。
5　镇海、镇东节：即镇海、镇东节度使。

未之察，故附蜀求苟免耳。”帝曰："匡赞父子，本吾人也，不幸陷虏。今延寿方坠槛穽，吾何忍更害匡赞乎！"即听其入朝。侯益亦请赴圣寿节上寿。景崇等将行，帝召入卧内，敕之曰："二人之心，皆未可知。汝至彼，彼已入朝，则勿问。若尚迁延顾望，当以便宜从事。"

汉主更名暠。

汉以冯道为太师。

吴越迁故王弘倧于衣锦军吴越王弘俶迁故王弘倧于衣锦军，遣都头薛温将亲兵卫之，潜戒之曰："若有非常处分[1]，皆非吾意，当以死拒之。"

赵匡赞、侯益叛蜀还汉，王景崇等击蜀兵，败之赵匡赞不俟李恕返命[2]，已离长安。王景崇等至长安，闻蜀兵已入秦川，发本道及赵匡赞牙兵千余人同拒之。恐牙兵亡逸[3]，欲文[4]其面，微露风旨，军校赵思绾首请自文面以率下，景崇悦。齐藏珍窃言曰："思绾凶暴难制，不如杀之。"景崇不听。蜀将李廷珪闻匡赞已入朝，欲引归，景崇邀败[5]之。张虔钊至宝鸡，侯益拒之。虔钊夜遁，景崇追败之，俘将卒四百人。

汉主暠殂。杜重威伏诛。周王承祐立汉主大渐。杨邠忌侍卫指挥使刘信，立遣之镇，信不得奉辞[6]，雨泣而去。汉主召苏逢吉、杨邠、史弘肇、郭威入受顾命，曰："承祐幼弱，后事托在卿辈。"又曰："善防重威。"是日殂。逢吉等秘不发丧，下诏称："重威父子，因朕小疾，谤议摇众，皆斩之。"磔尸[7]于市，市人争啖其肉。二月，立皇子承祐为周王。有顷，发丧，周王即位，时年十八。

吴越指挥使何承训伏诛何承训复请诛胡进思，吴越王弘俶恶其反复，且

1　处分：处理，处置。
2　返命：复命，回报。
3　亡逸：逃亡。
4　文：在肌肤上刺画花纹或图案。
5　邀败：拦截并击败。
6　奉辞：行告别之礼。
7　磔尸：陈尸，亦指戮尸。

惧召祸，执承训斩之。进思屡请杀废王弘倧，弘俶不许。进思诈以王命，密令薛温害之，温曰："仆受命之日，不闻此言。不敢妄发。"进思乃夜遣其党二人逾垣而入，弘倧阖户[1]大呼，温闻之，率众而入，毙之庭中。入告弘俶，弘俶大惊曰："全吾兄，汝之力也。"弘俶畏忌进思，曲意下之。进思亦内忧惧，未几，疽发背，死。弘倧由是获全。

汉以王景崇为凤翔巡检使[2]景崇引兵至凤翔，侯益尚未行。景崇以禁兵分守诸门。或劝景崇杀益，景崇以所受密旨，嗣主未之知，或疑于专杀，犹豫未决。益闻之，不告景崇而去。景崇悔之。益入朝，汉主问："何故召蜀军？"对曰："臣欲诱致而杀之。"汉主哂之。

三月，汉史弘肇以母丧起复，加兼侍中弘肇遭丧不数日，自出朝参，故有是命。

汉以侯益为开封尹益富于财，厚赂执政及史弘肇等，故有是命。

汉改广晋为大名府，晋昌为永兴军。

汉征凤翔兵诣阙，行至长安，军校赵思绾据城作乱侯益盛毁王景崇于朝，言其恣横，景崇不自安。会诏遣供奉官王益如凤翔，征赵匡赞牙兵诣阙。赵思绾等甚惧，景崇因以言激之。至长安，节度副使安友规出迎益，思绾前白曰："壕寨使[3]已定舍馆[4]于城东，将士欲各入城挈家诣城东宿。"友规等然之。思绾等大噪，持白梃杀守门者，入府，开库取铠仗。友规等皆逃去。思绾遂据城，集城中少年，得四千余人，旬日间，战守之具皆备。景崇讽凤翔吏民表己知军府事，朝廷患之。以王守恩为永兴[5]节度使，赵晖为凤翔节度使，以景崇为邠州留后。

汉复以孙方简为义武节度使。契丹将郎五、麻答掠定州而遁初，契

1　阖户：闭门。
2　巡检使：古官名，掌巡检州邑、捕诘盗贼及查禁私贩茶盐之事。
3　壕寨使：古官名，负责修筑工事。
4　舍馆：住所，客舍。
5　永兴：方镇名，即永兴军，由晋昌军改置，领京兆府、棣州。

丹北归至定州，以义武节度使孙方简为大同节度使。方简怨恚，不受命，率其党三千人保狼山故寨。契丹攻之，不克。未几，遣使降汉。汉主复其旧官，使捍[1]契丹。耶律忠闻邺都既平，常惧华人为变，与麻答等焚掠定州，悉驱其人弃城北去。方简自狼山率其众数百还据定州，奏以弟行友为易州刺史，方遇为泰州刺史。每契丹入寇，兄弟奔命[2]，契丹颇畏之。于是晋末州县陷契丹者，皆复为汉有矣。麻答至其国，契丹主鸩杀之。

汉李涛罢苏逢吉等迁补官吏，杨邠以为虚费国用，所奏多抑之，逢吉等不悦。李涛等上疏言："今关西纷扰，外御为急。且二枢密官虽贵而家未富，宜授以要害大镇。枢机之务在陛下目前，易以裁决，逢吉、禹珪皆可委也。"杨邠、郭威闻之，见太后泣诉。太后怒，以让汉主。汉主因以诘责宰相，涛曰："此疏臣独为之，他人无预。"乃罢涛政事。

汉护国节度使李守贞反始守贞闻杜重威死而惧，阴有异志。自以尝有战功，素好施，得士卒心，汉室新造，天子年少初立，执政皆后进，有轻朝廷之志。乃招纳亡命，治城堑，缮甲兵，昼夜不息。遣人间道赍蜡丸[3]结契丹，屡为边吏所获。其客赵修己善术数，为守贞言："时命[4]不可，勿妄动！"不听，乃称疾归乡里。僧总伦以术媚守贞，言其必为天子，守贞信之。会赵思绾据长安，奉表献御衣[5]于守贞。守贞乃自称秦王，遣其骁将王继勋将兵据潼关。同州距河中最近，匡国节度使张彦威常伺守贞所为，奏请乞为之备。诏罗金山将兵戍之。故同州不为所并。

夏，四月，汉以杨邠同平章事，郭威为枢密使汉主与左右谋，以太后怒李涛离间，欲更进用二枢密，以明非己意。左右亦疾二苏[6]之专，欲夺其权，共劝之。制以邠为中书侍郎、同平章事，枢密使如故，郭威为枢密使。自是政

1　捍：抵御。
2　奔命：奔走应命。
3　蜡丸：用蜡做成的圆形外壳，内装药丸，古代也在蜡壳里面放传递的机密文书。
4　时命：时机。
5　御衣：帝王所穿的衣服。
6　二苏：即苏逢吉、苏禹珪。

事尽决于邠。邠素愚蔽[1]，不喜书生，常言："国家府廪[2]实，甲兵强，乃为急务。至于文章礼乐，何足介意？"既恨二苏排己，又以其除官太滥，欲矫[3]其弊，由是艰于除拜，凡门荫[4]及百司入仕悉罢之。时人亦咎二苏之不公所致云。

汉遣郭从义讨赵思绾，白文珂、王峻讨李守贞。

契丹兀欲如辽阳[5]契丹主如辽阳，故晋主与太后、皇后皆谒见。契丹主妻兄禅奴利闻晋主有女未嫁，求之，不得。契丹主使人驰取[6]赐之。

五月，河决鱼池[7]。

六月朔，日食。

汉王景崇叛，降于蜀景崇迁延不之邠州，阅集[8]凤翔丁壮，诈言讨赵思绾，仍牒邠州会兵。至是降蜀，亦受李守贞官爵。

秋，七月，蜀以王昭远知枢密院事昭远幼以僧童[9]从其师入府，蜀高祖爱其敏慧，令给事蜀主左右。至是，委以机务，府库金帛，恣其取与，不复会计[10]。

八月，汉河东节度使刘崇表募兵备契丹初，高祖[11]镇河东，崇与郭威争权，有隙。及威执政，崇忧之。判官郑珙劝崇为自全计。崇遂表募兵四指挥。自是选募勇士，招纳亡命，缮甲兵，实府库，罢上供财赋，皆以备契丹为名，朝廷诏令多不禀承[12]。

汉以郭威为西面招慰安抚使汉自河中、永兴、凤翔三镇拒命，继遣诸

1　愚蔽：愚钝，不通事理。
2　府廪：官府供应的粮食。
3　矫：纠正。
4　门荫：凭借祖先的功勋循例做官。
5　辽阳：古县名，治所位于今辽宁省辽阳市老城。
6　驰取：骑马奔来取走。
7　鱼池：古地名，即鱼池口，位于今河南省滑县东北鱼池。
8　阅集：检阅集结。
9　僧童：小和尚。
10　会计：核计，计算。
11　高祖：即后汉高祖刘知远。
12　禀承：承受，听命。

将讨之，久无功。汉主患之，欲遣重臣临督[1]。以郭威为西面军前招慰安抚使，诸军皆受节度。威问策于冯道，道曰："守贞自谓旧将，为士卒所附，愿公勿爱官物，以赐士卒，则夺其所恃矣。"威从之。由是众心始附于威。

胡氏曰：自唐庄宗以不赐士卒贾怨[2]致亡，是后皆用赂取国，郭、冯二公岂不知也？威素总师旅，何资[3]道之计谋？道素以儒士自居，何遽为威画策？盖威以道累朝重望，尝试问之。而道以威已得兵柄，因而语之，而二公相与之心，溢于言意之表矣。或曰："威欲图大事则有之，道必不至是也。"曰："隐帝幼冲，政柄二三，杨、史诸人，才智皆出威下，道老于贩国[4]，固知奇货之可居矣。"

蜀以赵廷隐为太傅国有大事，就第问之。

汉郭威督诸将围李守贞于河中郭威与诸将议攻讨，诸将欲先取长安、凤翔。镇国节度使扈彦珂曰："今三叛连衡，推守贞为主。守贞亡，则两镇自破矣。若舍近而攻远，万一王、赵拒吾前，守贞掎吾后，此危道也。"威善之。于是威自陕州，白文珂、刘词自同州，常思自潼关，三道攻河中。威抚养士卒，与同苦乐，小有功辄厚赏之，微有伤常亲视之。士无贤不肖，有所陈启，皆温辞色而受之。违忤不怒，小过不责。由是将卒咸归心焉。始，李守贞以禁军皆尝受其恩施，谓其至则叩城[5]奉迎。既而士卒新受赐于郭威，皆忘守贞旧恩，至城下，扬旗伐鼓[6]，踊跃诟噪[7]，守贞视之失色。诸将欲急攻城，威曰："守贞前朝宿将，健斗[8]好施，屡立战功。况城临大河，楼堞完固[9]，未易轻也。且彼

1　临督：亲临督战。
2　贾怨：招致怨恨。
3　资：取用。
4　贩国：卖国。
5　叩城：敲城门。
6　伐鼓：击鼓。
7　诟噪：鼓噪叫骂。
8　健斗：长于格斗，战斗。
9　完固：完好坚固。

冯城[1]而斗，吾仰而攻之，何异率士卒投汤火[2]乎？不若且设长围而守之。吾洗兵牧马[3]，坐食转输，俟城中无食，然后进梯冲以逼之，飞书檄[4]以招之。彼之将士，脱身逃死，父子且不相保，况乌合之众乎？思绾、景崇，但分兵縻[5]之，不足虑也。"乃发民夫[6]二万，使白文珂等率之，刿[7]长壕，筑连城，列队伍而围之。又谓诸将曰："守贞有轻我心，故敢反。正宜静以制之。"乃偃旗卧鼓，但循河设火铺[8]，连延数十里，番[9]步卒以守之。遣水军欈舟[10]于岸，寇有潜往来者，无不擒之。于是守贞如坐网中矣。

蜀遣兵援凤翔，汉人击败之。

王景崇杀侯益家属景崇杀益家七十余人，益子仁矩在外得免。仁矩子延广尚在襁褓，乳母刘氏以己子易之，抱延广而逃，乞食至于大梁，归于益家。

李守贞遣兵出战，败还守贞屡出兵，欲突长围，皆败而反。遣人赍蜡丸求救于唐、蜀、契丹，皆为逻者所获。城中食且尽，殍死者日众。守贞忧形于色，召总伦诘之。总伦曰："分野[11]有灾，待磨灭[12]将尽，只余一人一骑，乃大王鹊起[13]之时也。"守贞犹以为然。

冬，十月，汉赵晖围王景崇于凤翔，蜀遣兵救之，不克景崇遣兵出西门，赵晖击破之，遂取西关城。景崇退守大城，晖堑而围之，数挑战，不出。晖潜遣千余人擐甲执兵，效蜀旗帜，循南山而下，令诸军声言："蜀兵至

1　冯城：据城以守。冯，通"凭"。
2　汤火：滚水与烈火。
3　洗兵牧马：洗擦兵器，喂养战马。指做好作战准备。
4　飞书檄：用箭射招降的文书。书檄，书简与檄文，也泛指文书。
5　縻：通"靡"，消耗。
6　民夫：为官府、军队服劳役的人。
7　刿：挖。
8　火铺：古代候望敌情的岗亭。
9　番：轮流派。
10　欈舟：停泊船只。
11　分野：与星次相对应的地域。古以十二星次的位置为依据，划分地面上州、国的位置，与之相对应。
12　磨灭：消失，湮灭。
13　鹊起：本谓见机而作，后用为乘时崛起之意。

矣。"景崇果遣兵数千出迎之，晖设伏掩击，尽殪之。自是景崇不敢出。蜀主遣安思谦将兵救凤翔，仆射毋昭裔上疏谏曰："臣窃见唐庄宗志贪西顾，前蜀主意欲北行，凡在庭臣，皆贡谏疏，殊无听纳，有何所成[1]？只此两朝，可为鉴诫[2]。"不听。思谦遣申贵将兵二千，设伏于竹林，以兵数百压宝鸡而陈[3]。汉兵逐之，遇伏而败。蜀兵进屯渭水。汉益兵五千戍宝鸡，思谦引还。

荆南节度使高从诲卒，以其子保融知留后。

十一月，汉杀其太子太傅李崧，灭其家初，汉高祖入大梁，冯道及崧皆在真定，高祖以道第赐苏禹珪，崧第赐苏逢吉。崧第中瘗藏[4]之物及洛阳别业[5]，逢吉尽有之。及崧归朝，自以形迹[6]孤危，事汉权臣甚谨。而二弟屿、嶬时乘酒出怨言，逢吉闻而恶之。翰林学士陶谷先为崧所引用，复从而谮之。汉法既严，而史弘肇尤残忍，宠任孔目官解晖，凡入军狱[7]者，使之随意锻炼，无不自诬。及三叛连兵，群情震动。弘肇巡逻京城，得罪人，不问情法何如，皆专杀不请。虽奸盗屏迹，而冤死者甚众。李屿仆夫葛延遇为屿贩鬻，多所欺匿，屿抶之，督其负[8]。延遇与苏逢吉之仆李澄谋，上变，告屿谋反。逢吉召崧送侍卫狱[9]。屿自诬云："与兄弟及家僮二十人谋作乱，又遣人结李守贞，召契丹兵。"及具狱上，逢吉取笔改"二十"为"五十"字。诏诛崧兄弟、家属，仍厚赏延遇等。时人无不冤之。自是士民家皆畏惮[10]仆隶，往往为所胁制[11]。他日，谷谓崧族子秘书郎昉曰："李氏之祸，谷有力[12]焉。"弘肇尤恶文士，常曰：

1　凡在庭臣，皆贡谏疏，殊无听纳，有何所成：凡是在朝的臣子，全都劝谏上疏，如果一点都不听取采纳，又能有什么成就。
2　鉴诫：可以使人警惕的事情。
3　压宝鸡而陈：逼近宝鸡县陈兵。
4　瘗藏：埋藏。
5　别业：别墅。
6　形迹：见外，见疑。
7　军狱：军中监狱。
8　多所欺匿，屿抶之，督其负：常常欺骗主人、藏匿钱财，李屿鞭打他，催他交出亏欠。
9　侍卫狱：侍卫司所属的监狱。
10　畏惮：畏惧。
11　胁制：挟制，以威力强迫、控制。
12　有力：出力。

“此属轻人难耐[1]，每谓吾辈为卒。”领归德节度，委亲吏杨乙收属府公利[2]。乙依势骄横，合境畏之。月率钱万缗以输弘肇，部民[3]不胜其苦。

唐遣兵救李守贞，次于海州沈丘[4]人舒元、嵩山道士杨讷俱以游客干李守贞。守贞遣元更姓朱，讷更姓李，名平，间道奉表求救于唐。唐谏议大夫查文徽、兵部侍郎魏岑请出兵应之。唐主命李金全将兵救河中，军于沂州之境。金全与诸将方会食，候骑白有汉兵数百在涧北，皆羸弱，请掩之。金全令曰：“敢言过涧者斩！”及暮，伏兵四起，金鼓闻十余里。金全曰：“向[5]可与之战乎？”时唐士卒厌兵[6]，莫有斗志。又河中道远，势不相及，退保海州。

南汉遣兵击楚，取贺、昭州。

蜀兵救凤翔，败汉兵。汉郭威引兵赴之，蜀兵引还王景崇告急于蜀，蜀主命安思谦再出兵救之。进屯散关，败汉兵。赵晖告急于郭威，威自往赴之。时李守贞遣副使周光逊、王继勋守城西。威戒白文珂、刘词曰：“贼苟不能突围，终为我擒。万一得出，则吾不得复留于此。成败之机，于是乎在。贼之骁锐尽在城西，我去必来突围，尔曹谨备之。”威至华州，闻蜀兵食尽引去，威乃还。

己酉（公元949年）

汉乾祐二年。○是岁，凡四国、三镇。

春，正月，李守贞遣兵袭汉栅，大败郭威将至河中，白文珂出迎之。李守贞遣王继勋等引精兵千余人袭汉栅，纵火大噪，军中狼狈，不知所为。刘词神色自若，下令曰：“小盗不足惊也。”率众击之。裨将李韬援[7]槊先进，众

1　轻人难耐：轻视别人，让人最难忍受。
2　属府公利：属府，下属的州府。公利，公家的利益。
3　部民：统属下的人民。
4　沈丘：古县名，治所位于今河南省周口市沈丘县东南。
5　向：刚才。
6　厌兵：厌战。
7　援：执持，持。

从之。河中兵退走，死者七百人。继勋重伤，仅以身免。威至，词迎马首请罪，威厚赏之。守贞之欲攻河西栅也，先遣人出酤酒于村墅[1]，或赊[2]与，不责其直，逻骑多醉，由是河中兵得潜行入寨。威乃下令："将士非犒宴[3]，毋得私饮！"爱将李审晨饮少酒，咸怒曰："汝为吾帐下，首违军令，何以齐众[4]？"立斩以徇。

二月，汉以静州隶定难军诏以静州隶定难军，李彝殷上表谢。彝殷以中原多故，有轻傲之志。每藩镇有叛者，常阴助之，邀其重赂。朝廷亦以恩泽羁縻[5]之。

契丹迁故晋主重贵于建州晋李太后诣契丹主，请依汉人城寨之侧，给田耕桑以自赡[6]。契丹主许之，并晋主迁于建州。未至，安太妃卒于路。遗令："焚骨南向扬之。"既至建州，得田八十余顷，令从者耕以给食。顷之，德光之子述律王遣骑取晋主宠姬赵氏、聂氏而去。

三月，汉以史德珫领忠州刺史德珫，弘肇之子也，颇读书，常不乐父之所为。有举人[7]呼噪于贡院[8]门，苏逢吉命执送侍卫司，欲其痛棰[9]而鞫之。德珫言于父曰："书生无礼，自有台府[10]治之，非军务也。此乃公卿欲彰大人之过耳。"弘肇即破械遣之。

夏，四月，太白昼见民有仰视之者，为逻卒所执，送弘肇腰斩之。

李守贞出兵攻长围，大败，其将王继勋等诣汉军降河中城中食且尽，民饿死者什五六。李守贞出兵攻长围，郭威遣都监吴虔裕引兵横击之。河中兵

1　村墅：乡村房舍，亦泛指村庄、乡村。
2　赊：赊欠。
3　犒宴：犒赏宴饮。
4　齐众：整治众人。齐，整治。
5　羁縻：笼络，怀柔。
6　自赡：自给自足。
7　举人：被地方推举，赴京都应科举考试者。
8　贡院：科举时代考试士子的场所。
9　痛棰：狠狠地用鞭子打。
10　台府：即御史台。

败走，夺其攻具，擒其将魏延朗。王继勋率其众千余人来降。威乘其离散[1]，督诸军百道攻之。

五月，赵思绾遣使请降于汉赵思绾好食人肝。及长安城中食尽，取妇女、幼稚[2]为军粮，每犒军，辄屠数百人。计穷不知所出。初，思绾少时，求为左骁卫上将军李肃仆，肃不纳，曰："是人目乱而语诞[3]，他日必为叛臣。"肃妻张氏曰："君今拒之，后且为患。"乃厚以金帛遗之。及思绾据长安，肃居城中，思绾数就见之，拜伏[4]如故礼。肃曰："是子亟来，且污我[5]。"欲自杀。妻曰："曷若劝之归国？"会思绾问自全之计，肃乃与判官程让能说思绾曰："公本与国家无嫌[6]，但惧罪耳。今国家三道用兵，俱未有功，若以此时翻然改图，朝廷必喜，自可不失富贵，孰与坐而待毙乎？"思绾从之，遣使请降于汉。汉以为华州留后。

六月朔，日食。

秋，七月，汉郭从义诱赵思绾杀之思绾释甲出城受诏，郭从义以兵守其南门，复遣还城。思绾迁延，收敛财贿[7]，三改行期。从义等疑之，密白郭威，请图之，威许之。从义与都监王峻入府舍，召思绾酌别[8]，因执之，及其部曲三百人，皆斩于市。

汉郭威克河中，李守贞自杀郭威攻河中，克其外郭。李守贞与妻子自焚。威入城，获其子崇玉等及所署将相、国师总伦等，送大梁，磔于市。征赵修己为翰林天文。威阅守贞文书，得朝臣、藩镇交通书，词意悖逆，欲奏之。秘书郎王溥谏曰："魑魅乘夜争出，见日自消。愿一切焚之，以安反仄。"威

1　离散：涣散。
2　幼稚：小孩儿。
3　语诞：言语荒诞。
4　拜伏：跪拜俯伏，表示恭敬的一种礼节。
5　是子亟来，且污我：这个人老是来我这儿，是玷污我的清白。亟，屡次。
6　无嫌：没有疑忌。
7　收敛财贿：收敛，聚敛，收集。财贿，财货，财物。
8　酌别：饯行话别。

从之。唐主闻河中破，以朱元、李平为郎。

唐主杀其户部员外郎范冲敏、天威都虞候王建封唐主复进用魏岑。吏部郎中钟谟、员外郎李德明始以辩慧得幸，参预国政。二人皆恃恩轻躁，国人恶之。冲敏性狷介，乃教建封上书，历诋用事者，请进用正人。唐主大怒，皆杀之。

八月，汉郭威以白文珂为西京留守西京留守王守恩性贪鄙，专事聚敛，丧车非输钱不得出城。下至抒厕[1]、行乞之人，不免课率[2]。或纵麾下，令盗人财。有富室娶妇，守恩与俳优数人往为贺客，得银数铤而返。郭威自河中还，过洛阳，守恩肩舆出迎。威怒，不见，即以头子[3]命白文珂代守恩。守恩犹坐客次[4]，吏白：“新留守已视事于府矣。”守恩狼狈而归，见家属已逐出府矣。朝廷不之问。

欧阳公曰：自古乱亡之国，必先坏其法制而后乱从之，五代之际是也。文珂、守恩皆汉大臣，而郭威以一枢密使头子易置之，如更戍卒。文珂不敢违，守恩不得拒。威既处之不疑，而汉廷君臣亦置而不问，岂非纲纪坏乱之极而至于此欤？是以善为天下虑者，不敢忽于微而常杜其渐也，可不戒哉！

楚马希萼攻潭州，不克希萼调丁壮作战舰，将攻潭州。其妻苑氏谏曰：“兄弟相攻，胜负皆为人笑。”不听，引兵趋长沙。马希广闻之，曰：“朗州，吾兄也，不可与争，当以国让之而已。”刘彦瑫等固争，以为不可。乃以王赟部署战棹，大破其兵。追希萼，将及之，希广遣使召之，曰：“勿伤吾兄。”赟引兵还。希萼遁归，苑氏泣曰：“祸将至矣，余不忍见也。”赴井而死。

九月，汉加郭威侍中。威请加恩将相、藩镇，从之威至大梁入见，劳赐甚厚，辞曰：“臣将兵在外，凡镇安[5]京师、供亿兵食，皆诸大臣居中者之

1　抒厕：清扫厕所，洗涤溺器。
2　课率：征收税金。率，税率。
3　头子：枢密使不经由中书直接下达的札子，事大者称“宣”，事小者称“头子”。
4　客次：接待宾客的处所。
5　镇安：安定。

力也，臣安敢独膺此赐？请遍赏之。”乃遍赐宰相、枢密、宣徽、三司、侍卫使，九人如一。加威兼侍中，史弘肇中书令，窦贞固司徒，苏逢吉司空，苏禹珪、杨邠仆射。诸大臣议以执政既溥[1]加恩，恐藩镇觖望，亦遍加恩有差。议者以：“郭威不专有其功，推以分人，信为美矣。而国家爵位，以一人立功而罩及[2]天下，不亦滥乎？”

胡氏曰：郭威此举，推冯道“不爱官物[3]以赏士卒”之意而广之者也。盖不待他日即位班赏，而已收中外之心矣。

冬，十月，吴越募民垦田吴越王弘俶募民能垦荒田者，勿收其税。由是境内无弃田。或请纠民遗丁[4]以增赋，弘俶杖之国门，国人皆悦。

楚静江节度使马希瞻卒希瞻以兄希萼、希广交争，屡遣使谏止，不从。知终覆族，疽发背，卒。

契丹寇河北，汉遣郭威督诸将御之。

十二月，汉赵晖攻凤翔，王景崇自杀赵晖急攻凤翔，周璨谓王景崇曰：“蒲、雍已平，蜀儿不足恃，不如降也。”景崇曰：“善！吾更思之。”后数日，外攻转急，景崇自焚死，诸将乃降。三叛既平，汉主浸骄纵，与左右狎昵，与飞龙使后匡赞、茶酒使郭允明为廋辞丑语[5]，太后屡戒之。太常卿张昭上言：“宜亲近儒臣，讲习经训[6]。”皆不听。昭即昭远，避高祖讳，改之。

唐以留从效为清源[7]节度使。

庚戌（公元 950 年）

汉乾祐三年。〇是岁，四国、三镇，汉亡。

1　溥：普遍。
2　罩及：延及。
3　官物：官家的物品、财产，公物。
4　遗丁：因户籍遗漏登记而未服徭役的壮丁。
5　廋辞丑语：廋辞，隐语，谜语。丑语，恶语，难听的话。
6　经训：经籍义理的解说。
7　清源：方镇名，即清源军，领泉州、漳州，即今闽南一带。

春，正月，汉遣使收瘗¹河中、凤翔遗骸时有僧已聚二十万矣。

二月，唐遣兵攻福州，吴越守兵败之，执其将查文徽福州人告唐永安留后查文徽云："吴越兵已弃城去，请文徽为帅。"文徽信之，遣剑州²刺史陈诲将水军下闽江³，文徽自以步、骑继之。至城下，吴越知威武军吴程诈遣数百人出迎。诲曰："闽人多诈，未可信也，宜立寨徐图⁴。"文徽曰："疑则变生，不若乘机据其城。"因引兵径进。诲整众鸣鼓，止于江湄⁵。程勒兵出击唐兵，大败之，执文徽，士卒死者万人。诲全军归。

汉汝州防御使刘审交卒汝州吏民诣阙上书，以审交有仁政，乞留葬汝州，得奉事其丘垄，许之。州人为立祠，岁时享之。冯道曰："吾尝为刘君僚佐，观其为政，无以逾人，非能减其租赋，除其繇役⁶也，但推公廉、慈爱之心以行之耳。此亦众人所能为，但他人不为而刘君独为之，故汝人爱之如此。使天下二千石皆效其所为，何患得民不如刘君哉？"

夏，四月，汉以王饶为护国节度使汉主欲移易藩镇，因其请赴嘉庆节⁷上寿，许之。至是，高行周等十余人入朝，诏皆徙镇。李守贞之乱，王饶潜与之通。守贞平，众谓饶必居散地。及入朝，厚结史弘肇，迁护国节度使，闻者骇之。

汉以郭威为邺都留守，枢密使如故汉朝以契丹入寇，议以郭威镇邺都，使督诸将备契丹。史弘肇欲威仍领枢密使，苏逢吉以为故事无之，弘肇曰："领枢密使则可以便宜从事，诸军畏服，号令行矣。"汉主从之。仍诏河北兵、甲、钱、谷，但见郭威文书立皆禀应⁸。弘肇怨逢吉异议，逢吉曰："以

1　收瘗：收殓埋葬。
2　剑州：古州名，辖今福建省南平、三明、顺昌、沙县、尤溪、永安、大田等市县地。
3　闽江：古水名，一名建江，今为福建省最大河流，横跨福建全省。
4　徐图：慢慢地谋划。
5　江湄：江岸。
6　繇役：强制百姓承担一定数量的无偿劳动。繇，通"徭"。
7　嘉庆节：以后汉皇帝生日确定的节日名。
8　禀应：遵从。

内制外，顺也。今反以外制内，其可乎？"既而朝贵会饮[1]，弘肇举大觥属威[2]，厉声曰："昨日廷议，一何同异[3]！"逢吉与杨邠亦举觞曰："是国家之事，何足介意！"弘肇又厉声曰："安定国家，在长枪大剑，安用毛锥[4]？"王章曰："无毛锥，则财赋何从可出？"自是将相始有隙。既而章复置酒，酒酣，为手势令，弘肇不闲[5]其事。逢吉戏之，弘肇大怒，以丑语诟逢吉，欲殴之，逢吉起去。弘肇索剑欲追之，杨邠哭止之曰："苏公宰相，若杀之，置天子何地？愿熟思之！"于是将相如水火矣。汉主使宣徽使王峻置酒和解之，不能得。

　　胡氏曰：书生记诵而不知理，文士浮华而无实用，诚非治道所贵。以不足贵，乃并经史大训[6]而废之，一概下视[7]学士大夫，轻则束之高阁，重则陷之党锢，甚则投之黄河。为此说者，未有能免其身而不累其国者也。邠以廪实兵强为贤于礼乐，弘肇以长枪大剑为可定国家，纳赂专权，愚蔽恣横，未几，死于嬖幸之手，曾不及知其祸，又岂书生、文士之所为乎？

　　汉以郭荣为贵州刺史荣本姓柴，父守礼，郭威之妻兄也。威未有子，时养以为子。

　　五月，汉以折德扆为府州团练使德扆，从阮之子也。

　　郭威赴邺威辞行，言于汉主曰："太后从先帝久，多历天下事，陛下富于春秋，有事宜禀其教而行之。亲近忠直，放远谗邪，善恶之间，所宜明审[8]。苏逢吉、杨邠、史弘肇皆先帝旧臣，愿陛下推心任之。至于疆场之事，臣愿竭愚[9]。"汉主敛容谢之。威至邺都，以河北困弊，戒边将谨守疆场，严守备，无得出侵掠。契丹入寇，则坚壁清野以待之。

1　会饮：聚饮。
2　举大觥属威：举起大杯向郭威劝酒。
3　一何同异：竟有如此的异议。
4　毛锥：泛称笔。此处代指文臣。
5　闲：熟悉。
6　大训：先王圣哲的教言。
7　下视：轻视，看不起。
8　明审：明察精细。
9　竭愚：尽自己的愚见，自谦之词。

汉敕："防、团非军期[1]，无得专奏事，申[2]观察使以闻。"

汉以郭琼为颍州团练使平卢节度使刘铢贪虐，朝廷欲征之，恐其拒命。因沂、密用兵于唐，遣琼将兵屯青州。铢置酒召琼，伏兵幕[3]下，欲害之。琼知其谋，悉屏左右，从容如会[4]，了无惧色，铢不敢发。琼因谕以祸福，铢感服[5]，诏至即行。故有是命。

闰月，汉大风汉宫中数有怪，大风发屋拔木，吹掷门扉[6]起，十余步而落。汉主召司天监赵延义，问以禳祈之术，对曰："臣之职在天文时日，禳祈非所习也。然王者欲弭灾异，莫如修德。"汉主曰："何谓修德？"对曰："请读《贞观政要》而法之。"

胡氏曰：延义之言，可亚于康澄[7]矣。然当汉季[8]而欲取法贞观，必有先务。隐帝惧而思，思而问，延义必有所对。帝方骄侈，何以革其心？大臣皆刀笔、武夫，何以善其后？当时之患，惟此为大。使帝知警戒而不敢肆，大臣得贤才而各胜任，则周亦焉能取之乎？

六月，河决郑州。

秋，七月，马希萼以群蛮攻潭州希萼既败归，乃诱辰、溆州及梅山[9]蛮，欲与共击湖南。蛮素闻长沙帑藏之富，大喜，争出兵赴之，遂攻益阳。楚将陈璠、张延嗣、黄处超皆败死，潭人震恐。

八月，故晋太后李氏卒于契丹后病无医药，惟与晋主仰天号泣，戟手骂杜重威、李守贞曰："吾死不置汝[10]！"周显德[11]中，有自契丹来者云："晋主

1　军期：军事方面约定的限期。也泛指军令。
2　申：陈述，汇报。
3　幕：帐幕，军帐。
4　如会：参加宴会。
5　感服：感动佩服。
6　扉：门扇。
7　康澄：后唐时大臣名。
8　汉季：后汉末年。
9　梅山：古山名，位于今湖南省娄底市新化县东北。
10　吾死不置汝：我死也不放过你们。
11　显德：后周太祖郭威的年号，存续时间为公元954至960年。

及冯后尚无恙，其从者亡归及物故则过半矣。"

九月，马希萼遣使乞师于唐，唐发兵助之希萼表请别置进奏务[1]于京师，不许。亦赐楚王希广诏，劝以敦睦。希萼以朝廷意佑[2]希广，怒，遣使称藩于唐，乞师攻楚。唐命楚州刺史何敬洙将兵往助希萼。

冬，十月，楚遣兵攻朗州。马希萼还战，楚兵大败刘彦瑫言于楚王希广曰："朗州兵不满万，马不满千，都府[3]精兵十万，何忧不胜？愿假臣兵万余人，径入朗州，缚取[4]希萼，以解大王之忧。"希广从之。彦瑫入朗州境，父老争以牛酒犒军。舰过，则运竹木[5]以断其后。希萼遣兵逆战，彦瑫乘风纵火以焚其舰。顷之，风回自焚。还走，则江路已断，战、溺死者数千人。希广闻之，涕泣不知所为。或告天策左司马希崇流言惑众，请杀之。希广曰："吾自害其弟，何以见先王于地下？"指挥使张晖击朗州，闻彦瑫败，遁归。朗兵击之，士卒九千余人皆死。

十一月朔，日食。

胡氏曰：汉隐[6]在位三年，无岁不日食，日亦隐之表[7]乎？曰：称皇帝，据中土，虽无其德，而有其位矣。夫有德而无其位者，人必以位期之；居其位而无其德者，人亦必以德望之。天人一也，故虽昏庸之君，垂亡[8]之世，天理固自若[9]也。

马希萼将兵攻潭州楚王希广遣其属孟骈说马希萼曰："公忘父兄之仇，北面事唐，何异袁谭求救于曹公邪？"希萼将斩之，骈曰："骈若爱死，安肯此来？骈之言，非私于潭人，实为公谋也。"乃释之，使还报曰："大义绝矣，

1　进奏务：古官署名，藩镇于京师所置，简称留邸、进奏务，为驻京城的办事机构，以进奏官主其事，掌传送文书、情报，主持本镇进奉。
2　意佑：有意袒护。
3　都府：节度使府的别称。
4　缚取：捆绑捉拿。
5　竹木：竹与树木。
6　汉隐：即后汉隐帝刘承祐。
7　表：标志。
8　垂亡：接近灭亡。
9　自若：一如既往，依然如故。

非地下不相见也。”悉发境内之兵趋长沙。

　　汉主承祐杀其枢密使杨邠、侍卫指挥使史弘肇、三司使王章，遣使杀郭威，不克。威举兵反，遂弑其主承祐汉主自即位以来，杨邠总机政，郭威主征伐，史弘肇典宿卫，王章掌财赋。邠颇公忠，门无私谒，虽不却四方馈遗，然有余辄献之。弘肇督察京城，道不拾遗。章捃摭遗利[1]，咎于出纳[2]，供馈不乏，国家粗安。然章聚敛刻急。旧制，田税每斛更输[3]二升，谓之“鼠雀耗”。章始令更输二斗，谓之“省耗”。旧钱出入皆以八十为陌，章始令入者八十，出者七十七，谓之“省陌”。犯盐、矾、酒曲之禁者，锱铢涓滴[4]，皆死。由是百姓愁怨。章尤不喜文臣，尝曰：“此辈授之握算[5]，不知纵横[6]，何益于用？”俸禄皆以不堪资军者，高其估而给之[7]。汉主左右嬖幸浸用事，太后亲戚亦干朝政，邠等屡裁抑之。太后弟武德使李业求宣徽使，不得；内客省使阎晋卿次当为宣徽使，亦久不补；聂文进、后匡赞、郭允明皆有宠，而久不迁官；刘铢罢归久，未除官，共怨执政。汉主除丧[8]，听乐，赐伶人锦袍、玉带。弘肇怒曰：“士卒守边苦战，犹未有以赐之，汝曹何功而得此？”皆夺之。汉主年益壮，厌为大臣所制。邠、弘肇尝议事于前，曰：“陛下但禁声[9]，有臣等在。”汉主积[10]不能平，左右因谮之云：“邠等专恣，终当为乱。”苏逢吉与弘肇有隙，屡以言激业等。汉主遂与业、文进、匡赞、允明谋诛邠等，入白太后，太后曰：“兹事何可轻发？更宜与宰相议之。”业曰：“先帝尝言，朝廷大事不可谋及书生，懦怯误人。”太后不可。汉主忿曰：“国家之事，非闺门[11]所知！”

1　遗利：未尽其用的利益。
2　出纳：支出。
3　更输：再缴纳。
4　涓滴：极少量的水，亦比喻极少量的钱或物。
5　握算：执算筹以计数，亦指谋划。
6　纵横：合纵连横的缩语。
7　俸禄皆以不堪资军者，高其估而给之：因为国库供给军队都不够，俸禄的价值被抬高，尽量少给一些。
8　除丧：由穿丧服变穿吉服，或由穿重丧服改穿轻丧服。
9　禁声：禁口勿言，使不出声。
10　积：长时间积累下来的。
11　闺门：借指女人。

拂衣而出。业等以告阎晋卿，晋卿恐事不成，诣弘肇第欲告之，弘肇辞不见。
与邠、章入朝，殿中甲士出而杀之。文进亟召宰相、朝臣、诸军将校，汉主亲
谕之，分遣使收捕邠等亲党、僚从，尽杀之。遣供奉官孟业赍密诏，令镇宁李
洪义杀弘肇党步军指挥使王殷，又令行营指挥使郭崇威、曹威杀郭威及监军王
峻。又急诏征高行周、符彦卿、郭从义、慕容彦超、李谷入朝。以苏逢吉权
知枢密院事，刘铢权知开封府，李洪建权判侍卫司事。逢吉虽恶弘肇，而不
预李业等谋，闻变惊愕，私谓人曰："事太忽忽，主上傥以一言见问，不至于
此！"业等命刘铢诛郭威、王峻之家。铢极其惨毒，婴孺无免者。命李洪建诛
王殷之家。洪建但使人守视，仍饮食之。孟业至澶州，洪义不敢发。殷囚业，
以诏示郭威。威召魏仁浦，示以诏书曰："奈何？"仁浦曰："公，国之大臣，
功名素著，加之握强兵，据重镇，一旦为群小所构，祸出非意[1]，此非辞说所能
解。时事如此，不可坐而待死。"威乃召郭崇威、曹威及诸将，告以邠等冤死
及有密诏之状，且曰："吾与诸公，披荆棘，从先帝取天下，受托孤之任，竭
力以卫国家，今诸公已死，吾何心独生？君辈当奉行诏书，取吾首以报天子，
庶不相累[2]。"崇威等皆泣曰："天子幼冲，此必左右群小所为，若使此辈得志，
国家其得安乎？愿从公入朝自诉，荡涤[3]鼠辈，以清朝廷。"赵修己曰："公徒[4]
死何益？不若顺众心，拥兵而南，此天启也。"威乃留荣镇邺都，命崇威前驱，
自将大军继之。慕容彦超方食，得诏，舍匕箸入朝，汉主悉以军事委之。侯益
曰："邺都戍兵家属皆在京师，官军不可轻出，不若闭城以挫其锋，使其母、
妻登城招之，可不战而下也。"彦超曰："侯益衰老，为懦夫计耳。"汉主乃遣
益及阎晋卿、吴虔裕、张彦超将禁军趋澶州。郭威至澶州，李洪义纳之，王殷
亦以兵从。汉主遣内养鸾脱觇郭威，威获之，以表置衣领中，使归白曰："臣
昨得诏书，延颈俟死。郭崇威等不忍杀臣，逼臣诣阙请罪。陛下若以臣为有

1　非意：出乎意外。
2　庶不相累：大概能不受牵连。
3　荡涤：清除，清洗。
4　徒：白白地。

罪，安敢逃刑？若实有谮臣者，愿执付军前以快众心，臣敢不抚谕诸军，退归
邺都？"威趋滑州，义成节度使宋延渥迎降。威取滑州库物以劳将士，且谕
之曰："闻侯令公已督诸军自南来，吾欲全汝曹功名，不若奉行前诏，吾死不
恨！"皆曰："国家负公，公不负国，所以万人争奋，如报私仇，侯益辈何能
为乎？"王峻徇于众曰："我得公处分[1]，俟克京城，听旬日剽掠。"众皆踊跃。
汉主闻郭威至河上，悔惧，私谓窦贞固曰："属者亦太草草。"李业等请倾府
库以赐诸军。乃赐禁军人二十缗，下军[2]半之，将士在北者[3]给其家，仍使通家
信以诱之。威至封丘，人情恟惧。太后泣曰："不用李涛之言，宜其亡也！"

　　胡氏曰：杨邠胥吏，郭威军卒，涛直以其不孚[4]人望，故欲出之，岂预知
威之代汉哉？借使当时出二人于外，而二苏、王、史在朝，亦安能遽贤于杨、
郭，使隐帝骄侈不生，嬖幸不用，而祸乱不作乎？不然，与郭威以邺，所谓要
害大镇，正合涛之初计。涛若防威生变者，岂不知大镇之可以夺国，而枢密使
未必能篡位耶？是故汉之亡不亡，自有所在，不系涛言之用不用也。

　　慕容彦超言于汉主曰："臣视北军犹蟻蝼[5]耳。"退，问北来兵数及将校姓
名，颇惧，曰："是亦剧贼，未易轻也！"汉主复遣袁巘、刘重进等率禁军与
侯益等会屯赤冈，彦超以大军屯七里店[6]。汉主欲自出劳军，太后止之，不从。
时扈从军甚盛。至暮，不战而还。来日，欲再出，太后又止之，不可。既陈，
慕容彦超引轻骑直前奋击，郭威与李荣率骑兵拒之。彦超引兵退，麾下死者百
余人。于是诸军夺气，稍稍降于北军。侯益等皆潜往见威，威各遣还营。彦
超遂与十余骑奔还兖州。汉主独与三相[7]及从官数十人宿于七里寨，余皆逃溃。

1　处分：吩咐，决定。
2　下军：禁军以外的部队。
3　将士在北者：即郭威所属的部队。
4　孚：为人所信服，使信任。
5　蟻蝼：虫名，体微细，将雨，群飞塞路。也用以比喻小人物。
6　七里店：古地名，一名七里寨，位于今河南省开封市北。
7　三相：即窦贞固、苏逢吉、苏禹三位宰相。

旦日，将还宫，至玄化门，刘铢在门上射汉主左右。汉主回辔[1]，西北至赵村[2]。追兵已至，汉主下马入民家，为乱兵所弑。苏逢吉、阎晋卿、郭允明皆自杀。威至，刘铢射之。威自迎春门入，归私第。诸军大掠通夕[3]。初，作坊使[4]贾延徽有宠于帝，与魏仁浦为邻，欲并仁浦之居，屡谮仁浦，几至不测[5]。至是，有擒延徽以授仁浦者，仁浦谢曰："因乱而报怨，吾所不为也！"郭威闻之，待仁浦益厚。获刘铢、李洪建，囚之。命诸将分部[6]禁止掠者，至晡乃定。迁隐帝梓宫于西宫。或请如魏高贵乡公故事，葬以公礼，威不许，曰："仓猝之际，吾不能保卫乘舆，罪已大矣，况敢贬君乎？"冯道率百官谒见郭威，威犹拜之，道受拜如平时，徐曰："侍中此行不易！"

　　胡氏曰：道尝为威画策，至是威事已成，道外为不屈之貌，而内有收恩[7]之心，其情状[8]亦可见矣。而或者谓道能以是屈威，其说误矣。

汉迎武宁节度使刘赟于徐州郭威率百官起居太后，奏请早立嗣君。太后诰曰："河东节度使崇、忠武节度使信，皆高祖之弟；武宁节度使赟，开封尹勋，高祖之子。其令百官议择所宜。"赟，崇之子也，高祖爱之，养视[9]如子。郭威、王峻入见太后，请以勋为嗣。太后曰："勋久羸疾不能起。"令左右以卧榻举之示诸将，诸将乃信之。于是郭威与峻议立赟，率百官表请。太后诰遣太师冯道及枢密直学士王度、秘书监赵上交诣徐州奉迎。威之讨三叛也，见诏书处分军事皆合机宜，问谁为之，使者以范质对，威曰："宰相器也。"至是，令草诰令[10]，具仪注，苍黄之中，讨论撰定，皆得其宜。

1　回辔：回马。
2　赵村：古地名，位于今河南省开封市西南。
3　通夕：整夜。
4　作坊使：古官名，作坊的监官。
5　不测：料想不到的事情，多指祸患。
6　分部：部署，分派。
7　收恩：施恩惠以笼络人心。
8　情状：情形。
9　养视：供养照顾。
10　诰令：此指太后的命令。

　　朗州兵至潭州，楚王希广遣兵拒之马希萼遣蛮兵围玉潭[1]，攻岳州，刺
史王赟拒之。希萼使人谓赟曰："公非马氏之臣乎？不事我，欲事异国乎？为
人臣而怀贰心，岂不辱其先人？"赟曰："亡父为先王将，六破淮南兵。今大
王兄弟不相容，赟常恐淮南坐收其弊。一旦以遗体臣淮南，诚辱先人耳。大王
苟能释憾罢兵，兄弟雍睦如初，赟敢不尽死以事大王兄弟，岂有二心乎？"希
萼惭，引兵去。至长沙，马希广遣刘彦瑫、许可琼、马希崇、李彦温、韩礼将
兵拒之。

　　汉太后临朝[2]郭威率群臣请之也。

　　汉以王峻为枢密使，王殷为侍卫都指挥使。

　　汉诛刘铢及其党刘铢、李洪建及其党皆枭首于市，而赦其家。郭威谓公
卿曰："刘铢屠吾家，吾复屠其家，怨仇反复，庸[3]有极乎？"由是数家获免。
王殷屡为洪建请，威不许。

　　蜀施州刺史田行皋伏诛行皋奔荆南，高保融曰："彼贰于蜀，安肯尽忠
于我？"执之，归于蜀，伏诛。

　　契丹入寇，屠内丘[4]，陷饶阳。汉遣郭威将兵击之。

　　汉以范质为枢密副使。

　　马希萼陷潭州，杀楚王希广而自立初，蛮酋彭师暠降于楚，楚人恶其
犷直[5]，希广独怜之，以为强弩指挥使。师暠常欲为希广死。及朗兵至，师暠
登城望之，言于希广曰："朗人骤胜而骄，杂以蛮兵，攻之易破也。愿假臣步
卒三千，自巴溪[6]渡江，出岳麓[7]之后。至水西，令许可琼以战舰渡江，腹背合
击，必破之。前军败，则其大军自不敢轻进矣。"希广将从之。时马希萼已遣

1　玉潭：古地名，位于今湖南省长沙市辖宁乡市境内。
2　临朝：上朝处理国事。
3　庸：岂，哪里。
4　内丘：古县名，治所即今河北省邢台市内丘县。
5　犷直：粗犷耿直。
6　巴溪：古地名，即巴溪洲，位于今湖南省长沙市岳麓区境内，处于湘江变窄了的地段。
7　岳麓：古山名，又称麓山、灵麓峰，位于今湖南省长沙市湘江西岸。

间使以厚利啖许可琼，可琼谓希广曰："师暠诸蛮族类，安可信也？可琼世为楚将，必不负大王。"希广乃止。命诸将皆受可琼节度，屡造其营计事。可琼诈称巡江，与希萼会，约为内应。彭师暠一日见而叱之，拂衣入见，曰："可琼将叛国，人皆知，请速除之，无贻后患。"希广曰："可琼，许侍中之子，岂有是邪？"师暠退，叹曰："王仁而不断，败亡可翘足俟[1]也。"希广信巫觋及僧语，塑鬼于江上，举手以却朗兵。又作大像于高楼，手指水西，怒目视之。朗州将何敬真望韩礼营旌旗纷错[2]，曰："彼众已惧，击之易破也。"朗人雷晖潜入礼寨，手剑击礼，不中。军中惊扰，敬真等乘其乱击之，礼军大溃。于是朗兵水陆急攻长沙，指挥使吴宏、小门使杨涤相谓曰："以死报国，此其时矣！"各引兵出战。自辰至午[3]，朗兵小却。刘彦瑫按兵不救。彭师暠战于城东北隅。可琼举全军降希萼，长沙遂陷。朗兵及蛮兵大掠三日。希崇率将吏诣希萼劝进。吴宏见希萼曰："不幸为许可琼所误，今日死，不愧先王矣！"彭师暠投槊于地，大呼请死。希萼叹曰："铁石人[4]也！"皆不杀。希萼入府，捕希广，获之。自称楚王，以希崇为节度副使，谓将吏曰："希广懦夫，为左右所制耳，吾欲生之，可乎？"朱进忠曰："大王三年血战，始得长沙，一国不容二主，他日必悔之。"乃赐希广死。希广临刑，犹诵佛书。彭师暠葬之于浏阳门外。希萼召拓跋恒欲用之，恒称疾不起。

汉刘赟发徐州赟留右都押衙[5]巩廷美、教练使杨温守徐州，与冯道等西来。在道仗卫，皆如王者，左右呼万岁。郭威至滑州，留数日。赟遣使慰劳诸将。受命之际，相顾[6]不拜，私相谓曰："我辈屠陷京城，其罪大矣。若刘氏复立，我辈尚有种[7]乎？"

1　翘足俟：跷起脚等待，比喻很快就能实现。
2　纷错：纷繁杂乱。
3　自辰至午：从辰时到午时。辰时，上午七时到九时。午时，上午十一时到下午一时。
4　铁石人：喻秉性刚强、不易动感情的人。
5　右都押衙：古官名，盐铁、户部、度支三司所置属官。
6　相顾：互相看对方。
7　有种：有后嗣，有后代。

汉郭威至澶州，自立而还。王峻、王殷遣兵拒刘赟，以太后诰废为湘阴公。令郭威监国威至澶州，将发，将士数千人忽大噪曰："天子须侍中自为之。将士已与刘氏为仇，不可立也。"或裂黄旗以被威体，共挟抱之，呼万岁震地。因拥威南行。威乃上太后笺，请奉汉宗庙，事太后为母。下书抚谕大梁士民，勿有忧疑。至七里店，窦贞固率百官出迎，拜谒劝进。赟至宋州，王峻、王殷闻澶州军变，遣郭崇威将七百骑往拒之，又遣马铎将兵诣许州巡检。崇威忽至宋州，赟大惊，阖门登楼诘之，对曰："澶州军变，郭公遣崇威来宿卫。"赟召崇威登楼，执手而泣。崇威以郭威意安谕[1]之。时护圣[2]指挥使张令超率部兵为赟宿卫，徐州判官董裔说赟曰："观崇威视瞻举措，必有异谋。道路皆言郭威已为帝，而陛下深入不止，祸其至哉！请急召张令超，谕以祸福，使夜以兵劫崇威，夺其兵。明日，掠睢阳金帛，募士卒，北走晋阳。彼新定京邑，未暇追我，此策之上也。"赟犹豫未决。是夕，崇威密诱令超，令超率众归之。赟大惧。郭威召冯道先归。赟谓之曰："寡人此来所恃者，以公三十年旧相，故无疑耳。今事危矣，公何以为计？"道默然。客将贾贞数目道，欲杀之。赟曰："汝辈勿草草[3]，无预冯公事。"

胡氏曰：郭威既入京师，虽未篡立，天下知其必代汉矣。冯道与通腹心[4]已久，承命而行，闻召而返，是以去、来、宿、留，资[5]威之速取也，可不谓之老奸宿猾乎？

崇威迁赟于外馆，杀其腹心董裔、贾贞等数人。太后诰废赟为湘阴公。马铎引兵入许州，刘信惶惑自杀。太后诰以侍中监国。百官、藩镇相继上表劝进。威营步军将校醉，扬言："向者澶州骑兵扶立，今步兵亦欲扶立。"威斩之。

1　安谕：安慰晓谕。
2　护圣：禁军名。
3　草草：草率。
4　腹心：比喻真心实意。
5　资：帮助。

南汉以宫人为女侍中南汉主以宫人卢琼仙、黄琼芝为女侍中，朝服冠带，参决政事。宗室、勋旧诛戮殆尽，惟宦官林延遇等用事。

辛亥（公元 951 年）

周太祖郭威广顺元年。○北汉主刘崇乾祐四年。○是岁，周代汉，北汉建国，凡五国、三镇。

春，正月，郭威称皇帝，国号周汉太后下诰，授监国符宝[1]，即皇帝位。制曰："朕周室之裔[2]，虢叔[3]之后，国号宜曰周。"改元，大赦。凡仓场、库务掌纳官吏[4]，无得收斗余、称耗[5]。旧所进羡余物，悉罢之。犯窃、盗及奸者，并依晋天福[6]元年以前刑名。罪人非反逆，无得诛及亲族，籍没家赀。唐庄宗、明宗、晋高祖各置守陵十户，汉高祖陵职员[7]、宫人，荐享[8]、守户并如故。初，唐衰，多盗，更定峻法[9]，窃、盗、赃三匹者死。晋天福中，加至五匹。奸者，男女并死。汉法，窃、盗一钱以上皆死。故周主即位，首革其弊。初，杨邠以功臣、国戚为方镇者多不闲吏事，乃以三司军将补都押衙、孔目官、内知客[10]。其人自恃敕补[11]，多专横，节度使不能制。至是，悉罢之。命史弘肇亲吏李崇矩访弘肇亲族，崇矩言："弟弘福今存。"初，弘肇使崇矩掌其家赀之籍，由是尽得其产，皆以授弘福。周主贤之，使隶皇子荣帐下。

汉太后迁居西宫号昭圣太后。

1　符宝：传国玺印。
2　裔：后代子孙。
3　虢叔：姬姓，周文王的弟弟，周武王封其于虢。
4　仓场、库务掌纳官吏：粮食、物资储存场所负责缴纳的官员。
5　斗余、称耗：斗余，官府仓场中的一种额外苛敛。称耗，征粮时在约定额之外为弥补折耗多收的数量。
6　晋天福：后晋高祖石敬瑭的年号，存续时间为公元 936 至 944 年。
7　职员：有一定职衔的官吏。
8　荐享，祭祀，祭献。
9　峻法：严酷的法令。
10　内知客：古官名，主管接待宾客。
11　敕补：奉皇命补官。

汉河东节度使刘崇表请湘阴公归晋阳初，崇闻隐帝遇害，欲起兵南向。闻迎立湘阴公，乃止，曰："吾儿为帝，吾又何求？"太原少尹李骧阴说崇曰："观郭公之心，终欲自取。公不如疾引兵逾太行，据孟津，俟徐州相公即位，然后还镇，则郭公不敢动矣。不然，且为所卖。"崇怒曰："腐儒欲离间吾父子！"命左右曳出斩之。骧呼曰："吾负经济之才，而为愚人谋事，死固甘心！家有老妻，愿与之同死。"崇并其妻杀之。及赟废，崇乃遣使请赟归晋阳，周主报曰："湘阴公比在宋州，今方取归[1]，必令得所，公勿以为忧。"

汉湘阴公故将巩廷美等举兵徐州廷美、杨温闻湘阴公赟失位，奉赟妃董氏，据徐州拒守，以俟河东援兵。周主使赟以书谕之。

契丹使至大梁契丹之攻内丘也，死伤颇多，又值月食[2]，军中多妖异[3]。契丹主惧，引兵还，遣使请和于汉。会汉亡，刘词送其使者诣大梁。周主遣将军朱宪报聘，且叙革命之由。

周以王殷为邺都留守周主以邺都镇抚河北，控制契丹，欲以腹心处之。以殷为留守，领军如故，仍以侍卫司从赴镇。

周主为故汉主承祐举哀、成服。

汉泰宁军节度使慕容彦超遣使入贡于周彦超遣使入贡于周，周主虑其疑惧，赐诏慰安之。

周主威弑汉湘阴公赟于宋州，汉刘崇称帝于晋阳刘崇即位于晋阳，仍用乾祐年号。所有者并、汾、忻、代、岚、宪、隆[4]、蔚、沁、辽、麟、石十二州之地。以判官郑珙、赵华同平章事，次子承钧为侍卫亲军都指挥使，副使李存瓌为代州防御使。谓诸将曰："朕以高祖之业一朝坠地，今日位号，不得已而称之。顾[5]我是何天子，汝曹是何节度使邪？"由是不建宗庙，祭祀如

1　取归：取道回京城。
2　月食：也作月蚀，地球运行到月球和太阳的中间并成一线时，太阳的光正好被地球挡住，不能射到月球上去，便成月食。
3　妖异：反常怪异的现象。
4　隆：隆州，古州名，辖今山西省晋中市祁县地。
5　顾：不过。

家人。宰相俸钱[1]，月止百缗，节度使止三十缗，自余薄有资给而已。闻湘阴公死，哭曰："吾不用忠臣之言，以至于此。"为李骧立祠，岁时祭之。

周罢四方贡献珍食。诏百官上封事周主谓王峻曰："朕起于寒微，备尝艰苦，遭时[2]丧乱，一旦为帝王，岂敢厚自奉养以病下民[3]乎？"命峻疏[4]四方贡献珍美食物，诏悉罢之。又诏曰："朕生长军旅，不亲学问，未知治天下之道，文武官有益国利民之术，各具封事以闻。"以苏逢吉之第赐王峻，峻曰："是逢吉所以族李崧也。"辞而不处。

胡氏曰：使峻持是心而不变，岂有商颜[5]之责乎？

北汉主遣其子承钧将兵伐周，不克。

二月，周主以其养子荣为镇宁节度使选朝士为之僚佐，以王敏、崔颂为判官，王朴为掌书记。朴，东平人也。

楚遣使入贡于唐。

周主毁汉宫宝器周主悉出汉宫中宝玉器，碎之于庭，曰："凡为帝王，安用此物？闻汉隐帝日与嬖宠于禁中嬉戏，珍玩[6]不离侧。兹事不远，宜以为鉴。"仍戒左右："自今珍华悦目之物，毋得入宫。"

胡氏曰：召公曰："不贵异物[7]，则民乃足。"明王受远迩所献者，惟服食[8]、器用而已。郭太祖起于卒伍，非知古训者，独鉴于汉隐，偶合[9]帝王之盛节。其识有过人者矣。五代之君，世宗[10]为上，唐明宗次之，周太祖[11]次之，其余无称[12]焉。

1　俸钱：官吏所得的薪金。
2　遭时：所遭遇的时势。
3　下民：百姓，人民。
4　疏：分赐，分给。
5　商颜：即商山四皓，他们隐居于商山，曾经向汉高祖刘邦讽谏不可废去太子刘盈。
6　珍玩：珍贵的供玩赏的东西。
7　异物：珍奇、特异的东西。
8　服食：衣着食物。
9　偶合：无意中恰巧相合。
10　世宗：即后周世宗柴荣。
11　周太祖：即郭威。
12　无称：无可称述或称赞。

契丹遣使如周，周报之。

北汉遣使如契丹乞师初，契丹主闻北汉主立，使其招讨使潘聿捻遗刘承钧书，北汉主使承钧复书，言："本朝沦亡[1]，欲循晋室故事，求援北朝。"契丹主大喜。至是，北汉主遣使如契丹乞兵。

楚将王逵、周行逢作乱，入于朗州楚王希萼既得志，多思旧怨，杀戮无度，纵酒荒淫，悉以军府事委马希崇。希崇复多私曲，政刑紊乱。籍民财以赏士卒，士卒犹以不均怨望。遣刘光辅入贡于唐，唐主待之厚，光辅密言："湖南民疲主骄，可取也。"唐主乃以边镐将兵屯袁州，潜图进取。楚小门使谢彦颙，本希萼家奴，以首面[2]有宠希萼，使坐诸将之上，诸将皆耻之。希萼命朗州指挥使王逵、副使周行逢率所部兵治府舍[3]，执役[4]甚劳，又无犒赐，士卒皆怨，窃言曰："我辈从大王出万死取湖南，何罪而囚役[5]之？且大王终日酣歌，岂知我辈之劳苦乎？"逵、行逢闻之，相谓曰："众怨深矣，不早为计，祸及吾曹。"率众逃归。时希萼醉，左右不敢白。明日，始遣兵追之，不及，直抵朗州。逵等乘其疲乏，伏兵纵击，死伤殆尽。逵等以希萼兄子光惠为节度使。

周克徐州，巩廷美死之。

周加吴越王弘俶诸道兵马都元帅。

夏，四月，唐淮南饥周滨淮[6]州镇言："淮南饥民过淮籴谷。"周主诏曰："彼之生民，与此何异？无得禁止。"

蜀以伊审征知枢密院事审征，蜀高祖之甥也，少与蜀主相亲狎。及知枢密，以经济为己任，而贪侈回邪，与王昭远相表里。蜀政由是浸衰。

吴越奉其废王弘倧居东府吴越王弘俶徙弘倧居东府，为筑宫室，治园

---

1 沦亡：沦落，灭亡。
2 首面：美丽的容貌。首，指美好的头发。面，指姣好的面容。
3 府舍：官邸。
4 执役：服役，担任劳役。
5 囚役：像囚犯那样服苦役。
6 滨淮：淮水沿岸。

圃[1]娱悦之，岁时供馈甚厚。

北汉遣使如契丹契丹主遣使如北汉，告以周使田敏来，约岁输钱十万缗。北汉主使郑珙以厚赂谢契丹，致书称"侄"，请行册礼[2]。

周遣将军姚汉英如契丹，契丹留之。

周夏州附于北汉。

周以王峻、范质、李谷同平章事初，周主讨河中，已为人望所属[3]。李谷时为转运使，周主数以微言讽[4]之。谷但以人臣尽节为对，周主以是贤之。即位，首用为相。时国家新造，四方多故[5]，王峻夙夜尽心，知无不为，军旅之谋，多所裨益。范质明敏强记，谨守法度。李谷沉毅有器略[6]，论议忼慨[7]，善譬谕[8]以开主意。

楚朗州将王逵等逐其节度使，推刘言为留后武平节度使马光惠愚懦，嗜酒。王逵、周行逢、何敬真谋，以辰州刺史刘言骁勇，得蛮夷心，欲迎以为副使。言知逵等难制，曰："不往，将攻我。"乃单骑赴之。既至，众废光惠，推言权武平留后，求节[9]于唐，亦称藩于周。

契丹遣使如北汉，册命其主崇，更名旻。

契丹燕王述轧弑其主兀欲而自立，述律讨杀述轧而代之北汉遣兵伐周，契丹欲引兵会之，与酋长议。诸部不欲南，强之行。至新州，燕王述轧作乱，弑契丹主而自立。齐王述律逃入南山，诸部奉之以攻述轧，杀之。立述律为帝，改元"应历"。北汉主复以叔父事之，请兵以击晋州。契丹主年少好游戏，每夜酣饮，达旦乃寐，日中方起，国人谓之"睡王"。后更名"明"。

1　园圃：种植果木菜蔬的园地。
2　册礼：册立、册封的典礼。
3　已为人望所属：已经是众望所归。
4　讽：劝告。
5　多故：多变乱，多患难。
6　器略：才能谋略。
7　忼慨：激昂，愤激。
8　譬谕：开导规劝。
9　求节：请求赐予符节，意指臣服。

　　楚将徐威等作乱，废其君希萼，立希崇为武安留后。楚人复立希萼，居衡山希萼遣指挥使徐威、陆孟俊等率部兵立寨于城西北隅，以备朗兵。不存抚役者[1]，将卒皆怨怒，谋作乱。希崇知其谋。希萼宴将吏，威等使人先驱马十余入府，自率其徒执斧斤、白梃，声言絷马[2]，奄至座上，纵横[3]击人。希萼逾垣走，威等执囚[4]之。杀谢彦颙。立希崇为武安留后，纵兵大掠。幽希萼于衡山县。刘言遣兵趋潭州，声言讨其篡夺之罪，希崇发兵拒之。希崇亦纵酒荒淫，为政不公，语多矫妄，国人不附。初，希萼入长沙，彭师暠虽免死，犹杖背黜为民。希崇以为师暠必怨之，使送希萼于衡山。师暠曰：“欲使我为弑君之人乎？”奉事逾[5]谨。衡山指挥使廖偃与其季父巡官匡凝谋，率庄户[6]、乡人与师暠共立希萼为衡山王，以县为行府，断江为栅，编竹为战舰，召募徒众，数日至万余人，州县多应之。

　　冬，十月，唐遣边镐将兵击楚，马希崇降徐威等见希崇所为，知必无成，又畏朗州、衡山之逼，欲杀希崇。希崇大惧，密奉表请兵于唐。唐主命边镐将兵万人趋长沙。镐入醴陵，希崇遣天策府学士拓跋恒奉笺请降。恒叹曰：“吾久不死，乃为小儿送降状[7]！”希崇率弟、侄迎拜，镐下马称诏劳之。时湖南饥馑，镐大发马氏仓粟赈之，楚人大悦。

　　胡氏曰：拓跋恒言既不用，杜门不出，盖贤者也。送降文之行，其不得已耶？则向者杜门何意哉？人莫易于露其才，莫难于晦[8]其用。意者恒虽称疾，未尝去官，所以至是不能自免耳。使其当希声杀高郁之时退耕于野，则无此辱矣。

1　役者：服劳役的部队。
2　絷马：系绊马足。
3　纵横：肆意横行，无所顾忌。
4　执囚：拘捕囚禁。
5　逾：通“愈”，更加。
6　庄户：农户。
7　降状：降书。
8　晦：隐藏。

契丹、北汉会兵伐周，攻晋州契丹遣萧禹厥将奚、契丹五万，会北汉兵伐周。北汉主自将兵二万攻晋州，三面置寨，昼夜攻之。巡检使王万敢与都指挥使史彦超、何徽共拒之。

唐遣刘仁赡将兵取岳州仁赡取岳州，抚纳降附，人忘其亡[1]。唐百官共贺湖南平，起居郎高远曰：“我乘楚乱，取之甚易。观诸将之才，但恐守之甚难耳。”司徒李建勋曰：“祸其始于此乎？”唐主未尝亲祠郊庙，礼官[2]以为请，唐主曰：“俟天下一家，然后告谢[3]。”及一举取楚，谓诸国指麾可定。魏岑侍宴，言：“俟陛下定中原，乞魏博节度使。”唐主许之。岑趋下拜谢。其主骄臣佞如此。

唐以边镐为武安节度使，迁马氏之族于金陵马希萼望唐人立己为潭帅，而潭人恶希萼，共请边镐为帅。镐趣希崇、希萼入朝。希崇与宗族及将佐千余人号恸登舟，送者皆哭，响震川谷[4]。希萼亦与将佐、士卒万余人东下。

十一月，周遣王峻救晋州诏诸军皆受峻节度，听以便宜从事，得自选择将吏。

南汉取桂州，尽有岭南地马氏兄弟争国，南汉主以内侍使吴怀恩将兵屯境上，伺间进取。希广遣彭彦晖将兵备之，以为桂州都监，判军府事。静江节度副使马希隐恶之，潜遣人告蒙州刺史许可琼。可琼方畏南汉之逼，即弃州，引兵趋桂州，与彦晖战于城中。彦晖败奔衡山。怀恩据蒙州，进兵侵掠，奄至城下。希隐奔全州[5]，桂州遂溃。怀恩因以兵略定巡属，尽有岭南之地。

十二月，周主自将救晋州，不果行王峻留陕州旬日，周主以北汉攻晋州急，议自将，由泽州路与峻会兵救之。十二月朔，诏以三日西征。峻言于周主曰：“晋州城坚，未易可拔。刘崇兵锋方锐，不可力争，所以驻兵[6]，待其衰

1　其亡：国家的灭亡。
2　礼官：主管礼仪的官。
3　告谢：请罪。
4　川谷：河谷。
5　全州：古州名，治所位于今广西桂林市全州县西，辖今广西全州、灌阳二县地。
6　驻兵：驻扎军队。

耳。陛下新即位，不宜轻动。若车驾出汜水，则慕容彦超引兵入汴，大事去矣。"周主闻之，以手提耳曰："几败吾事。"乃敕罢亲征。

周遣使将兵赴郓州巡检[1]泰宁节度使慕容彦超闻徐州平，疑惧愈甚，乃招纳亡命，畜聚薪粮[2]，潜以书结北汉，又求援于唐。周主遣使与誓，彦超益不自安，反迹[3]益露。乃遣阁门使张凝将兵赴郓州巡检以备之。

周王峻至晋州，契丹、北汉兵夜遁王峻引兵趋晋州。晋州南有蒙坑之险，峻忧北汉兵据之，闻前锋已度[4]，喜曰："吾事济矣！"北汉主攻晋州，久不克，军乏食。契丹思归，闻峻至，烧营夜遁。峻入晋州，诸将请亟追之，峻犹豫未决。明日，乃遣指挥使药元福、康延沼将骑兵追之，北汉兵坠崖谷死者甚众。延沼畏懦不急追，由是北汉兵得度。元福曰："刘崇气衰力惫，狼狈而遁，不乘此翦扑[5]，必为后患。"诸将不欲进，王峻复遣使止之，遂还。契丹比[6]至晋阳，士马什丧三四。北汉主始息意[7]于进取。北汉土瘠民贫，内供军国[8]，外奉契丹，赋繁役重，民不聊生，逃入周境者甚众。

唐以马希萼镇洪州，希崇镇舒州唐主嘉廖偃、彭师暠之忠，以偃为左殿直军使，师暠为殿直都虞候，赐予甚厚。

1　巡检：巡视。
2　薪粮：柴火粮草。
3　反迹：谋反的迹象。
4　度：越过。
5　翦扑：剪除消灭。
6　比：及，等到。
7　息意：不再有意，绝意。
8　军国：统军治国。

卷 五十九

起壬子周太祖广顺二年，尽己未[1]周世宗显德六年凡八年。

壬子（公元952年）

周广顺二年。○是岁，周、南汉、蜀、唐、北汉凡五国，吴越、湖南、荆南凡三镇。

春，正月，唐湖南将孙朗、曹进作乱，不克，奔朗州唐平湖南，悉收其金帛、珍玩、仓粟乃至亭馆[2]、花果之美者，皆徙金陵。遣都官郎中[3]杨继勋等收租赋，务为苛刻，湖南人失望。行营粮料使[4]王绍颜减士卒粮赐，指挥使孙朗、曹进怒，谋杀绍颜及边镐，据湖南归中原，夜率其徒烧府门。镐觉之，出兵格斗，朗等奔朗州。王逵问朗："湖南可取乎？"朗曰："金陵朝无贤臣，军无良将，忠佞[5]无别，赏罚不当，得存幸矣，何暇兼人[6]？朗请为公前驱，取湖南如拾芥耳。"逵悦，厚遇之。

周修大梁城发开封民夫五万，旬日而罢。

周泰宁军节度使慕容彦超反，周发兵讨之。唐人救之，不克彦超发乡兵入城，为战守之备。又多募群盗，剽掠邻境。敕以曹英为都部署讨彦超，向训为都监，药元福为都虞候。周主以元福宿将，命英、训无得以军礼见之。二人皆父事之。唐主发兵军下邳，以援彦超。周师逆击，大破之，获其将燕敬权。彦超势沮[7]。

周师围兖州曹英等至兖州，设长围。慕容彦超屡出战，药元福皆击败之。长围合，遂进攻之。初，彦超将反，判官崔周度谏曰："鲁，诗书之国，自伯

禽[1]以来不能霸诸侯，然以礼义守之，可以长世[2]。公于国家非有私憾，况主上开谕勤至，苟撤备归诚，则坐享泰山之安矣。"彦超怒。及是，括士民之财以赡军，坐匿财死者甚众。前陕州司马阎弘鲁倾家为献，彦超犹以为有所匿。命周度索其家，无所得，彦超收弘鲁夫妻系狱。有乳母于泥中掊[3]，得金缠臂[4]，献之，冀以赎其主。彦超榜掠弘鲁夫妻，肉溃而死。以周度为阿庇[5]，斩于市。

北汉攻周府州，折德扆败之。二月，遂取岢岚军。

周释唐俘遣还周主释燕敬权等，使归唐谓其主曰："叛臣，天下所共疾也，唐主助之，得无非计乎？"唐主大惭，先所得中国人，皆礼而归之。然犹议取中原，中书舍人韩熙载曰："郭氏有国虽浅，为治已固。我兵轻动，必有害而无益。"

唐设科举[6]，既而罢之唐主好文学，故韩熙载、冯延己、延鲁、江文蔚、潘佑、徐铉之徒皆至美官，文雅[7]于诸国为盛，然未尝设科举，多因[8]上书言事进官。至是，始命文蔚知贡举。执政皆不由科第，相与沮毁[9]，竟罢之。

三月，唐以冯延己、孙晟同平章事唐以延己、晟为相，既宣制，户部尚书常梦锡众中大言曰："白麻甚佳，但不及江文蔚疏耳。"晟素轻延己，谓人曰："金杯玉碗，乃贮狗矢[10]乎？"延己言于唐主曰："陛下躬亲庶务，故宰相不得尽其才，此治道所以未成也。"唐主乃悉以政事委之。而延己不能勤事[11]，事益不治，唐主乃复自览之。大理卿萧俨恶延己为人，数上疏攻之。会俨坐失入人死罪，钟谟、李德明辈欲杀之，延己曰："俨误杀一妇人，诸君以为

1　伯禽：姬姓，名禽，伯是其排行，周文王姬昌之孙，周公旦长子，周朝诸侯国鲁国第一任国君。
2　长世：历世久远。
3　掊：挖掘。
4　金缠臂：妇女带在臂上的金镯。
5　阿庇：袒护包庇。
6　科举：朝廷通过分科考试选拔官吏的制度。
7　文雅：文才，文士。
8　因：借助。
9　沮毁：诋毁。
10　狗矢：狗屎，狗粪。
11　勤事：尽心尽力于职事。

当死。俨九卿也，可误杀乎？"独上言："俨素有直声[1]，今所坐已会[2]赦，宜从宽宥。"俨由是得免，人亦以此多之。

夏，四月朔，日食。

唐遣兵攻桂州，南汉击败之唐主遣其将李建期图朗州，张峦图桂州，久未有功。谓冯延己、孙晟曰："楚人求息肩于我，我未有以抚其疮痍而虐用[3]其力，非所以副来苏之望。吾欲罢桂林之役，敛[4]益阳之戍，以旌节授刘言，何如？"晟以为然，延己曰："吾出偏将举湖南，远近震惊。一旦三分丧二，人将轻我。请委边将察其形势。"唐主乃遣统军使侯训将兵，与张峦合攻桂州。南汉伏兵击之，大败。

周主自将讨兖州，克之。慕容彦超自杀周主以曹英久无功，下诏亲征。至兖州，使人招谕之。不从，乃命进攻。先是，术者绐彦超云："镇星[5]行至角、亢[6]，兖州之分，其下有福。"乃立祠而祷之。彦超贪吝，人无斗志，将卒多出降。官军克城，彦超方祷镇星祠。力战不胜，乃焚祠，赴井死。官军大掠，城中死者近万人。周主欲悉诛其将吏，翰林学士窦仪见冯道、范质，与共白曰："彼皆胁从[7]耳。"乃赦之。

唐司徒李建勋卒建勋且死，戒家人曰："时事如此，吾得良死，幸矣！勿封土立碑，听人耕种于其上，免为他日开发[8]之标。"及江南之亡，贵人冢无不发，惟建勋冢莫知其处。

---

1 直声：正直的名声。
2 会：遇到。
3 虐用：过度地役使。
4 敛：收起。
5 镇星：即土星。古代以为土星每二十八年运行一周天，好像每年坐镇二十八宿中的一宿，故名。
6 角、亢：即角宿、亢宿。角宿，二十八宿之一，东方青龙七宿之首，为青龙之角，在七曜属木，图腾为蛟，故亦称角木蛟。亢宿，二十八宿之一，东方苍龙七宿的第二宿，有星四颗，为天子内朝，总摄天下奏事。
7 胁从：被胁迫而随别人做坏事。
8 开发：开掘，发掘。

六月朔，周主如曲阜[1]，谒孔子祠，拜其墓周主谒孔子祠，将拜，左右曰："孔子，陪臣也，不当以天子拜之。"周主曰："孔子，百世帝王之师，敢不敬乎？"遂拜。又拜孔子墓，命禁樵采。访孔子、颜渊之后，以为曲阜令及主簿。

蜀大水，坏其太庙。

周朔方节度使冯晖卒，以其子继业为留后晖卒，继业杀兄继勋，自知军府事，周朝因而命之。

契丹幽州节度使萧海真请降于周，不果李涛之弟澣在契丹，为勤政殿学士，与海真善，说海真内附，海真欣然许之。澣因谍以闻，且与涛书，言："契丹主童骏，无远志[2]。朝廷若能用兵，必克。不然，与和，必得。二者皆利于速。度其情势，他日终不能力助河东者也。"会中国多事，不果从。

秋，七月，周枢密使王峻辞位，不许峻性轻躁，多计数，好权利[3]，喜人附己。每言事，见从[4]则喜，或未允，辄愠怼不逊。周主以其故旧有功，每优容之。峻益骄。郑仁诲、向训、李重进皆周主在藩镇时腹心将佐也，稍稍进用。峻心嫉之，累表称疾，求解机务。又遗诸道书，求保证[5]。诸道以闻，周主惊骇，遣左右慰勉，令视事。不至。以直学士[6]陈观与峻亲善，令往谕指[7]。观曰："陛下但声言临幸其第，严驾以待之，峻必不敢来。"从之。峻乃入朝。周主慰劳，令视事。

蜀梓州监押王承丕杀判武德军[8]郭延钧，指挥使孙钦讨诛之延钧不礼于承丕。奉圣指挥使孙钦当以兵戍边，往辞承丕。承丕邀与俱见府公[9]。至，则

1　曲阜：古县名，治所位于今山东省济宁市辖曲阜市东北。
2　远志：远大的志向。
3　权利：权势和货财。
4　见从：被听从。
5　保证：担保。
6　直学士：古官名，掌详正图籍，教授生徒。
7　谕指：晓谕帝旨。指，通"旨"。
8　武德军：方镇名，治梓州。
9　府公：六朝时王府僚属称其主为府公，唐、五代时，官府幕僚沿旧习，称节度使、观察使为府公。

令左右击杀延钧，屠其家，矫诏开府库赏士卒，出系囚，发屯戍。将吏毕集，钦谓承丕曰："今延钧已伏辜，公宜出诏书以示众。"承丕曰："我能致公富贵，勿问诏书。"钦始知承丕反，因绐曰："今内外未安，请为公巡察。"即跃马而出，晓谕其众，率以入府，攻承丕，斩之，传首成都。

周天平节度使高行周卒行周有勇而知义，功高而不矜。策马临敌，叱咤[1]风生。平居与宾僚[2]宴集，侃侃和易[3]，人以是重之。

周制犯盐、曲[4]者以斤两定刑有差。

九月，周禁边民毋得入契丹界俘掠。

契丹寇冀州，周兵拒却之。

冬，十月，武平留后刘言遣兵攻潭州，唐节度使边镐弃城走，言遂取湖南唐武安节度使边镐不合众心。吉水[5]人欧阳广上书言："镐非将帅才，必丧湖南。"不报。仍使镐经略朗州。自朗来者多言刘言忠顺，镐不为备。唐主召言入朝，言不行，谓王逵曰："唐必伐我，奈何？"逵曰："边镐抚御无方，士民不附，可一战擒也。"言乃以逵及周行逢、何敬真、潘叔嗣、张文表等十人皆为指挥使，部分发兵。行逢能谋，文表善战，叔嗣果敢，三人多相须[6]成功，情款[7]甚昵。诸将欲召溆州酋长符彦通，行逢曰："蛮贪而无义，前年入潭州，焚掠无遗。吾兵以义举，往无不克，乌[8]用此物，使暴殄百姓哉？"乃止。然亦畏彦通为后患，以蛮酋刘瑶为西境镇遏使以备之。十月，逵等将兵分道趋长沙，以孙朗、曹进为先锋使。边镐遣兵屯益阳，逵等克之，遂至潭州。镐弃城走，吏民俱溃。逵入城，自称武平节度副使，权知军府事，以何敬真为行军司马。唐将守湖南诸州者，相继遁去。刘言尽复马氏岭北故地，惟郴、

1 叱咤：发怒吆喝。
2 宾僚：宾客幕僚。
3 侃侃和易：侃侃，和乐貌。和易，态度温和，容易接近。
4 盐、曲：代指食盐、酒曲的专卖制度。
5 吉水：古县名，治所即今江西省吉安市吉水县。
6 相须：互相配合。
7 情款：交情，情意。
8 乌：怎么。

连[1]入于南汉。

契丹大水瀛、莫、幽州大水，流民入塞者四十万口。周诏："所在赈给、存处之。"中国民被掠得归者什五六。

周平章事李谷辞位，不许谷以病臂[2]辞位，周主遣中使谕旨曰："卿所掌至重，朕难其人。苟事功克集，何必朝礼[3]？"谷不得已，复视事。谷未能执笔，诏以三司务繁，令刻名印[4]用之。

周立诉讼法敕："民有诉讼，必先历县、州及观察使处决。不直[5]，乃听诣台省。或自不能书牒，倩[6]人书者，必书所倩姓名、居处。若无可倩，听执素纸[7]。所诉必须己事，毋得挟私客诉[8]。"

周庆州野鸡族[9]反，遣折从阮讨之庆州刺史郭彦钦性贪。野鸡族多羊马，彦钦故扰之以求赂，野鸡族遂反。徙折从阮为静难节度使，讨之。

刘言奉表于周。

唐冯延己、孙晟罢，削边镐官爵，流饶州初，镐从查文徽克建州，凡所俘获，皆全之，建人谓之"边佛子"。及克潭州，市不易肆[10]，潭人谓之"边菩萨"。既而政无纲纪，惟日设斋供[11]，盛修佛事，潭人失望，谓之"边和尚"矣。冯延己、孙晟上表请罪，皆释之。晟陈请[12]不已，乃与延己皆罢。唐主以比年出师无功，乃议休兵息民。或曰："愿陛下数十年不用兵，可小康[13]矣！"

1　郴、连：即郴州、连州。
2　病臂：胳膊受伤。
3　事功克集，何必朝礼：事情能够成功，何必讲究上朝的形式。
4　名印：刻有私人姓名的印章。
5　不直：不公平。
6　倩：请人代替自己做某事。
7　素纸：白纸。
8　挟私客诉：带着私心为他人诉讼。
9　野鸡族：西北党项部落之一，五代时活动于今甘肃省庆阳、合水、华池及陕西志丹一带，居地中心为庆阳以北的寡妇山，与杀牛族为邻。
10　市不易肆：意指市场照常营业。
11　斋供：祭祀死者、神佛，并上供食品。
12　陈请：向上级或有关部门陈述情况，提出请求。
13　小康：儒家理想中所谓政教清明、人民富裕安乐的社会局面。

唐主曰："将终身不用，何数十年之有？"思欧阳广之言，拜本县令。

十一月，周制税牛皮法敕："约每岁民间所输牛皮，三分减二。计田十顷，税取一皮，余听卖买，惟禁卖于敌国。"自兵兴以来，禁民私卖买牛皮，悉令输官受直[1]。唐明宗之世，有司止偿以盐；晋天福中，并盐不给。汉法，犯私牛皮二寸抵死。然民间日用实不可无。至是，李谷建议，均于田亩，公私便之。

十二月，河决郑、滑，周遣使修塞[2]。

周静难节度使侯章入朝章献买宴[3]绢千匹，银五百两，周主不受，曰："诸侯入觐，天子宜有宴犒，岂待买邪？自今如此比者[4]，皆不受。"

周葛延遇、李澄伏诛周翰林学士徐台符请诛诬告李崧者，冯道以为屡更赦[5]，不许。王峻嘉台符之义，白收二人诛之。

癸丑（公元 953 年）

周广顺三年。○是岁，凡五国、三镇。

春，正月，周以刘言为武平节度使刘言上表于周，乞移使府[6]治朗州，且请贡献、卖茶，悉如马氏故事。许之。以言为武平节度，制置武安、静江等军事。王逵为武安节度使，何敬真为静江节度使，周行逢为武安行军司马。

周罢户部营田务，除租牛课[7]前世屯田皆在边地，使戍兵佃[8]之。唐末，中原宿兵，所在皆置营田，以耕旷土。其后又募高赀户使输课[9]佃之，户部别置官司总领，不隶州县。或丁多无役，或容庇奸盗[10]，州县不能诘。梁太祖击淮

1　受直：得到报酬。
2　修塞：修缮堤防，堵塞决口。
3　买宴：臣下献钱财以参与国君所设的宴会。
4　如此比者：与此相类似的事物。
5　更赦：经历过赦免。
6　使府：节度使府邸。
7　租牛课：租牛应缴纳的赋税。
8　佃：耕种田地。
9　输课：缴纳租税。
10　容庇奸盗：容庇，包庇，宽容庇护。奸盗，奸人盗贼。

南，得牛万计，以给农民，使岁输租。牛死而租不除，民甚苦之。周主素知其弊，李谷亦以为言，敕悉罢之，以其民隶州县，田、庐、牛具并赐见佃者[1]为永业。是岁，户部增三万余户。民既得为永业，始敢葺屋植木，获地利数倍。或言："营田有肥饶者，不若鬻之，可得钱数十万缗以资国。"周主曰："利在于民，犹在国也。朕用此钱何为？"唐草泽[2]邵棠上言："近游淮上，闻周主恭俭，增修德政。吾兵新破于潭、朗，恐其有南征之志，宜为之备。"

周莱州刺史叶仁鲁有罪，伏诛仁鲁，周主故吏也，坐赃赐死。周主遣中使赐以酒食，曰："汝自抵[3]国法，吾无如之何。当存恤汝母。"仁鲁感泣。

周遣王峻行视决河[4]周主以河决为忧，王峻请自行视，许之。镇宁节度使荣屡求入朝，峻忌其英烈[5]，每沮止之。至是，荣复求入朝，周主许之。

契丹寇定州，周将杨弘裕击走之。

周镇宁节度使郭荣入朝故李守贞骑士马全义从荣入朝，召见，补殿前指挥使[6]。谓左右曰："全义忠于所事，昔在河中，屡挫吾军。汝辈宜效之。"

周以王峻兼平卢节度使峻闻荣入朝，遽归大梁，固求出镇，故有是命。

周野鸡族降。

武安节度使王逵杀静江节度使何敬真初，王逵以何敬真为静江副使，朱全琇为武安副使，张文表为武平副使，周行逢为武安司马。敬真、全琇各置牙兵，与逵分厅视事。惟行逢、文表事逵尽礼，逵亲爱之。敬真辞归朗州，又不能事刘言，与全琇谋作乱。言疑逵使敬真伺己，将讨之。逵惧，行逢曰："言素不与吾辈同心，敬真、全琇耻在公下，宜早图之。"会南汉寇全州，行逢请说言遣敬真、全琇南讨。俟至长沙，以计取之，逵从之。言遣敬真、全琇

1　见佃者：现在耕种的人。
2　草泽：在野之士，平民。
3　抵：抵偿。
4　行视决河：行视，巡行视察。决河，决口的黄河。
5　英烈：英勇刚烈。
6　殿前指挥使：古官名，中央直属部队殿前司所属武将，直接受命于禁军指挥。

将兵御南汉。至长沙，遂迎见[1]甚欢，宴饮连日，多以美妓饵之。敬真淹留不进，遂乘其醉，使人诈为言使者，责敬真、全琇，收斩之。

周更作二宝[2]初，契丹主德光以晋传国宝北还。至是，周更以玉作二宝。

周贬王峻为商州司马峻晚节益狂躁，奏请以颜衍、陈观为相。周主曰："进退宰辅，不可仓猝，俟更思之。"峻语浸不逊。峻退，周主幽峻别所，召见冯道等，泣曰："王峻陵[3]朕太甚，欲尽逐大臣，翦朕羽翼。朕惟一子，专务间阻[4]。无君如此，谁则堪之？"乃贬峻商州司马。以病卒。

三月，周主以郭荣为开封尹，封晋王。

周宁州杀牛族[5]反初，杀牛族与野鸡族有隙，闻官军讨野鸡，馈饷迎奉[6]。官军利其财畜而掠之，杀牛族反与野鸡合，败州兵于包山[7]。周主以郭彦钦扰群胡，致其作乱，黜废[8]于家。

周以郭元昭为庆州刺史初，解州[9]刺史郭元昭与榷盐使[10]李温玉有隙，温玉婿魏仁浦为枢密主事[11]，元昭疑仁浦庇之。会李守贞反，温玉有子在河中，元昭收系温玉，奏言其叛，事连仁浦。周主时为枢密使，知其诬，释不问。至是，仁浦为枢密承旨，元昭代归，甚惧。过洛阳，以告仁浦弟仁涤，仁涤曰："吾兄平生不与人为怨，况肯以私害公平？"既至，仁浦白以元昭为庆州刺史。

唐复以冯延己同平章事。

夏，六月，契丹将张藏英降周。

1　迎见：迎接拜见。
2　二宝：两个传国玺。
3　陵：欺凌。
4　间阻：阻隔，间隔。
5　杀牛族：党项部落名，五代时活动于今甘肃省庆阳、合水、华池及陕西志丹一带，与野鸡族为邻。
6　迎奉：迎接供奉。
7　包山：古山名，位于今甘肃省庆阳市庆阳县北。
8　黜废：废黜，贬退。
9　解州：古州名，辖今山西省运城、闻喜等市县地。
10　榷盐使：古官名，掌两池盐专卖及查禁私盐。
11　主事：品级较小的底层办事官吏。

周《九经》板成初，唐明宗之世，令国子监校正[1]《九经》，刻板印卖。至是板成，献之。由是虽乱世，《九经》传布甚广。是时，蜀毋昭裔亦出私财百万，营学馆[2]，且请刻板印《九经》，蜀主从之。由是蜀中文学亦盛。

王逵袭破朗州，执刘言，杀之。

秋，七月，唐大旱唐大旱，井泉[3]涸，淮水可涉[4]。饥民渡淮相继，濠、寿[5]发兵御之，民与斗而北。周主闻之，曰："彼我之民--也，听籴米过淮。"唐人遂筑仓，多籴以供军。八月，诏以舟车[6]运载者勿予。

八月，王逵还潭州，以周行逢知朗州事逵遣使上表，请复移使府治潭州，从之。逵以周行逢知朗州事。

周塞决河。

周大水。

周筑郊社坛，作太庙于大梁周主自入秋得风痹疾。术者言："宜散财以禳之。"周主欲祀南郊，又以自梁以来，郊祀常在洛阳，疑之。执政曰："天子所都，则可以祀百神，何必洛阳？"于是始筑圜丘、社稷坛[7]，作太庙于大梁。

周邺都留守王殷入朝，周主杀之殷恃功专横，凡河北镇戍兵应用敕处分[8]者，殷即以帖[9]行之。又多掊敛民财，周主闻之，不悦。因其入朝，留充京城内外巡检。因力疾御殿，殷入起居，遂执之。下制诬殷谋以郊祀日作乱，杀之。

唐复置科举从知制诰徐铉之请也。

唐流徐铉于舒州，贬徐锴为校书郎、分司唐楚州刺史田敬洙请修白

---

1 校正：校对改正。
2 学馆：学校，学堂。
3 井泉：水井。
4 可涉：可以趟水过去。
5 濠、寿：即濠州、寿州。
6 舟车：船和车。
7 社稷坛：帝王祭土神、谷神之所。
8 应用敕处分：应该使用皇帝敕书才能处理的。
9 帖：官府文书，公文。

水塘[1]溉田以实边[2]，冯延己以为便。李德明因请大辟旷土为屯田，修复所在渠、塘湮废[3]者。吏因缘侵扰，大兴力役，夺民田甚众。徐铉以白唐主，唐主命铉按视之。铉籍民田，悉归其主。或谮铉擅作威福，唐主怒，流铉舒州。然白水塘竟不成。唐主又命少府监冯延鲁巡抚诸州，右拾遗徐锴表延鲁无才多罪，举措轻浅[4]，不宜奉使。唐主怒，贬锴校书郎、分司东都。锴，铉之弟也。

周主朝享[5]太庙，疾作而退周主享太庙，才及一室，不能拜而退，命晋王荣终礼。是夕，宿南郊，几不救，夜分小愈[6]。

甲寅（公元954年）

周显德元年。正月，世宗睿武孝文皇帝荣立。北汉乾祐七年，孝和帝钧立。〇是岁，凡五国、三镇。

春，正月朔，周主祀圜丘周主祀圜丘，仅能瞻仰[7]、致敬而已。

周以晋王荣判内外兵马事时群臣希得见，中外恐惧。闻晋王典兵，人心稍安。军士有流言郊赏薄[8]者，周主闻之，召诸将至寝殿，让之曰："朕自即位以采，恶衣菲食，专以赡[9]军为念，汝辈岂不知之？今乃纵凶徒腾口，不思己有何功，惟知怨望，于汝辈安乎？"皆惶恐谢罪。退，索不逞[10]者戮之，流言乃息。

周罢邺都。

周主疾笃，诏晋王荣听政初，周主在邺都，奇爱[11]小吏曹翰之才，使之

1　白水塘：古地名，又作白水陂，位于今江苏省扬州市宝应县西。
2　实边：充实边疆。
3　湮废：湮没废弃。
4　轻浅：轻浮浅薄。
5　朝享：古代天子祭祀宗庙。
6　小愈：病稍痊愈。
7　瞻仰：怀着敬意看。
8　郊赏薄：郊祀的赏赐少。
9　赡：供给。
10　不逞：作乱，叛变。
11　奇爱：特别喜爱。

事晋王荣。荣镇澶州，以为牙将。荣入尹[1]开封，翰请问曰："大王，国之储嗣，今主上寝疾，大王当入侍医药，奈何犹决事于外邪？"荣感悟，即日入止禁中。周主疾笃，停诸司细务勿奏，有大事，则晋王荣禀进止[2]，宣行之。屡戒荣曰："昔吾西征，见唐十八陵无不发掘者，此无他，惟多藏金玉故也。我死，当衣以纸衣，敛以瓦棺，圹中无用石，以甓代之。工人、役徒皆和雇，勿以烦民。葬毕，募近陵民三十户，蠲其杂徭，使之守视。勿修下宫，置宫人，作石羊、虎、人、马，惟刻石置陵前，云：'周天子平生好俭约，遗令用纸衣、瓦棺，嗣天子不敢违也。'汝或吾违，吾不福汝[3]！"

周遣使分塞决河。

周以王溥同平章事周主命趣草制相溥[4]，宣毕，曰："吾无恨矣。"

周主威殂，晋王荣立是为世宗。

二月，蜀匡圣[5]指挥使安思谦伏诛思谦谮杀张业，废赵廷隐，蜀人皆恶之。将兵救王景崇，逗挠无功，内不自安。言多不逊，多杀士卒以立威。蜀主阅卫士，有年尚壮而为思谦所斥者，复留隶籍[6]，思谦杀之，蜀主不能平。翰林使[7]王藻言思谦怨望，将反。思谦入朝，蜀主命壮士击杀之。藻亦坐擅启边奏[8]，并诛。

北汉主以契丹兵击周。周昭义节度使李筠逆战，败绩北汉主闻周太祖殂，甚喜，遣使请兵于契丹。契丹遣其政事令[9]杨衮将万骑如晋阳。北汉主自将兵二万，以白从晖为都部署，张元徽为前锋使，与契丹趋潞州。节度使李

1　入尹：入朝担任府尹。
2　进止：意旨，命令。
3　汝或吾违，吾不福汝：你如果违背我的话，我就不庇佑你。
4　相溥：以王溥为宰相。
5　匡圣：禁军名。
6　隶籍：纳入军籍。
7　翰林使：古官名，掌领在翰林院待诏的文学侍从之臣、有伎艺之士，上承下达，包揽军国重事。
8　边奏：边境地区向朝廷汇报情况的文书。
9　政事令：古官名，中外事悉令参决。

筠遣其将穆令均将兵逆战。张元徽与战，佯不胜而北[1]。令均逐之，伏发被杀。筠遁归上党，婴城自守。筠，即荣也，避世宗名改焉。

　　三月，周主自将与汉战于高平，汉兵败绩。周将樊爱能、何徽等伏诛　世宗欲自将御汉兵，群臣皆曰："刘崇自平阳遁走以来，势蹙气沮[2]，必不敢自来。陛下新即位，山陵有日[3]，人心易摇，不宜轻动，宜命将御之。"世宗曰："崇幸我大丧，轻朕年少新立，此必自来，朕不可不往。"冯道固争之，世宗曰："昔唐太宗定天下，未尝不自行，朕何敢偷安？"道曰："未审陛下能为唐太宗否？"世宗曰："以吾兵力之强，破刘崇如山压卵耳。"道曰："未审陛下能为山否？"世宗不悦。惟王溥劝行。乃命冯道奉梓宫赴山陵，遂发大梁。至怀州，欲兼行速进，指挥使赵晁私谓通事舍人郑好谦曰："贼势方盛，宜持重以挫之。"好谦以闻，世宗怒，并晁械系之。进宿泽州东北。北汉主军高平南。明日，周前锋击之，北汉兵却。世宗虑其遁去，趣诸军亟进。北汉主陈于巴公原[4]，张元徽军其东，杨衮军其西，众颇严整[5]。周河阳节度使刘词将后军未至，众心危惧。而世宗志气益锐，命白重赞、李重进将左军居西，樊爱能、何徽将右军居东，向训、史彦超将精骑居中，张永德将禁兵自卫，介马[6]临阵督战。北汉主见周军少，悔召契丹，谓诸将曰："今日不惟克周，亦可使契丹心服。"杨衮策马前望周军，退谓北汉主曰："勍敌也，未可轻进！"北汉主奋髯[7]曰："请公勿言，试观我战。"时东北风盛，俄转南风，北汉副枢密使王延嗣使司天监李义白其主曰："时可战矣。"北汉主从之。枢密直学士王得中扣马谏曰："义可斩也。风势如此，岂助我者邪？"北汉主曰："吾计已决，老书生勿妄言，斩汝！"麾东军先进，击周右军。合战未几，周樊爱能、何徽引

1　北：败逃。
2　势蹙气沮：局势困窘，士气低落。
3　有日：有期，不久。
4　巴公原：古地名，即今山西省晋城市泽州县北巴公镇。
5　严整：严明整齐。
6　介马：给战马披甲。
7　奋髯：抖动胡须，激愤或激昂貌。

骑兵先遁，右军溃。步兵千余人解甲降北汉。世宗见军势危，自引亲兵，犯[1]矢石督战。我太祖皇帝[2]时为宿卫将，谓同列曰："主危如此，吾属何得不致死！"又谓张永德曰："贼气骄，可破也。公引兵乘高[3]西出为左翼，我为右翼以击之。国家安危，在此一举！"永德从之，各将二千人进战。太祖身先士卒，驰犯其锋，士卒死战，无不一当百，北汉兵披靡。内殿直马仁瑀跃马引弓，连毙数十人，士气益振。殿前行首[4]马全乂引数百骑进，陷阵。北汉主褒赏张元徽，趣使乘胜。元徽前略阵，马倒，为周兵所杀，北军夺气。时南风益盛，周兵争奋，北汉兵大败。杨衮畏周兵之强，不敢救，且恨北汉主之语，全军而退。爱能、徽引骑南走，剽掠辎重，扬言："契丹大至，官军败绩，余众已降虏矣。"世宗遣近臣谕止之，不听，杀使者。与刘词遇，止之。词不从，引兵北。时北汉主尚有余众万余人，阻涧[5]而陈。薄暮，词至，复与诸军击败之，追至高平，僵尸满谷，委弃御物及辎重、器械、杂畜不可胜纪。是夕，世宗野宿，得步兵之降敌者，皆杀之。爱能等闻捷，与士卒稍稍复还。明日，休兵高平，选北汉降卒数千人为效顺指挥，遣戍淮上，余二千余人赐资装纵遣之。北汉主率百余骑昼夜北走，所至，得食未举箸[6]，或传周兵至，辄苍黄而去。衰老力惫，殆不得支，仅得入晋阳。世宗欲诛樊爱能等，犹豫未决。昼卧帐中，张永德侍侧，因以访之，对曰："爱能等素无大功，忝冒[7]节钺，望敌先逃，死未塞责。且陛下方欲削平四海，苟军法不立，虽有熊罴[8]之士，百万之众，安得而用之？"世宗掷枕于地，大呼称善。即收爱能、徽及所部军使以上七十余人，责之曰："汝辈非不能战，正欲以朕为奇货，卖与刘崇耳！"悉斩之。徽先守晋州有功，欲免之，既而以法不可废，遂并诛之，而给槽车归葬。自是骄将惰

1　犯：冒着，顶着。
2　我太祖皇帝：即宋太祖赵匡胤。
3　乘高：居高临下。
4　行首：内侍的领班。
5　阻涧：借山涧为障碍。
6　举箸：举筷子，意指准备吃饭。
7　忝冒：滥竽充数。
8　熊罴：熊和罴，皆为猛兽，因以喻勇士或雄师劲旅。

卒始知所惧，不行姑息之政矣。永德称我太祖之智勇，世宗擢为殿前都虞候。余将校迁拜[1]者凡数十人，有自行间擢主军、厢者[2]。释赵晁之囚。北汉主收散卒、缮甲兵、完城堑以备周。遣王得中送衮，因求救于契丹。契丹主许之。

周遣行营部署符彦卿督诸将攻北汉，至晋阳，孟县、汾、辽州[3]降　世宗遣符彦卿等北征，但欲耀兵于晋阳城下，未议攻取。既入北汉境，其民争以食物迎劳，泣诉刘氏赋役之重，愿供军须，助攻晋阳。州县亦继有降者。世宗始有兼并之意。诸将皆以粮乏，请班师，不听。既而军士不免剽掠，北汉民失望，稍稍保山谷自固。世宗闻之，驰诏禁止剽掠，安抚农民，止征今岁租税。及募民入粟拜官[4]有差，发近便[5]诸州民运粮以馈军[6]。遣李谷诣太原计度[7]刍粮。

周太师、中书令、瀛王冯道卒　道少以孝谨知名，唐庄宗世始贵显，自是累朝不离将、相、公、师之位，为人清俭宽弘，人莫测其喜愠[8]。滑稽多智，浮沉取容，尝著《长乐老叙》，自述累朝荣遇[9]之状，时人往往以德量[10]推之。

欧阳公曰：礼义廉耻，国之四维。四维不张[11]，国乃灭亡。况为大臣而无廉耻，天下其有不乱，国家其有不亡者乎？冯道其可谓无廉耻者矣，则当时天下、国家可知也。予于五代得全节[12]之士三，死事之臣十有五，皆武夫战卒[13]，

1　迁拜：授与递升之新官职。
2　主军、厢者：禁军中军一级、厢一级的主官。军队编制单位，五百人为一指挥，五指挥为一军，十军为一厢。
3　孟县、汾、辽州：即孟县、汾州、辽州。孟县，古县名，治所即今山西省阳泉市孟县。
4　入粟拜官：纳粟于官府，用以买官。
5　近便：距离较近。
6　馈军：供应军队。
7　计度：谋划。
8　喜愠：喜怒。
9　荣遇：荣获君主知遇而在朝廷尊显。
10　德量：道德涵养和气量。
11　四维不张：比喻纲纪废弛，政令不行。四维，礼、义、廉、耻为四维。张，展开，推行。
12　全节：保全气节。
13　战卒：战士，兵士。

岂于儒者果无其人哉？得非[1]高节[2]之士，恶时之乱而不肯出欤？尝闻是时，有王凝者，家青、齐[3]之间，为虢州司户参军以卒。妻李氏负其遗骸以归，东过开封，止于旅舍。主人不纳，牵其臂而出之，李氏仰天恸曰："我为妇人，不能守节，而此手为人所执邪！"即引斧自断其臂，见者为之嗟泣[4]。开封尹闻之，白其事于朝，厚恤李氏，而笞其主人。呜呼！士不自爱其身，而忍耻以偷生者，闻李氏之风，宜少知愧哉？

　　司马公曰：天地设位[5]，圣人则之，以制礼立法，内有夫妇，外有君臣。妇之从夫，终身不改；臣之事君，有死无贰。此人道之大伦[6]也。苟或废之，乱莫大焉！范质称冯道厚德稽古，宏才伟量，虽朝代迁贸，人无闲言[7]，屹[8]若巨山，不可转也。夫为女不正，虽复华色之美，织纴之巧，不足贤矣；为臣不忠，虽复才智之多，治行之优，不足贵矣。何则？大节已亏故也。道之大节如此，虽有小善，庸足称乎？或以为当是之时，失臣节者非道一人，岂得独罪道哉？夫忠臣忧公如家，见危致命；智士有道则见[9]，无道则隐。今道尊宠冠三师，权任首诸相，国存则窃位素餐[10]，国亡则迎谒劝进，兹乃奸臣之尤，安得与他人为比哉？或谓道能全身远害于乱世，斯亦贤已。夫君子有杀身成仁，岂专以全身远害为贤哉？然不正之女，中士羞以为家[11]；不忠之人，中君羞以为臣。若道之为臣而不诛不弃，则亦时君[12]之责也。

1　得非：莫非是。
2　高节：坚守高尚的节操。
3　青、齐：即青州、齐州。
4　嗟泣：嗟叹悲泣。
5　设位：确立位次。
6　大伦：大原则。
7　虽朝代迁贸，人无闲言：虽然朝代变迁，人们也没有非议。迁贸，变迁，变革。闲言，非议，异议。
8　屹：山峰高耸的样子。
9　有道则见：政治清明的时候就出山。有道，政治清明。
10　窃位素餐：窃居高位，无功受禄。素，空。餐，吃饭，指俸禄。
11　中士羞以为家：一般士人也不好意思娶回家。中士，一般士人。
12　时君：当时的君主。

康熙御批：自后晋至周，皆以篡得国。冯道历臣其比肩[1]，事主之人其俯仰愧怍[2]不识，当何若矣？乃犹著《长乐老叙》以自述其荣遇，当时反以德量称之，四维不张，于兹为甚，无惑乎其乱亡接踵也。

北汉宪、岚州降周。

周立后符氏初，符彦卿有女，适李守贞之子崇训，相者言其贵，当为天下母。守贞喜曰："吾妇犹母天下，况我乎？"反意遂决。及败，崇训先自刃其弟妹，次及符氏。符氏匿帏[3]下，崇训仓猝求之不获，遂自到。乱兵既入，符氏安坐堂上，叱乱兵曰："吾父与郭公为昆弟，汝曹勿无礼！"太祖[4]遣使归之于彦卿。既而为世宗娶之。至是，立为皇后。后性和惠而明决，世宗甚重之。

周师克北汉石州，沁、忻州降。

五月，王逵徙治朗州，以周行逢知潭州事。

周主攻晋阳不克，引军还世宗自潞州趋晋阳，至其城下，旗帜环城四十里。杨衮奔归契丹，契丹主怒其无功，囚之。使数千骑屯忻、代之间，周遣符彦卿等击之。彦卿入忻州，契丹退保忻口[5]，其游骑时至城下。彦卿与诸将陈以待之。史彦超将二十骑为前锋，杀契丹二千人，恃勇轻进，为契丹所杀，周兵死伤甚众。彦卿引兵还晋阳。折德扆将州兵来朝。复置永安军，以德扆为节度使。时大发兵夫[6]攻晋阳，不克。会久雨，士卒疲病。及彦超死，乃议引还。初，王得中返自契丹，值[7]周兵。囚送于军，世宗释之，赐以带、马。问："虏兵何时当至？"得中曰："臣受命送杨衮，他无所求。"或谓得中曰："公不以实告，契丹兵即至，公得无危乎？"得中太息曰："吾食刘氏禄，有老母在围[8]中。若以实告，周人必发兵据险以拒之，如此，家国两亡，吾独生何

1　比肩：地位同等之人。
2　俯仰愧怍：俯仰，举动，举止。愧怍，惭愧。
3　帏：帐子，幔幕。
4　太祖：即后周太祖郭威。
5　忻口：古地名，位于今山西省忻州市北，两山相夹，滹沱河流经其间。
6　兵夫：士兵和民夫。
7　值：碰到，遇上。
8　围：指被包围的城。

益？不若杀身以全家国，所得多矣。"乃缢杀之。世宗将发晋阳，匡国节度使药元福曰："进军易，退军难。"乃勒兵成列而殿。北汉果出兵追蹑，元福击走之。然军还匆遽[1]，焚弃刍粮数十万。军中讹言，相剽掠，失亡不可胜计。所得北汉州县，复皆失之。至郑州，谒嵩陵[2]而还。世宗以违众议破北汉兵，自是政无小大皆亲决，百官受成而已。河南府推官高锡上书谏曰："四海之广，万机之众，虽尧、舜不能独治，必择人而任之。今陛下一以身亲之，天下不谓陛下聪明睿智，足以兼百官之任，皆言陛下褊迫疑忌，举[3]不信群臣耳！不若选能知人公正者以为宰相，能爱民听讼者以为守令，能丰财足食者使掌金谷，能原情守法者使掌刑狱，陛下但垂拱明堂，视其功过而赏罚之，天下何忧不治？何必降君尊而代臣职，屈贵位而亲贱事，无乃失为政之本乎？"不从。北汉主忧愤成疾，悉以国事委其子承钧。

秋，七月，周加吴越王弘俶天下兵马都元帅。

周以魏仁浦为枢密使。

周徐州奏为节度使王晏立碑，许之晏，徐州滕县人，少尝为群盗。及为节度使，悉召故党，赠之金帛，谓曰："吾乡素名多盗，昔吾与诸君皆尝为之。想后来者无能居诸君之右，诸君幸为我语之，使勿复为。为者，吾必族之！"于是一境清肃[4]，徐人请为立碑，许之。

冬，十月，周赐羽林大将军孟汉卿死汉卿坐纳藁税[5]，多取耗余[6]，赐死。有司奏汉卿罪不至死，世宗曰："朕知之，欲以惩众[7]耳。"

周简阅诸军，募壮士以补宿卫初，宿卫之士，累朝相承，务为姑息，不欲简阅，恐伤人情，由是羸老居多，但骄蹇不用命，实不可用。每遇大敌，

1　匆遽：匆忙急促。
2　嵩陵：后周太祖郭威的陵墓，位于今河南省郑州市辖新郑市北。
3　举：皆，都。
4　清肃：清平宁静。
5　藁税：按照田亩记数，向朝廷缴纳草料和禾杆，与田租一并交纳。后也可以交钱币代替。
6　耗余：赋税的加耗部分抵补实耗后的所余。
7　惩众：警告众人。

不走即降，其所以失国，亦多由此。世宗因高平之战始知其弊，谓侍臣曰：
"凡兵务精不务多，今以农夫百未能养甲士一，奈何浚民之膏泽，养此无用之
物乎？且健懦[1]不分，众何所劝[2]？"乃命大简[3]诸军，精锐者升之上军，羸者斥
去之。又以骁勇之士多为诸道所蓄，诏募天下壮士，咸遣诣阙，命我太祖皇
帝选其尤者为殿前诸班。其骑、步诸军，各命将帅选之。由是士卒精强[4]，所向
克捷。

胡氏曰：五代之主，多刻[5]于民而纾于军，世宗则严于军而宽于民，既
得柄制[6]轻重之权，且其言曰："兵务精不务多，奈何浚民膏血，养此无用之
物？"圣人复起，不能易矣。

周罢诸道巡检使臣世宗谓侍臣曰："诸道盗贼颇多，盖由累朝分命使臣
巡检，致藩侯、守令皆不致力[7]。宜悉召还，专委节镇、州县，责其清肃。"

十一月，**周河堤成**河自杨刘至于博州百二十里，连年东溃，分为二派[8]，
汇为大泽，弥漫数百里。又东北环古堤而出，灌齐、棣、淄诸州，漂没田庐不
可胜计，流民采菰稗[9]、捕鱼以给食，久不能塞。至是，遣李谷按视堤塞，役徒
六万，三十日而毕。

北汉主旻殂，子钧立北汉主殂，告哀于契丹。契丹册命承钧为帝，更名
"钧"。钧性孝谨，既嗣位，勤于为政，爱民礼士，境内粗安。其事契丹，表
称"男"；契丹赐诏，谓之"儿皇帝"。

王逵以符彦通为黔中节度使马希萼之破长沙也，府库累世之积，皆为
溆州蛮酋符彦通所掠。彦通由是富强，称王于溪洞间。王逵遣其将王虔朗抚之。

1　健懦：健壮和懦弱。
2　劝：勉励。
3　大简：大规模地挑选。
4　精强：精悍强壮。
5　刻：苛刻。
6　柄制：控制。
7　致力：尽力，竭力。
8　派：江河的支流。
9　菰稗：菰，茭白。稗，稗子，稻田的杂草。

彦通见之，礼貌甚倨。虔朗厉声责之，彦通惭惧，起谢，虔朗因说之曰："溪洞之地，隋、唐之世皆为州县，著在图籍。今足下上无天子之诏，下无使府之命，虽自王于山谷之间，不过蛮夷一酋长耳。曷若去王号，自归于王公？王公必以天子之命授足下节度使，与中国侯伯等夷，岂不尊荣哉？"彦通大喜，即日去王号，献铜鼓[1]于王逵。逵承制以彦通为黔中节度使。以虔朗为都指挥使，预闻府政[2]。

湖南大饥是岁，湖南大饥，周行逢开仓以赈之，全活甚众。行逢起于微贱，知民间疾苦，励精为治，严而无私。辟置僚属，皆取廉介之士，约束简要[3]，吏民便之。其自奉甚薄，或讥其太俭，行逢曰："马氏父子穷奢极靡，不恤百姓，今子孙乞食于人，又足效乎？"

乙卯（公元955年）

周显德二年。〇是岁，凡五国、三镇。

春，正月，周制给漕运斗耗[4]自晋、汉以来，漕运不给斗耗，纲吏多以亏欠抵死。至是，诏每斛给耗一斗。

胡氏曰：漕运斗耗，世宗与之，善矣。省耗应罢而未罢，岂非以多故未及耶？明宗、潞王时，可谓窘阙[5]，犹放逋租数百万。世宗诚欲蠲除省耗，又何难哉？

周遣使如夏州李彝兴以折德扆亦为节度使，耻之，塞路，不通周使。世宗谋于宰相，对曰："夏州边镇，朝廷每加优借[6]。府州褊小，得失不系重轻，且宜抚谕彝兴，庶全大体。"世宗曰："德扆数年以来，尽力以拒刘氏，奈何

1　铜鼓：南方一些少数民族的打击乐器，由古代炊具的铜釜发展而成，鼓面有浮雕图案，鼓身有花纹，是象征统治权力的重器。
2　府政：节度使府的政务。
3　简要：简约，简省。
4　斗耗：从水道运粮，每石另加米数斗，随漕起运，作为沿途耗折之用。
5　窘阙：窘迫缺乏。
6　优借：宽容，宽假。

一旦弃之？且夏州惟产羊马，贸易、百货悉仰中国，我若绝之，彼何能为？"乃遣供奉官赍诏书责之。彝兴惶恐谢罪。

周制举令、录[1]法初令翰林学士、两省举令、录。除官之日，仍署举者姓名。若贪秽败官[2]，并当连坐。

胡氏曰：保任[3]，天下之至难也。夫中人以上，不万一[4]焉。中人固不易得矣。中人以下，滔滔[5]是也。迫祸难，处困穷，临势利，怵交党[6]，此改行易守之会[7]也。中人者一出一入焉，忍与不忍，敢与不敢，相权[8]于中。未至于甚忍而不敢之心胜，怵、迫甚矣。不忍而敢之心决，此人情之大常[9]，物理[10]之必至也。诚知其人今不为是，安知其他日渝与不渝也，而况其下者乎？故连坐之法，似美而实弊。似美，故其初激昂；实弊，故其终废格。若曰："君姑严，为之防尔。"则奸人窥之，其弊益甚。然则奈何？曰："人君惟典学[11]明道，识拔真贤，以为辅相，则有成材之具，得人之方，如储木于山，育鱼于渊，惟君所取，此非一日之力也。立法保任，苟给[12]目前，策之下者也。"

周浚胡卢河[13]，城李晏口[14]，以张藏英为沿边巡检使契丹屡寇河北，轻骑深入，无藩篱之限，郊野之民每困杀掠。言事者称深、冀之间有胡卢河，横亘数百里，可浚之以限其奔突。诏王彦超、韩通将兵夫浚之，筑城于李晏口，留兵戍之。世宗召张藏英，问以备边之策。藏英具陈地形要害，请列置[15]戍兵，

1　举令、录：荐举县令、录事参军。
2　贪秽败官：贪秽，贪污。败官，败坏官职，谓居官不法。
3　保任：向朝廷推荐人才而负担保的责任。
4　万一：万分之一，表示极少的一部分。
5　滔滔：盛大，普遍。
6　怵交党：怵，害怕，恐惧。交党，同党，朋党。
7　会：时机。
8　相权：相互平衡。
9　大常：本性，常道。
10　物理：事理。
11　典学：致力于学问。
12　苟给目前：暂且满足眼前的需要
13　胡卢河：古水名，即今河北南部的滏阳河，后周为衡水、宁晋间漳水的别称。
14　李晏口：古地名，位于今河北省衡水市辖深州市东南。
15　列置：排列设置。

募边人骁勇者，厚其廪给，自请将之，随宜讨击。从之。藏英到官数月，募得千余人。彦超等视役[1]，尝为契丹所围，藏英引兵驰击，大破之。自是河南之民始得休息。

二月朔，日食。

周诏群臣极言得失诏曰："朕于卿大夫，才不能尽知，面不能尽识，若不采其言而观其行，审其意而察其忠，则何以见器识之浅深，知任用之当否？若言之不入，罪实在予；苟求之不言，咎将谁执？"

唐以严续同平章事。

三月，蜀以赵季札为雄武监军使周世宗常愤广明[2]以来中国日蹙，及高平既捷，慨然有削平[3]天下之志。秦州民夷有献策，请恢复旧疆。蜀主闻之，遣客省使赵季札按视边备。季札素以文武才略自任，因以为雄武监军使。

夏，四月，周广大梁城世宗以大梁城中迫隘，诏展外城，先立标帜[4]，今冬农隙兴板筑，东作动则罢之，更俟次年，以渐成之。且令自今葬埋皆出所标七里之外。其标内俟分画街衢、仓场、营廨[5]之外，听民随便筑室[6]。民先侵街衢为舍，皆直而广之。又迁坟墓于标外，曰："怨谤之语，朕自当之。他日终为人利。"

周以王朴为谏议大夫，知开封府事世宗谓宰相曰："朕每思致治之方，未得其要，寝食不忘。又吴、蜀、幽、并[7]皆阻声教，未能混一。宜命近臣著《为君难为臣不易论》及《开边策》各一篇，朕将览焉。"比部郎中王朴献策曰："中国之失吴、蜀、幽、并，皆由失道。今必先观所以失之之原，然后知所以取之之术。其始失之也，莫不以君暗臣邪，兵骄民困，奸党内炽，武夫外

---

1 视役：巡视工程情况。
2 广明：唐僖宗李儇的年号，存续时间为公元880至881年。
3 削平：平定。
4 标帜：记号，标志。
5 分画街衢、仓场、营廨：分画，划分。街衢，通衢大道。仓场，官方收纳粮食或其他物资的场所。营廨，营房官舍。
6 筑室：建筑屋舍。
7 吴、蜀、幽、并：即南唐、后蜀、契丹、北汉。

横，因小致大，积微成著。今欲取之，莫若反其所为而已。进贤退不肖，以收其才；恩隐[1]诚信，以结其心；赏功罚罪，以尽其力；去奢节用，以丰其财；时使薄敛[2]，以阜[3]其民。俟群才既集，政事既治，财用既充，士民既附，然后举而用之，功无不成矣。彼之人观我有必取之势，则知其情状者愿为间谍，知其山川者愿为乡导，民心既归，天意必从矣。凡攻取之道，必先其易者。唐与吾接境几二千里，其势易扰[4]也。扰之当以无备之处为始，备东则扰西，备西则扰东，彼必奔走而救之。奔走之间，可以知其虚实强弱，然后避实击虚，避强击弱。未须大举，且以轻兵扰之。南人懦怯，闻小有警，必悉师以救之。师数动则民疲而财竭，不悉师则我可以乘虚取之。如此，江北[5]诸州将悉为我有。既得江北，则用彼之民，行我之法，江南亦易取也。得江南则岭南、巴蜀可传檄而定。南方既定，则燕地[6]必望风内附。若其不至，移兵攻之，席卷可平矣。惟河东[7]必死之寇，不可以恩信诱，必当以强兵制之。然彼自高平之败，力竭气沮，必未能为边患，宜且以为后图。俟天下既平，然后伺间，一举可擒也。今士卒精练[8]，甲兵有备，群下畏法，诸将效力，期年之后，可以出师。宜自夏、秋蓄积实边矣。"世宗欣然纳之。时群臣多守常偷安，所对少可取者。惟朴神峻气劲[9]，有谋能断，世宗重之，以为谏议大夫、知开封府事。

五月，周遣凤翔节度使王景伐蜀世宗谋取秦、凤[10]，求可将者。王溥荐宣徽使向训。诏训与景偕趋秦州。

1　恩隐：恩惠，恩宠。
2　时使薄敛：时使，根据时令使用民力。薄敛，减轻赋税。
3　阜：富有。
4　易扰：容易被扰乱。
5　江北：长江以北。
6　燕地：即契丹。
7　河东：即北汉。
8　精练：精悍强壮。
9　神峻气劲：神峻，神情俊逸。气劲，气势刚劲。
10　秦、凤：即秦州、凤州。

周废无额[1]寺院，禁私度僧尼敕天下寺院，非敕额[2]者悉废之。禁私度僧尼，凡欲出家者，必俟祖父母、父母、伯叔父之命。禁僧俗舍身、断手足、炼指、挂灯、带钳[3]之类幻惑流俗[4]者。令诸州每岁造僧帐[5]，有死亡、归俗，皆随时开落[6]。废寺院三万余所，存者二千六百九十四，见[7]僧尼六万余人。

胡氏曰：寺皆宜废，不为有敕额而可存。僧不可度，不为有尊长之命而可度。残身、炼指之类，固惑流俗，比之无父无君，则浅矣。与其禁之，无亦择其重者乎？是时僧尼合六万余人，归之南亩，则力农[8]也；拘之尺籍[9]，则健卒也。知百农未赡一兵，而此六万人者，凡仰食几农夫矣？岂世宗未之思邪？

周拔蜀黄牛寨[10]，赵季札遁归，伏诛王景拔黄牛等八寨。季札惧，不敢进，先遣辎重及妓妾[11]西归，单骑驰入成都。众以为奔败，莫不震恐。蜀主怒，斩之。

六月，周主亲录囚[12]于内苑有汝州民马遇，父及弟为吏所冤死，屡经覆按，不能自伸。世宗临问，始得其实，人以为神。由是诸长吏无不亲察狱讼。

蜀遣使如唐及北汉蜀主遣间使如北汉及唐，欲与之俱出兵以制周。二国皆许之。

南汉主杀其弟弘政于是高祖[13]诸子尽矣。

周以张美权点检[14]三司事初，世宗在澶州，美掌州之金谷隶三司者，世

1 无额：未经朝廷赐下匾额。
2 敕额：皇帝赐给寺院匾额。
3 炼指、挂灯、带钳：炼指，束香于指，以火烧灼。挂灯，僧俗燃身灯以奉佛，挂灯者裸体，以小铁钩遍钩其肤，凡钩皆挂小灯，圈灯盏，贮油而燃之。带钳，身带铁钳。
4 幻惑流俗：幻惑，迷乱人心以行诈骗。流俗，世间平庸的人。
5 僧帐：登录僧尼名籍的簿册。
6 开落：除名。
7 见：现有。
8 力农：致力于农事。
9 尺籍：书写军令、军功等的簿籍。亦指军籍。
10 黄牛寨：古地名，即今陕西省宝鸡市凤县东北黄牛铺。
11 妓妾：侍姬。
12 录囚：查阅囚犯的档案。
13 高祖：即南汉高祖刘龑。
14 点检：查核。

宗或私有所求，美曲为供副[1]。至是，以美治财精敏，当时鲜及，故以利权授之。征伐四方，用度不乏，美之力也。然思其在澶州所为，终不以公忠待之。

秋，七月，周以王景为西南招讨使，向训为都监宰相以景等久无功，馈运不继，固请罢兵。世宗命我太祖皇帝往视之，还言秦、凤可取之状，从之。

九月，周始铸钱世宗以县官久不铸钱，而民间多销[2]钱为器皿及佛像，钱益少，敕立监采铜铸钱，唯法物、军器及寺观钟磬、钹铎[3]之类听留外，民间铜器、佛像，五十日内输官受直，过期匿五斤以上罪死，不及者论刑有差。谓侍臣曰："佛以善道化人，苟志于善，斯奉佛矣。彼铜像，岂所谓佛邪？且吾闻佛志在利人，虽头、目犹舍以布施。若朕身可以济民，亦非所惜也。"

司马公曰：若周世宗，可谓仁矣，不爱其身而爱民；若周世宗，可谓明矣，不以无益废有益。

周王景败蜀师，取秦、阶、成州蜀主遣李廷珪、伊审征拒周兵。廷珪遣李进据马岭寨[4]，又遣奇兵屯白涧[5]，又分兵出凤州之北，绝周粮道。闰月，王景遣裨将张建雄将兵二千抵黄花[6]，又遣兵千人趋唐仓[7]，扼蜀归路。蜀将王峦与建雄战，败，奔唐仓。遇周兵，又败。马岭、白涧兵皆溃，廷珪等退保青泥岭。雄武节度使韩继勋弃秦州，奔还成都。判官赵玭举城降，斜谷援兵亦溃。成、阶二州皆降，蜀人震恐。世宗欲以玭为节度使，范质固争，乃以为郢州刺史。百官入贺，世宗举酒属王溥曰："边功之成，卿择帅之力也。"世宗与将相食于万岁殿，因言："两日大寒[8]，朕在宫中食珍膳[9]，深愧无功于民而坐享天禄，

1　供副：提供并满足。
2　销：熔化金属。
3　钹铎：钹，俗称镲，击打乐器，铜制，圆形，中间隆起部分大，正中有孔，两片相击发声。铎，大铃。
4　马岭寨：古地名，位于今陕西省宝鸡市凤县西北。
5　白涧：古地名，即白涧城，位于今陕西省宝鸡市凤县东北。
6　黄花：古县名，治所位于今陕西省宝鸡市凤县东北。
7　唐仓：古地名，位于今陕西省宝鸡市凤县北。
8　大寒：酷寒，极冷。
9　珍膳：珍贵的食物。

既不能躬耕而食，惟当亲冒矢石为民除害，差[1]可自安耳！"蜀李廷珪、伊审征请罪，蜀主皆释之。致书请和于周，世宗怒其抗礼，不答。蜀主愈恐，聚兵、粮于剑门、白帝，为守御之备。募兵既多，用度不足，始铸铁钱，榷铁器，民甚苦之。

冬，十一月，周遣李谷督诸军伐唐唐主性和柔[2]，好文华，而喜人顺己，由是谀臣日进，政事日乱。既克建州，破湖南，益骄，有吞天下之志。李守贞、慕容彦超之叛，皆为之出师。又遣使通契丹及北汉，约共图中国。然契丹利其货，徒以虚语相往来，实不为之用也。先是，每冬淮水浅涸[3]，常发兵戍守，谓之"把浅"。寿州监军吴廷绍以疆场无事，罢之。清淮[4]节度使刘仁赡固争，不能得。至是，周以李谷为淮南前军部署，王彦超副之，督侍卫都指挥使韩令坤等十二将以伐唐。

胡氏曰：南唐欲图中原，而结契丹为援，又为二叛出师，谋国如此，欲久存，得乎？

周疏汴水汴水自唐末溃决[5]，自埇桥东南悉为污泽。世宗谋击唐，先命发民夫，因故堤[6]疏导之，东至泗上。议者皆以为难成，世宗曰："数年之后，必获其利。"

周王景克蜀凤州，擒其节度使王环，都监赵崇溥死之王景等围凤州，韩通分兵城固镇[7]，以绝蜀之援兵。遂克凤州，擒其节度使王环及都监赵崇溥等将士五千人。崇溥不食而死。诏将士愿留者优其俸赐[8]，愿去者给资装。四州税外科徭[9]悉罢之。

1　差：略微。
2　和柔：宽和柔顺。
3　浅涸：水浅干涸。
4　清淮：方镇名，即清淮军，治寿州。
5　溃决：大水冲开堤防。
6　故堤：原来的河堤。
7　固镇：古地名，位于今甘肃省陇南市徽县境内。
8　俸赐：俸禄和所得的赏赐。
9　科徭：征发徭役。

　　唐遣兵拒周师于寿州，周师击败之唐人闻周兵将至而惧，刘仁赡神气自若[1]，部分守御，无异平日，众情稍安。唐主以刘彦贞为部署，将兵二万趋寿州，皇甫晖、姚凤将兵三万屯定远[2]。召镇南节度使宋齐丘还金陵，谋国难[3]。周李谷等为浮梁，自正阳[4]济淮。王彦超败唐兵二千余人于寿州城下。

　　周枢密使郑仁诲卒仁诲卒，世宗欲临其丧，近臣奏岁道非便[5]，世宗曰："君臣义重，何日时[6]之有？"往哭尽哀。

　　吴越遣使入贡于周吴越王弘俶遣使入贡于周，周以诏谕之，使出兵击唐。

丙辰（公元 956 年）

　　周显德三年。〇是岁，凡五国、三镇。

　　春，正月，周以王环为骁卫大将军赏其不降也。

　　周主自将伐唐，大败唐兵，斩其将刘彦贞世宗下诏亲征淮南，命侍卫都指挥使李重进将兵先赴正阳，遂发大梁。李谷攻寿州，久不克。唐兵救之，又以战舰数百艘趋正阳，为攻浮梁之势。李谷谋曰："我军不能水战，若贼断浮梁，则腹背受敌，皆不归矣。不如退守浮梁，以待车驾。"世宗闻之，亟遣使止之。比至，已焚刍粮，退保正阳矣。世宗亟遣李重进引兵趋淮上[7]。李谷奏："贼舰日进，淮水日涨，万一粮道阻绝，其危不测。愿且驻跸陈、颍[8]，俟重进至共渡，贼舰可御，浮梁可完，立具奏闻[9]。若但厉兵秣马，春去冬来，亦足使贼中疲弊，取之未晚。"世宗不悦。刘彦贞素骄贵[10]，无才略，所历藩镇，专为

1　神气自若：神情脸色毫无异样，形容镇静。
2　定远：古县名，治所即今安徽省滁州市定远县。
3　谋国难：商讨如何应对国难。
4　正阳：古地名，位于今安徽省淮南市寿县西南。
5　岁道非便：时令不合适。岁道，时运，时令。
6　日时：泛指日子，时间。
7　淮上：此处指淮河北岸。
8　陈、颍：即陈州、颍州。
9　立具奏闻：立即备文上奏，让天子知道。具奏，备文上奏。
10　骄贵：骄横贵显。

贪暴，以赂权要，由是魏岑等争誉之。故周师至，唐主首用之。闻李谷退，喜，引兵直抵正阳。刘仁赡及池州刺史张全约固止之，曰："公军未至而敌人先遁，是畏公之威声也，安用速战？万一失利，则大事去矣！"彦贞不从。既行，仁赡曰："果遇，必败。"乃益兵乘城为备。李重进渡淮逆战，大破彦贞，斩之。斩首万余级。是时江淮久安，民不习战，唐人大恐。张全约收余众奔寿州，仁赡表为左厢[1]都指挥使。皇甫晖、姚凤退保清流关[2]。世宗谓侍臣曰："闻寿州围解，农民多归村落。今闻大军至，必复入城。怜其聚为饿殍[3]，宜先遣使存抚，各令安业。"

周以李重进为都招讨使，李谷判寿州行府事。

周主攻唐寿州世宗至寿州城下，命诸军围之，发丁夫数十万以攻城，昼夜不息。命我太祖皇帝击唐兵于涂山[4]，太祖遣百余骑薄其营而伪遁，伏兵邀之，大败唐兵于涡口，斩其都监何廷锡等，夺战舰五十余艘。

周诏王逵攻唐鄂州逵引兵过岳州，团练使潘叔嗣燕犒[5]甚谨。逵左右求取无厌，谮叔嗣谋叛。逵怒，叔嗣不自安。

二月，周主命我太祖将兵袭唐滁州，克之，擒其将皇甫晖、姚凤下蔡浮梁成，世宗自往视之。命我太祖皇帝倍道袭清流关。皇甫晖等惊，走入滁州，断桥自守。太祖跃马麾兵涉水[6]，直抵城下。晖曰："人各为其主，愿容成列[7]而战。"太祖笑而许之。晖整众而出，太祖突阵[8]击晖，擒之，并擒姚凤，遂克滁州。时宣祖[9]为马军副都指挥使，引兵夜至，传呼开门。太祖曰："父子虽至亲，城门王事也，不敢奉命。"明旦乃得入。世宗遣翰林学士窦仪籍滁州

1　左厢：禁军名。
2　清流关：古关隘名，位于今安徽省滁州市西北清流山上。
3　饿殍：饿死的人。
4　涂山：古山名，位于今安徽省蚌埠市怀远县东南，淮河东岸。与荆山隔河对峙，俗称东山。
5　燕犒：慰劳军士，慰劳军士的酒食。
6　涉水：徒步趟水。
7　成列：形成队列。
8　突阵：冲入敌阵。
9　宣祖：即宋宣祖赵弘殷，宋太祖赵匡胤之父。

帑藏，太祖遣亲吏取藏[1]中绢。仪曰："公初克城时，虽倾藏取之，无伤也。今既籍为官物，非有诏书，不可得也。"太祖由是重仪。初，永兴节度使刘词遗表荐其幕僚蓟人赵普。至是，范质以为滁州判官。太祖与语，悦之。时获盗百余人，皆应死，普请先讯鞠[2]然后决，所活什七八。太祖益奇之。太祖威名日盛，每临阵，必以繁缨饰马，铠仗鲜明。或曰："如此，为敌所识。"太祖曰："吾固欲其识之耳。"

唐主请和于周，周主不答唐主遣泗州牙将赍书抵徐州，称："唐皇帝奉书请息兵修好，愿以兄事周，岁输货财以助军费。"世宗不答。

周主遣韩令坤将兵袭唐扬州世宗诇知扬州无备，命韩令坤等将兵袭之，戒以毋得残民[3]。其李氏陵寝，遣人与其人共守护之。

唐主遣钟谟、李德明奉表于周唐主以兵屡败，惧亡，乃遣翰林学士钟谟、文理院学士李德明奉表称臣，请平于周，献御服、茶、药及金银器、缯锦、牛酒。谟、德明素辩口，世宗知其欲游说，盛陈甲兵而见之，曰："尔[4]主自谓唐室苗裔，宜知礼义，异于他国。与朕止隔一水，未尝遣一介修好，惟泛海通契丹，舍华事夷，礼义安在？且汝欲说我，令罢兵邪？我非六国愚主[5]，岂汝口舌所能移邪？可归语汝主，亟来见朕，再拜谢过，则无事矣。不然，朕欲往观金陵城，借府库以劳军，汝君臣得无悔乎？"二人战栗不敢言。

吴越遣兵袭唐常州吴越菅田使陈满言于丞相吴程曰："周师南征，唐举国惊扰。常州无备，易取也。"程言于吴越王弘俶，请从之。丞相元德昭曰："唐大国，未可轻也。若我入唐境而周师不至，能无危乎？"程固争，弘俶从之。遣程督兵趋常州。

周取唐扬州韩令坤奄至扬州，以数骑驰入城，城中不之觉。唐副留守冯

1　藏：收藏财物的府库。
2　讯鞠：审讯。
3　残民：残害百姓。
4　尔：人称代词，你。
5　六国愚主：战国时六国愚昧的君主。六国，战国时的齐、楚、燕、韩、赵、魏六个大国。

延鲁髡发[1]僧服而逃，军士执之。令坤慰抚其民，使皆安堵。

　　唐灭故吴主杨氏之族唐主遣园苑使尹延范如泰州，迁吴让皇之族于润州。延范以道路艰难，恐其为变，尽杀其男子六十人。还报，唐主怒，腰斩之。

　　周取唐泰州。

　　岳州团练使潘叔嗣杀王逵，迎周行逢入朗州。行逢讨叔嗣，斩之叔嗣属将士而告之曰："吾事令公至矣，今乃信谗疑怒，军还，必击我，吾不能坐而待死，汝辈能与我俱西乎？"众愤怒，请行。叔嗣率之西袭朗州。逵还战，败死。或劝叔嗣遂据朗州，叔嗣曰："吾救死耳，安敢自尊[2]？"乃归岳州，使将吏迎武安节度使周行逢。众谓行逢："必以潭州授叔嗣。"行逢曰："叔嗣贼杀[3]主帅，今若遽尔[4]，人必谓我与之同谋，何以自明？且俟逾年未晚也。"乃入朗州，自称武平留后，告于周，以叔嗣为行军司马。叔嗣怒，称疾不至。行逢曰："叔嗣更欲图我邪？"乃授叔嗣武安节钺以诱之，叔嗣遂行。行逢迎候，郊劳[5]，甚欢。叔嗣入谒，遣人执之，立庭下，责之曰："汝为小校无大功，王逵用汝为团练使，一旦反杀主帅。吾未忍斩汝，乃敢拒吾命乎？"遂斩之。

　　三月，周主行视水寨世宗至淝桥[6]，自取一石，马上持之，至寨以供炮[7]。从官过桥者，人赍一石。我太祖乘皮船[8]，入寿春壕中。城上发连弩[9]射之，矢大如椽[10]，牙将张琼以身蔽之。矢中琼髀[11]，死而复苏。镞[12]着骨，不可出，琼饮酒

1　髡发：剃发。
2　自尊：自居尊位。
3　贼杀：杀害。
4　遽尔：仓促，轻率。
5　郊劳：到郊外迎接并慰劳。
6　淝桥：古桥名，位于今安徽省淮南市寿县北淝水上。
7　炮：用以发射石头的器械，古写作"砲"。
8　皮船：用牛皮蒙罩船身以御矢石的战船。
9　连弩：装有机关，可以同发数矢或连发数矢的弓。
10　椽：承屋瓦的圆木。
11　髀：大腿。
12　镞：箭头。

一大疽，令人破骨出之，流血数升，神色自若。

唐遣司空孙晟奉表于周唐主以孙晟为司空，遣与礼部尚书王崇质奉表于周，请奉正朔，守土疆[1]。晟谓冯延己曰："此行当在左相[2]，然晟若辞之，则为负先帝矣。"既行，知不免，中夜叹息，谓崇质曰："君家百口，宜自为谋。吾思之熟矣，终不负永陵一抔土[3]，余无所知也。"既至，世宗遣中使以晟等诣寿春城下，示刘仁赡，且招谕之。仁赡见晟，戎服拜于城上。晟谓仁赡曰："君受国厚恩，不可开门纳寇。"世宗闻之，怒，晟曰："臣为唐宰相，岂可教节度使外叛邪？"世宗释之。

南汉以宦者龚澄枢知承宣院南汉甘泉宫使林延遇阴险多计数，南汉主倚信之。诛灭诸弟，皆其谋也。及卒，国人相贺。延遇荐澄枢自代，南汉主即日用之。

周取唐光、舒、蕲州。

周遣李德明还唐，唐主杀之唐主使李德明、孙晟言于周，请去帝号，割六州，岁输金帛百万以求罢兵。世宗欲尽得江北之地，不许。德明请归白唐主献之，世宗许之。晟因奏遣王崇质与德明俱归。赐唐主诏曰："诸郡悉来，大军立罢。但存帝号，何爽岁寒[4]？傥坚事大之心，终不迫人于险。言尽于此，更不烦云[5]；苟曰未然，请从兹[6]绝。"唐主复上表谢。德明盛称世宗威德及甲兵之强，劝唐主割江北之地，唐主不悦，宋齐丘以割地为无益。德明轻佻[7]，言多过实，国人亦不之信。枢密使陈觉、副使李征古素恶晟及德明，使王崇质异其言。因谮德明卖国求利，唐主大怒，斩之。

1　土疆：领土，疆界。
2　左相：左丞相的简称。
3　永陵一抔土：永陵，南唐烈祖李昪的陵墓，位于今江苏省南京市江宁区西南牛首山南祖堂山下。一抔土，一捧黄土。抔，用手捧东西。
4　何爽岁寒：何必违背忠贞不屈的节操。爽，违背。岁寒，喻忠贞不屈的节操。
5　烦云：麻烦人来劝说。
6　兹：此，此时，此地。
7　轻佻：不庄重，不严肃。

唐遣将军柴克宏将兵救常州，败吴越兵。遂引兵救寿州，未至，卒
吴程攻常州，破其外郭，执唐团练使赵仁泽，送钱塘。仁泽见吴越王弘俶不
拜，责以负约。弘俶怒，抉[1]其口至耳。元德昭怜其忠，为傅良药，得不死。
唐主恐吴越侵逼润州，以宣润都督、燕王弘冀年少，征还金陵。部将赵铎言
于弘冀曰："大王元帅，众心所恃，逆[2]自退归，所部必乱。"弘冀然之，辞不
就征，部分诸将，为战守之备。龙武都虞候柴克宏，再用之子也，沉默好施，
不事家产[3]，虽典宿卫，日与宾客博弈饮酒，未尝言兵，时人以为非将帅才。至
是，请效死行阵。其母亦表称克宏有父风，可为将。唐主乃以为右武卫将军，
使救常州。时唐精兵悉在江北，克宏所将数千人皆羸老，李征古复以铠仗之朽
蠹[4]者给之。克宏诉于征古，征古慢骂之。众皆愤恚，克宏恬然。至润州，征
古遣使召克宏，以朱匡业代之。弘冀谓克宏："君但前战，吾当论奏。"乃表
克宏才略可以成功，常州危在旦莫[5]，不宜中易主将。克宏引兵径趋常州，征古
复遣使召之。克宏曰："吾计日破贼，汝来召吾，必奸人也！"命斩之。使者
曰："受李枢密命而来。"克宏曰："李枢密来，吾亦斩之！"乃蒙船以幕[6]，匿
甲士其中，袭吴越营，大破之，斩首万级。匡业至，克宏事之甚谨，复请将兵
救寿州，未至而卒。

唐主以其弟齐王景达为元帅，将兵拒周师唐主以景达为诸道兵马元
帅，将兵拒周。以陈觉为监军使。中书舍人韩熙载上书曰："信莫信于亲王，
重莫重于元帅，安用监军为哉？"不从。遣鸿胪卿潘承祐诣泉、建[7]召募骁勇。
承祐荐许文稹、陈德诚、郑彦华、林仁肇。

夏，四月，唐兵复取泰州，进攻扬州唐将军陆孟俊将兵趋泰州，周兵

1　抉：掰，挑开。
2　逆：反而。
3　不事家产：不致力于积累家族产业。
4　朽蠹：腐朽虫蚀。
5　旦莫：同"旦暮"，早晨和傍晚，比喻短暂的时间。
6　幕：覆盖在上面的大块布、绸、毡子等。
7　泉、建：即泉州、建州。

遁去。进攻扬州，韩令坤亦走。世宗遣张永德将兵救之，令坤乃还。世宗又遣我太祖将兵屯六合。太祖令曰："扬州兵有过六合者，折其足。"令坤始有固守之志。

周主如濠州世宗攻寿州，久不克。会大雨，营中水深数尺，失亡颇多，粮运不继，乃议旋师。或劝东幸濠州，从之。

周韩令坤败唐兵于扬州，擒其将陆孟俊，杀之初，孟俊之废马希萼也，灭故舒州刺史杨昭恽之族。以其女美，献于希崇。令坤入扬州，希崇以遗令坤。至是，获孟俊，将械送行在。杨氏在帘下，忽抚膺恸哭，曰："孟俊昔杀妾家二百口，今见之，请复[1]其冤。"令坤乃杀之。

唐兵攻六合，我太祖击破之唐齐王景达将兵济江，距六合二十余里，设栅不进。诸将欲击之，我太祖曰："吾众不满二千，若往击之，彼必见吾众寡矣。不如俟其来而击之，破之必矣。"居数日，唐出兵趋六合，太祖奋击，大破之，杀、获近五千人，溺死甚众。于是唐之精卒尽矣。是战也，士卒有不致力者，太祖伴为督战，以剑斫其皮笠[2]。明日，遍阅其笠，有剑迹者数十人，皆斩之。由是部兵莫敢不尽死。

周主如涡口涡口作新浮梁成，世宗幸之，欲遂至扬州。范质等以兵疲食少，泣谏而止。世宗尝怒窦仪，欲杀之。质入救之，世宗起避。质趋前，伏地叩头曰："仪罪不至死！臣为宰相，致陛下枉杀近臣，罪皆在臣。"继之以泣。世宗意解，乃释之。

五月，唐败福州兵于南台江[3]。

周主还大梁，留李重进围寿州。

六月，唐刘仁赡击周将李继勋，败之。

唐遣员外郎朱元将兵复江北诸州元因奏事，论用兵方略，唐主以为能，

1　复：报复。
2　皮笠：古代革制的斗笠形的帽子。
3　南台江：古水名，又称白龙江，即今福建省闽江流经福州市一段。

故用之。

秋，七月，周以周行逢为武平节度使周以行逢为武平节度使，制置武安、静江等军事。行逢留心民事，悉除马氏横赋，贪吏猾民[1]为民害者皆去之，择廉平吏为刺史、县令。朗州民夷杂居，将卒骄横，一以法治之，无所宽假，众怨且惧。有大将与其党十余人谋作乱，行逢知之，大会诸将，于座中擒之，数曰："吾恶衣粝食[2]，正为汝曹，何负而反？今日之会，与汝诀[3]也！"立挝杀之，座上股栗。行逢曰："诸君无罪，皆宜自安。"乐饮而罢。行逢多计数，善发隐伏，然性猜忍，常遣人密诇诸州事。闻邵州[4]刺史刘光委多宴饮，曰："光委聚饮，欲谋我邪？"召还，杀之。衡州刺史张文表独以岁时馈献[5]，谨事左右，得免。行逢妻邓氏陋而刚决，善治生，尝谏行逢用法太严，行逢怒。邓氏因之村墅，遂不复归。行逢屡遣迎之，不至。一旦，自率僮仆来输税[6]，行逢就见之，曰："夫人何自苦如此？"邓氏曰："税，官物也。公不先输，何以率下[7]？且独不记为里正[8]，代人输税，以免楚挞时邪？"行逢欲与之归，不可，曰："公诛杀太过，一旦有变，村墅易为逃匿耳。"行逢婿唐德求补吏[9]，行逢曰："汝才不堪为吏，吾今私[10]汝则可矣。汝居官无状，吾不敢以法贷汝，则亲戚之恩绝矣。"与之耕牛、农具而遣之。前天策府学士徐仲雅，自马希广之废，杜门不仕，行逢慕之，署节度推官。仲雅辞疾，行逢迫胁，固召之。面授文牒[11]，终辞不取。行逢怒，放之邵州，竟不能屈。

胡氏曰：周行逢为政有足称[12]者，徐仲雅既蒙礼辟，岂不可出身相佐，以

1　贪吏猾民：贪吏，贪污的官吏。猾民，刁滑狡诈的百姓。
2　恶衣粝食：穿粗劣的衣服，吃糙米做的饭，形容生活俭朴。粝，糙米。
3　诀：与死者辞别。
4　邵州：古州名，辖今湖南省冷水江市以南资水流域。
5　馈献：赠送贡献。
6　输税：缴纳租税。
7　率下：作下属表率。
8　里正：里长，管理乡里的小吏。
9　补吏：补任官吏。
10　私：偏爱。
11　文牒：案卷，文书。
12　足称：值得称道。

靖一方？乃能守节尚志[1]，终不肯屈，求之当时，鲜其比矣，可不谓贤乎？冯道历事五代之君，朝同夕异，其有愧于仲雅，岂可数量[2]哉？

　　唐朱元等取舒、和、蕲州。周扬、滁州守将皆弃城，并兵攻寿州初，唐人以茶、盐强民而征其粟帛[3]，谓之"博征"。又兴营田于淮南，民甚苦之。及周师至，争奉牛酒迎劳，而将帅不之恤[4]，专事俘掠。民皆失望，相聚山泽，操农器为兵，积纸为甲，时人谓之"白甲军"。周兵讨之，屡为所败，所得诸州，多复为唐有。淮南节度使向训奏请以广陵之兵并力攻寿春，诏许之。训封府库以授主者，命牙将分部按行城中，秋毫不犯，州民感悦。军还，或负粮糒以送之。滁州守将亦弃城，引兵趋寿春。唐诸将请据险以邀周师，宋齐丘曰："如此则怨益深，不如纵之以德[5]于敌，则兵易解也。"乃命诸将自守，毋得擅出。由是寿春之围益急。齐王景达军于濠州，遥为声援。军政皆出于陈觉，拥兵五万，无决战意，将吏畏之，无敢言者。

　　八月，周作《钦天历》王朴与司天少监王处讷所撰也。

　　九月，周以王朴为枢密副使。

　　冬，十月，周立二税[6]起征限世宗谓侍臣曰："近朝征敛[7]谷帛，多不俟收获、纺绩之毕。"乃诏三司："自今夏税以六月，秋税以十月起征。"民间便之。

　　周山南东道节度使安审琦入朝，除太师，遣还镇审琦镇襄州十余年，至是入朝，除守[8]太师，遣还镇。审琦感悦。世宗谓宰相曰："近朝多不以诚信待诸侯，诸侯虽有欲效[9]忠节者，其道无由。王者但能毋失其信，何患诸侯不

1　尚志：崇尚远大的志向。
2　数量：用数目来衡量。
3　以茶、盐强民而征其粟帛：将茶、盐强行配给农民，并且征收他们的粮食布帛。
4　不之恤：即不恤之，不体恤他们。
5　德：施恩德。
6　二税：分夏、秋两季完纳的赋税。
7　征敛：征收。
8　除守：任职。
9　效：效劳，效忠。

归心哉？"

周将张永德败唐兵于下蔡。

周以我太祖为定国[1]节度使，兼殿前都指挥使太祖表赵普为节度推官[2]。

十一月，周杀唐使者司空孙晟张永德与李重进不相悦。永德密表重进有二心，世宗不之信。时二将各拥重兵，众心忧恐。重进一日单骑诣永德营，从容宴饮，谓永德曰："吾与公幸以肺腑[3]俱为将帅，奚相疑若此之深邪？"永德意解，众心亦安。唐主闻之，以蜡书诱重进，皆谤毁、反间之语，重进奏之。初，唐使者孙晟、钟谟从至大梁，世宗待之甚厚，时召见，饮以醇酒，问以唐事。晟但言："唐主畏陛下神武[4]，事陛下无二心。"及得唐蜡书，召晟责之。晟正色抗辞，请死。问以唐虚实，默不对。命都承旨[5]曹翰送晟于右军巡院，与之饮酒，从容问之，晟终不言。翰乃谓曰："有敕赐相公死。"晟神色怡然，索靴笏[6]，整衣冠，南向拜曰："臣谨以死报国。"乃就刑，并从者百余人皆杀之。贬钟谟耀州司马。既而怜晟忠节，悔杀之。召谟，拜卫尉少卿。

周召华山隐士陈抟诣阙，寻遣还山世宗召陈抟，问以飞升[7]、黄白之术，对曰："陛下为天子，当以治天下为务，安用此为？"乃遣还山，诏州县长吏常存问之。

胡氏曰：陈抟之蕴[8]，非世宗所知也。飞升、黄白之问，不亦陋乎！抟以治天下对，已发其端，世宗不能访以治道也。

周城下蔡。

1　定国：方镇名，即定国军，治同州。
2　节度推官：古官名，节度使所属幕僚。
3　肺腑：比喻帝王的宗室近亲。
4　神武：英明威武。
5　都承旨：古官名，即枢密院承旨，掌管枢密院内部事务，检查枢密院主事以下官吏的功过及其迁补等事。
6　靴笏：靴子与笏板。古代官员在朝觐或其他正式场合用。
7　飞升：羽化而升仙。
8　蕴：深奥。

丁巳（公元 957 年）

周显德四年。北汉天会元年。〇是岁，凡五国、三镇。

春，正月，唐遣兵救寿州，周师击破之唐寿州城中食尽。齐王景达遣许文稹、边镐、朱元将兵数万救之，军于紫金山[1]，列十余寨，与城中烽火相应。又筑甬道运粮，绵亘数十里。将及寿春，周李重进邀击，大破之，死者五千人，夺其二寨。刘仁赡请以边镐守城，自率众决战。景达不许，仁赡愤邑成疾。其幼子崇谏夜泛舟渡淮，为小校所执，仁赡命腰斩之。监军使周廷构哭于中门以救之，不许。廷构复使求救于夫人，夫人曰："妾于崇谏非不爱也，然军法不可私，名节不可亏。若贷之，则刘氏为不忠之门，妾与公何面目见将士乎？"趣命斩之，然后成丧。将士皆感泣。周人以唐援兵尚强，多请罢兵，世宗疑之。李谷寝疾，使范质、王溥就问之，谷曰："寿春危困，破在旦夕，若銮驾亲征，则将士争奋，必可下矣。"

二月，周更造祭器、祭玉[2]命国子博士[3]聂崇义讨论制度，为之图[4]。

三月，周主复如寿州，大破唐兵。唐元帅景达奔还先是，唐水军锐敏[5]，周人无以敌之，世宗以为恨。反自寿春，于大梁城西汴水侧造战舰数百艘，命唐降卒教北人水战，数月之后，纵横出没，殆胜唐兵。至是，车驾发大梁，命王环将之，自闵河[6]沿颍入淮，唐人大惊。三月，世宗渡淮，抵寿春城下。躬擐甲胄，军于紫金山南，命我太祖击唐寨，破之，断其甬道，由是唐兵首尾不能相救。朱元特功，颇违节度。陈觉与元有隙，屡表元反复，不可将兵，唐主以杨守忠代之。元愤怒，欲自杀。客宋均说之曰："大丈夫何往不富贵，何必为妻子死乎？"元即举寨万余人降。周世宗虑其余众沿流东溃，遽命指挥

1　紫金山：古山名，位于今安徽省淮南市寿县东北。
2　祭玉：祭祀时所用之玉。
3　国子博士：古官名，其职掌除教授国子监学生学业之外，亦备君主政治咨询，参与祭典的顾问。
4　为之图：把礼仪制度用图画的形式画出来。
5　锐敏：精细而敏锐。
6　闵河：古水名，五代时蔡河的别称，承汴水于今河南省开封市东。

使赵晁将水军数千沿淮而下。命诸将击唐紫金山，大破之，杀、获万余人，擒许文稹、边镐、杨守忠。余众果东。世宗自将骑数百，与诸将夹岸追之，水军中流而下，唐兵战、溺死及降者殆四万人，获船舰、粮仗以十万数。刘仁赡闻援兵败，扼吭[1]叹息。景达、陈觉皆奔归金陵，惟陈德诚全军而还。唐主议自督诸将拒周，中书舍人乔匡舜上疏切谏，唐主以为沮众，流抚州。既而竟不敢出。

唐寿州监军周廷构以城降周。唐节度使刘仁赡死之。周以寿州为忠正军，徙治下蔡世宗耀兵于寿春城北。唐清淮节度使刘仁赡病甚，不知人。监军使周廷构等作仁赡表，舁[2]仁赡出城，以降于周。仁赡卧不能起，世宗慰劳赐赉，复令入城养疾。徙寿州治下蔡，赦州境死罪以下。民受唐文书聚山林者，并令复业。政令有不便者，令本州条奏。又制曰："刘仁赡尽忠所事，抗节无亏，前代名臣，几人堪比？朕之伐叛，得尔为多[3]。"其以为天平节度使兼中书令。是日卒，追赐爵彭城郡王。唐主闻之，亦赠太师。世宗复以清淮军为忠正军，以旌仁赡之节。

周主之父光禄卿致仕柴守礼犯法，周主不问守礼及当时将相王溥、王晏、韩令坤之父游处，恃势恣横，洛[4]人畏之，谓之"十阿父"。世宗既为太祖嗣，人无敢言守礼子者，但以元舅处之，优其俸给，未尝至大梁。尝以小忿[5]杀人，有司不敢诘，世宗知而不问。

胡氏曰：世宗不知其姓出于柴氏，而守礼又亡，则无责矣。其父固在，乃以元舅处之，果何义也？然则宜奈何？为郭氏立后，封以大国，如周之祀宋，得用天子礼乐，以不忘抚爱、富贵之恩。而复姓曰柴，尊守礼为太上皇，立柴

1　扼吭：气逆于喉。
2　舁：共同用手抬。
3　得尔为多：得到你最值得称道。
4　洛：即洛阳。
5　小忿：小的过节。

氏宗庙，以别生分类[1]，正本始[2]以示天下，则其道并行而不相悖矣。欧阳公以守礼杀人，世宗不问，为宁受屈法之过，以申父子之道。夫既以元舅处之，何名为父子？且曰："刑一人，未必能使天下无杀人；杀其父，则灭天性，孰为重？"夫事固皆当权轻重而执其中，然非可以杀父而论之也。故孟子发明[3]父子之重，至以天下为敝屣[4]，乃可与权者矣。

周开寿州仓赈饥民。

夏，四月，周主还大梁。

周宦者孙延希伏诛周修永福殿，命延希董其役。世宗至其所，见役徒有削柿为匕[5]、瓦中啖饭者，大怒，斩延希。

周罢怀恩军，遣还蜀周之克秦、凤也，以蜀兵为怀恩军。至是，遣八百余人西还。

周以唐降卒为怀德军凡六军，三十指挥。

周疏汴水入五丈河[6]自是齐鲁[7]舟楫皆达于大梁。

五月，周作《刑统》诏以律令文古[8]难知，格敕[9]烦杂不一，命侍御史张湜等训释[10]、删定为《刑统》。

唐败周兵，断其浮梁唐郭廷谓将水军断涡口浮梁，又袭败武行德于定远。唐以廷谓为应援使。

六月，蜀卫圣[11]都指挥使李廷珪罢蜀人多言廷珪为将败覆[12]，不应复典兵，

1　别生分类：辨别生身之处，分出族类。

2　本始：原始，本初。

3　发明：阐述，阐发。

4　敝屣：破旧的鞋，亦比喻没有价值的东西。

5　削柿为匕：把碎木片削成吃饭用的勺子。柿，砍木头掉下来的碎片。匕，古人取食的器具，类似于勺子。

6　五丈河：古水名，以东京（今河南省开封市）为中心的漕运四渠之一，以河广五丈为名。

7　齐鲁：即今山东省。

8　文古：文字古奥艰深。

9　格敕：法规敕令。

10　训释：解释字句的意思。

11　卫圣：禁军名。

12　败覆：败亡倾覆。

蜀主罢之。李太后以典兵者多非其人，谓蜀主曰："吾昔见庄宗[1]跨河与梁战，及先帝在太原，平二蜀，诸将非有大功无得典兵，故士卒畏服。今王昭远出于厮养，伊审征、韩保贞、赵崇韬皆膏粱乳臭子，素不习兵，徒以旧恩置于人上，平时谁敢言者？一旦疆场有事，安能御大敌乎？以吾观之，惟高彦俦太原旧人，终不负汝，自余无足任者。"蜀主不能从。

周以王祚为颍州团练使祚，溥之父也。溥为宰相，祚有宾客，溥常朝服侍立，客坐不安席。祚曰："独犊[2]不足为起。"

秋，七月，周贬武行德、李继勋为左、右卫将军治定远、寿春之败也。

北汉初立七庙。

八月，周平章事李谷罢，以王朴为枢密使谷卧疾[3]二年，九表辞位，罢守本官，令每月肩舆一诣便殿，议政事。

蜀主致书于周，周主不答周所遣怀恩军至成都，蜀主亦遣梓州所俘八十人东还，且致书谢，请通好[4]。世宗以其抗礼，不答。蜀主闻之，怒曰："朕为天子郊祀天地时，尔犹作贼，何敢如是？"

九月，周以窦俨为中书舍人俨上疏请令有司讨论礼仪，考正钟律，作《通礼》《正乐》。又以："为政之本，莫大择人；择人之重，莫先宰相。自有唐之末，轻用名器，始为辅弼，即兼三公、仆射之官。故其未得之也，则以趋竞为心；既得之也，则以容默[5]为事。乞令宰相各举所知，且令以本官权知政事，期岁之间，察其职业，若果能堪称[6]，其官已高，则除平章事。未高，则稍更迁官，权知如故。若有不称，则罢其政事，责其举者。又班行[7]之中，有员

1　庄宗：即后唐庄宗李存勖。
2　独犊：相当于犬子。犊，《鲁连子》曰："北方有兽，名为犊，生而角当心。俯厉其角，溃心而死。"
3　卧疾：卧病。
4　通好：互相友好往来。
5　容默：宽容沉默。
6　堪称：值得称赞。
7　班行：朝班的行列，朝官的位次。

无职者太半。乞量其才器，授以外任[1]，考其治状[2]，能者进之，否者黜之。"又请："令盗贼自相纠告，以其所告赀产之半赏之。或亲戚为之首[3]，则论[4]其徒侣而赦其所首者。如此，则盗不能聚矣。又新郑乡村团为义营[5]，各立将佐。一户为盗，累其一村；一户被盗，罪其一将。每有盗发，则鸣鼓举火，丁壮云集，盗少民多，无能脱者。由是一境独清。请令他县皆效之，亦止盗之一术也。又累朝屡诏听民广耕[6]，止输旧税，及其既种，则有司履亩[7]而增之，故民皆疑惧而田不加辟。夫为政之先，莫如敦信。信苟著矣，则田无不广。田广则谷多，谷多则藏之民，犹藏之官也。"又言："陛下南征江淮，威灵所加，前无强敌。今以众击寡，以治伐乱，势无不克。但行之贵速，则彼民免俘馘之灾，此民息转输之困矣。"世宗善之。俨，仪之弟也。

冬，十月，周设贤良、经学、吏理[8]等科。

北汉麟州降周，周以其刺史杨重训为防御使。

十一月，周主自将伐唐，攻濠、泗州世宗自将伐唐。十一月，攻破濠州关城，拔其水寨，焚战船七十余艘，斩首二千余级。又攻拔其羊马城，城中震恐。唐团练使郭廷谓上表言："臣家在江南，今若遽降，恐为唐所种族[9]，请先遣使禀命，然后出降。"许之。唐战船数百艘在涣水[10]东，欲救濠州。世宗自将兵夜发，击破之，鼓行而东，所至皆下。至泗州，我太祖先攻其南，因焚城门，破水寨。世宗居月城楼，督将士攻城。

1　外任：京城以外的地方官。
2　治状：施政的成绩。
3　首：告发。
4　论：判罪，判决。
5　新郑乡村团为义营：在新郑的乡村组织义营。新郑，古县名，治所即今河南省郑州市辖新郑市。
6　广耕：增广耕种的土地。
7　履亩：实地观察，丈量田亩。
8　吏理：为政之道。
9　种族：族诛。
10　涣水：古水名，又名浍水，自今河南省开封县东分狼汤渠水，东南流经杞县、睢县、柘城，南入安徽省境，经亳州市东北、河南省永城县南、安徽省宿县、固镇，至五河县南入淮水。

契丹、北汉会兵寇周潞州，不克而还契丹遣其侍中崔勋将兵来会北汉，欲同入寇。北汉主遣李存瓌将兵会之，南侵潞州，至其城下而还。北汉主知契丹不足恃，而不敢遽与之绝，赠送勋甚厚。

十二月，唐泗州降周。周主追击唐兵至楚州，大破之泗州守将范再遇举城降周。世宗自至城下，禁军中刍荛者毋得犯民田，民皆感悦，争献刍粟。无一卒敢擅入城者。唐战船数百艘保清口。世宗自将，追至楚州西北，大破之。我太祖擒其应援使陈承昭以归。唐之战船在淮上者，于是尽矣。

唐濠州降周。周主进兵攻楚州，遣兵取扬、泰州郭廷谓使者自金陵还，知唐不能救，命参军李延邹草降表。延邹责以忠义，廷谓以兵临[1]之。延邹掷笔曰："大丈夫终不负国，为叛臣作降表！"廷谓斩之，举城降周。世宗时攻楚州，廷谓来谒，世宗谓曰："江南诸将败亡相继，独卿能断涡口浮梁，破定远寨，所以报国足矣。"使将濠州兵攻天长。遣指挥使武守琦将骑数百趋扬州，至高邮。唐人悉焚扬州官府民居，驱其人南渡江。后数日，周兵乃至。世宗闻泰州亦无备，遣兵袭取之。

南汉遣使入贡于周，不至南汉主闻唐屡败，忧形于色，遣使入贡于周，为湖南所闭[2]。乃治战船，修武备。既而纵酒酣饮，曰："吾身得免幸矣，何暇虑后世哉？"

戊午（公元958年）

周显德五年。唐中兴元年。南汉主铱大宝元年。〇是岁，凡五国、三镇。

春，正月，周师克唐海州。

周凿鹳水[3]，引战舰入江世宗欲引战舰自淮入江，阻北神堰[4]不得渡。欲

1　临：靠近，逼近。
2　闭：堵塞不通。
3　鹳水：古水名，位于今江苏省淮安市西。
4　北神堰：古堤坝名，位于今江苏省淮安市北古邗沟入淮处。古邗沟水高于淮水，故立堰以防其泄。

凿楚州西北鹳水，以通其道，遣使行视。还言地形不便，计功¹甚多。乃自往视之，授以规画，旬日而成，用功甚省。巨舰数百艘皆达于江。唐人大惊，以为神。

周师拔唐静海军周拔静海军，始通吴越之路。先是，世宗遣使如吴越，语之曰："卿去虽泛海，还当陆归。"已而果然。

蜀贬章九龄为维州参军蜀右补阙章九龄见蜀主，言："政事不治，由奸佞在朝。"蜀主问："奸佞为谁？"指李昊、王昭远以对。蜀主怒，贬之。

周主克唐楚州，唐防御使张彦卿死之周兵攻楚州，逾四旬，唐防御使张彦卿固守不下。世宗自督诸将攻克之。彦卿与都监郑昭业犹率众拒战，矢、刀皆尽，彦卿举绳床²以斗而死，所部千余人，至死无一人降者。

胡氏曰：臣之事君，格其非心，褊狭者宜廓³以宽弘，急促者宜导以纾缓⁴。世宗之短，李谷、范质、王溥、王朴二三大臣所当济其不及而泄⁵其过也。太平之功，非一日所能就，而世宗意在速成，故威武虽畅，而德信未洽。观楚州之不下，而甘心尽死如此，则亦异于云霓之望⁶，时雨之化⁷矣。故图大业者，速成不若美成⁸也。

高保融以水军会周师伐唐。

二月，周主至扬州。

北汉攻周隰州，不克隰州刺史暴卒，建雄节度使杨廷璋谓都监李谦溥曰："今大驾南征，泽州无守将，河东必生心⁹。若奏请待报¹⁰，则孤城危矣。"即

1　计功：计算用工数、工程量。
2　绳床：一种可以折叠的轻便坐具，以板为之，并用绳穿织而成，又称胡床、交床。
3　廓：开拓，扩大。
4　纾缓：宽缓，使宽缓。
5　泄：发散，排出。
6　云霓之望：比喻迫切地盼望。语出《孟子·梁惠王下》："民望之，若大旱之望云霓也。"赵岐注："霓，虹也。雨则虹见，故大旱而思见之。"
7　时雨之化：像及时雨一样滋润化育。语出《孟子·尽心章句上》。
8　美成：美满地成就。
9　生心：怀有异心，产生疑心。
10　待报：等待批复。

牒谦溥权隰州事。谦溥至，则修守备。未几，北汉兵果至。诸将请速救之，廷璋曰："隰州城坚将良，未易克也。"北汉攻城久不下，廷璋度其疲困无备，潜与谦溥约，各募死士百余夜袭其营，北汉兵惊溃，解去。

三月，唐以太弟景遂为晋王，燕王弘冀为太子景遂前后十表辞位，且言："弘冀嫡长，有军功，宜为嗣。"唐主乃立景遂为晋王、洪州大都督，以弘冀为皇太子，参决庶政。弘冀为人猜忌严刻，景遂左右有未出东宫者，立斥逐之。

周主临江，遣水军击唐兵，破之。唐主遣使尽献江北地，周主罢兵，引还世宗如迎銮镇[1]，屡至江口[2]，遣水军击唐兵，破之。唐主恐遂南渡，又耻降号称藩，乃遣陈觉奉表，请传位于太子弘冀，使听命于中国。时淮南惟庐、舒、蕲、黄未下。觉见周兵之盛，白世宗，请遣人渡江取表，献四州之地，画江为境，以求息兵，辞指甚哀。世宗曰："朕本兴师止取江北，今尔主能举国内附，朕复何求？"赐唐主书，称"皇帝恭问江南国主"，慰纳之。唐主奉表称唐国主，请献江北四州，岁输贡物数十万。于是江北悉平，得州十四，县六十。世宗赐唐主书，谕以："今当罢兵，不必传位。"赐钱弘俶、高保融犒军帛有差。唐主遣冯延己献银、绢、钱、茶、谷共百万以犒军。敕故淮南节度使杨行密、升府节度使徐温等墓并量给[3]守户。其江南群臣墓在江北者，亦委长吏以时检校。

胡氏曰：韩熙载之走江南也，李谷送别，各言所志。谷之言酬[4]，而熙载之言不应。熙载文士高谈[5]，非李谷沉毅有器略之比也。然自昔都江南者，例不能北取中原，岂皆文士无用耶？曰："天下形便无常势，而经营大业有常理。汉高、光、唐太宗，皆栉风沐雨，恶衣菲食，躬擐甲胄，跋履山川[6]，其勤既如

1　迎銮镇：古地名，原名白沙镇，即今江苏省扬州市辖仪征市。
2　江口：江水与他水会流处。
3　量给：酌量给予。
4　酬：以诗文赠答。
5　高谈：不切实际的议论。
6　跋履山川：形容远道奔波之苦。

彼；知人善任，修政爱民，令闻日彰，众情归戴，其德又如此。是以虽初无分地[1]，皆不五六年而成帝业。彼六朝、南唐之君，能如是乎？若谓江南之人柔脆[2]，不可用于北方，则不然矣。项籍以吴中八千子弟横行天下，李陵以荆楚步卒当单于数十万，而宋高祖[3]西取秦，东取燕，所向无敌，亦皆江南人也，孰谓其不可用乎？"

周汴渠成浚汴口[4]，导河流达于淮。于是江淮舟楫始通。

夏，四月，周新作太庙成。

五月朔，日食。

唐主更名"景"，去帝号，奉周正朔唐主避周讳，更名"景"。下令去帝号，称国主，凡天子仪制[5]，皆有降损[6]。去年号，用周正朔。平章事冯延己、严续、枢密使陈觉皆罢。初，延己以取中原之策说唐主，由是有宠。尝笑烈祖龌龊[7]，曰："安陆所丧才数千兵，为之辍食[8]咨嗟者旬日，此田舍翁识量耳，安足与成大事？岂如今上暴师数万于外，而击球宴乐无异平日，真英主[9]也！"与其党谈论，常以天下为己任，更相唱和。翰林学士常梦锡屡言延己等浮诞，不可信，唐主不听。梦锡曰："奸言似忠，陛下不悟，国必亡矣！"及是，延己之党相与言，有谓周为大朝[10]者，梦锡大笑曰："诸公常欲致君尧、舜，何意今日自为小朝[11]邪？"众嘿然。

周主遣使如唐，馈之盐，还其俘周始命太府卿冯延鲁、卫尉少卿钟谟使于唐，赐以御衣、玉带、《钦天历》及犒军帛十万。唐主尝奏江南无卤田[12]，

1　分地：分封土地。
2　柔脆：柔弱，软弱。
3　宋高祖：即南朝宋高祖刘裕。
4　汴口：古地名，即汴渠通黄河之口，位于今河南省郑州市辖荥阳市东北。
5　仪制：礼仪制度及其具体规定。
6　降损：减少，降低。
7　龌龊：形容气量狭小，拘于小节。
8　辍食：停止饭食，多形容哀伤或发愤。
9　英主：英明有为的君主。
10　大朝：居于正统的朝廷。
11　小朝：小朝廷，小国家。
12　卤田：盐碱地。

愿得海陵盐监。世宗曰："海陵在江北，难以交居[1]。"至是，诏岁给盐三十万斛，俘获士卒，稍稍归之。

　　秋，八月，唐太子弘冀杀其叔父晋王景遂景遂之赴洪州也，唐主以李征古为副使。征古傲狠[2]专恣，景遂虽宽厚，久而不堪，常欲斩征古而自囚，左右谏而止。太子弘冀在东宫，多不法。唐主怒，尝以球杖击之，曰："吾当复召景遂。"弘冀闻洪州都押牙袁从范怨景遂，密遣毒之。景遂击球渴甚，从范进浆[3]，饮之而卒。未殡，体已溃。唐主不之知。

　　南汉主晟殂，子铱立铱年十六，国事皆决于龚澄枢、卢琼仙等，台省备位而已。

　　唐置进奏院于大梁。

　　周遣阁门使曹彬如吴越周遣曹彬以兵器赐吴越，事毕亟返，不受馈遗。吴越人以轻舟追与之，至于数四。彬曰："吾终不受，是窃名[4]也。"尽籍其数，归而献之。世宗曰："向之奉使者乞丐[5]无厌，使四方轻朝命。卿能如是，甚善。然彼以遗卿，卿自取之。"彬始拜受，悉以散于亲识，家无留者。

　　冬，十月，周以高防为西南面制置使世宗谋伐蜀，以防为西南面水陆制置使。高保融再遗蜀主书，劝使称臣于周。蜀主集将相议之，李昊曰："从之则君父[6]之辱，违之则周师必至。诸将能拒周乎？"皆曰："陛下圣明，江山险固，秣马厉兵，正为今日。臣等请以死卫社稷！"蜀主乃命昊草书[7]，极言拒绝之。

　　周遣使均定境内田租世宗留心农事，常刻木为农夫、蚕妇，置之殿庭。欲均天下田租，先以元稹《均田图》赐诸道。至是，诏散骑常侍艾颖等

1　交居：混居，杂居。
2　傲狠：倨傲狠戾。
3　浆：古代一种微酸的饮料。
4　窃名：以不正当手段获得名声。
5　乞丐：讨取，索取。
6　君父：特指天子。
7　草书：草拟国书。

三十四人分行诸州，均定田租。又诏诸州并乡村，率以百户为团，团置耆长三人。又诏凡诸色课户及俸户[1]并勒归州县，其幕职[2]、州县官自今并支俸钱及米麦。

十一月，周命窦俨撰《通礼》《正乐》。

唐放[3]其太傅宋齐丘于九华山初，齐丘多树朋党，躁进[4]之士争附之。枢密使陈觉、副使李征古恃其势，尤骄慢。及景达遁归，国人恟惧，唐主悲叹泣下。征古曰："陛下当治兵以捍敌，涕泣何为？岂乳母不至邪？"会司天奏："天文有变，人主宜避位攘灾[5]。"唐主乃曰："吾欲释去万机，谁可以托国者？"征古曰："宋公[6]，造国手[7]也，陛下何不举国授之？"觉曰："陛下深居禁中，国事皆委宋公，先行后闻，臣等时[8]入侍，谈释、老，不亦可乎？"唐主心愠，即命中书舍人陈乔草诏行之。乔惶恐请见，曰："陛下一署此诏，臣不复得见矣！"因极言其不可，唐主笑曰："尔亦知其非邪？"乃止。遂出征古洪州，罢觉近职[9]。钟谟素以德明之死怨齐丘，言于唐主曰："齐丘乘国之危，遽谋篡窃[10]，陈觉、征古为之羽翼，理不可容。"觉自周还，矫以世宗之命谓唐主曰："闻江南连岁拒命，皆宰相严续之谋，当为我斩之。"唐主知觉素与续有隙，固未之信。谟请复之于周，唐主乃因谟复命，上言："久拒王师，皆臣愚迷，非续之罪。"世宗闻之，大惊曰："审如此，则续乃忠臣，朕为天下主，岂教人杀忠臣乎？"谟还，以白唐主。唐主欲诛齐丘等，复遣谟入禀之。世宗以异国之臣，无所可否。唐主乃诏暴齐丘等罪，听齐丘归九华山。觉宣州安

1　诸色课户及俸户：诸色，各种。课户，家有纳税丁口的民户。俸户，替官府收税，并领取薪俸的富户。
2　幕职：地方长官的属吏，因在幕府供职，故称。
3　放：驱逐，流放。
4　躁进：热衷于仕进，急于进取。
5　攘灾：祭神除灾。攘，通"禳"。
6　宋公：即宋齐丘。
7　造国手：在治理国家方面具有卓异才能的人。
8　时：时常。
9　近职：接近君主的职位。
10　篡窃：篡夺窃取。

置[1]，征古赐自尽。

胡氏曰：敌国谋臣，我所恶也，盖有设间[2]用计而去之者矣，或有因其自相疑忌而幸之者矣，未闻称奖[3]其忠，谕使勿杀如世宗者。用心如此，天下有不服乎？

己未（公元 959 年）

周显德六年。六月，恭帝宗训立。〇是岁，凡五国、三镇。

春，正月，周命王朴作律准[4]，定大乐[5] 初，有司将立正仗[6]，宿设[7]乐悬于殿庭。世宗观之，见钟磬虽设而不击者，问乐工，皆不能对。乃命窦俨讨论古今，考正[8]雅乐。以王朴素晓音律，询之。朴上疏曰："礼以检形[9]，乐以治心。形顺于外，心和于内，然而天下不治，未之有也。盖乐生于人心而声成于物，物声既成，复能感人之心。昔黄帝吹九寸之管，得黄钟正声，半之为清声，倍之为缓声，三分损益[10]之以生十二律。十二律旋相为宫以生七调，为一均。凡十二均、八十四调而大备。遭秦灭学[11]，历代罕能用之。唐祖孝孙考正大乐，其法始备。安史之乱，什亡八九。至于黄巢，荡尽无遗。时有博士殷盈孙铸镈钟十二，编钟[12]二百四十。处士萧承训校定石磬[13]，今之在悬者是也。虽有钟磬之状，殊无相应之和，其镈钟不问音律，但循环而击，编钟、磬徒悬而已。丝、

1　安置：官吏被贬官流放，轻者称送某州居住，稍重者称安置，更重者称编管。
2　设间：施离间计。
3　称奖：称赞夸奖。
4　律准：古人奏乐时，用以测定声调高低、使发音准确无误的乐器。
5　大乐：典雅庄重的音乐，用于帝王祭祀、朝贺、燕享等典礼。
6　正仗：朝廷举行祀天、朝会等大典用的仪仗。
7　宿设：前一夜设置，预先设置。
8　考正：考查订正。
9　检形：规范形体。
10　三分损益：增或减三分之一的长度。
11　灭学：消灭学术。指秦始皇焚书坑儒。
12　编钟：古代击打乐器，把一系列铜制的钟悬挂在木架上，用木槌击奏，历代形制大小不一。
13　石磬：一种石制的打击乐器。

竹、匏[1]、土仅有七声，名为黄钟之宫，其存者九曲。考之，三曲协律[2]，六曲参涉[3]诸调。盖乐之废缺，无甚于今。臣谨如古法，以秬黍[4]定尺，长九寸径三分为黄钟之管，与今黄钟之声相应，因而推之，得十二律。以为众管互吹，用声不便，乃作律准，十有三弦，其长九尺，皆应黄钟之声。以次设柱[5]，为十一律，及黄钟清声，旋[6]用七律以为一均。为均之主者，宫也。徵、商、羽、角、变宫、变徵次焉。发其均主之声，归乎本音之律，迭应不乱，乃成其调，凡八十一调。此法久绝，出臣独见，乞集百官校其得失。"诏从之。百官皆以为然，乃行之。

唐宋齐丘自杀齐丘至九华山，唐主命锁其第，穴墙给饮食。齐丘叹曰："吾昔献谋幽让皇帝族于泰州，宜其及此！"乃缢而死。谥曰"丑缪"。初，常梦锡深疾齐丘之党，与冯延己、魏岑之徒日有争论，因郁郁不得志，纵酒成疾而卒。至是，唐主曰："梦锡平生欲杀齐丘，恨不使见之。"赠左仆射。

二月，周导汴水入蔡水以通陈、颍[7]之漕。

周减行苗使[8]所奏羡田[9]开封府奏田税旧一十万二千余顷，今按行，得羡田四万二千余顷。敕减三万八千顷。诸州使还所奏，减之仿此。

周淮南饥淮南饥，世宗命以米贷[10]之。或曰："民贫，恐不能偿。"世宗曰："民，吾子也，安有子倒悬而父不为之解哉？安在[11]责其必偿也？"

胡氏曰：世宗视民犹子，救其乏而不责其必偿，仁人之心，王者之政也。五代十二君，爱民者三人，而世宗为最。漕运给耗，虑陪输[12]也；保任令录，

1　匏：葫芦的一种，即匏瓜。
2　协律：符合音律或格律。
3　参涉：干扰。
4　秬黍：即黑黍，古时选其中形作为度量标准。
5　以次设柱：依次设置架弦的柱子。
6　旋：轮番。
7　陈、颍：即陈州、颍州。
8　行苗使：古官名，负责到各地巡视多出来的田地。
9　羡田：在已入籍或所规定的土地数目之外另占有的田地，是不纳租赋的隐匿田。
10　贷：借出。
11　安在：何在。
12　陪输：运输者赔钱。

防贪秽也；冬役春罢，恐妨农也；毁寺禁度僧，减蠹弊[1]也；立两税限，知早征之害也；设科求士，欲吏治有方也；均定田租，使富不掩贫也；并乡村，置团、耆，绝公皂[2]侵渔也；罢课户、俸户，省官方私扰也；称贷不责偿，欲下沾实惠也。盖自唐宣宗而后，政不及民，而置诸汤火之中者，将百年。而后世宗有君人之德，行不忍人之政，宜其赫然兴起，南面指麾，而四海宾服也。

三月，**周枢密使王朴卒**朴刚锐[3]明敏，智略过人。及卒，世宗临其丧，以玉钺卓地[4]，恸哭数四，不能自止。

夏，四月，**周主自将伐契丹。五月，取瀛、莫、易，置雄、霸[5]州，遂趋幽州。有疾，乃还**世宗以北鄙未复，下诏亲征，命亲军都虞候韩通等将水陆军先发。四月，通自沧州治水道入契丹境，栅于乾宁军[6]南，补坏防[7]，开游口[8]三十六，遂通瀛、莫。车驾至沧州，即日率步、骑数万直趋契丹之境，非道所从[9]，民间皆不之知。契丹宁州[10]刺史王洪举城降。诏以韩通为陆路都部署，我太祖为水路都部署。自御龙舟沿流而北，舳舻相连数十里。至独流口[11]，溯流而西。至益津关[12]，契丹守将终廷辉以城降。自是水路渐隘[13]，乃登陆而西，宿于野次，侍卫之士不及一旅[14]，从官皆恐惧。胡骑连群[15]出其左右，不敢逼。我太祖先至瓦桥关，契丹守将姚内斌、莫州刺史刘楚信皆举城降。五月朔，侍卫都

1　蠹弊：侵蚀破坏。
2　公皂：胥吏的一种。
3　刚锐：刚强而锋芒毕露。
4　以玉钺卓地：用玉钺击地。玉钺，饰玉或玉制的钺，古代作为仪仗用于殉葬。卓地，叩地，击地。
5　雄、霸：即雄州、霸州。雄州，古州名，辖今河北省雄安新区雄县、容城县地。霸州，古州名，辖今河北省廊坊市辖霸州市及其东南至子牙河一带。
6　乾宁军：唐乾宁中置，驻所位于今河北省沧州市青县，以年号为名。
7　坏防：损坏的堤防。
8　游口：河道的泄洪口。
9　非道所从：不是世宗车马所经过的地方。
10　宁州：后晋初，乾宁军陷入契丹，置宁州于其地。
11　独流口：古地名，即今天津市静海区北独流镇。
12　益津关：古关隘名，位于今河北省廊坊市辖霸州市境内，与瓦桥、淤口合称三关。
13　隘：狭窄。
14　一旅：古时以兵士五百人为一旅。
15　连群：成群。

指挥使李重进等引兵继至，契丹瀛州刺史高彦晖举城降。于是关南悉平。宴诸将于行宫，议取幽州。诸将曰："陛下离京四十二日，兵不血刃，取燕南之地，此不世之功也。今虏骑皆聚幽州之北，未宜深入。"世宗不悦。是日，趣先锋都指挥使刘重进先发，据固安[1]。自至安阳水，命作桥。会日暮，还宿瓦桥。是夕，不豫而止。契丹主遣使命北汉发兵挠[2]周边，闻周师还乃罢。孙行友拔易州，擒契丹刺史李在钦。献之，斩于军市[3]。以瓦桥关为雄州，益津关为霸州。命李重进将兵出土门，击北汉。韩令坤戍霸州，陈思让戍雄州，遂还。重进败北汉兵于百井。车驾至大梁。往还适六十日。

六月，河决原武，周发近县民夫塞之。

唐泉州遣使入贡于周，不受唐清源节度使留从效遣使入贡，请置进奏院于京师。诏报之曰："江南近服，方务绥怀。卿久奉金陵，未可改图。若置邸上都，与彼抗衡，受而有之，罪在于朕。"

唐城金陵唐遣钟谟入贡于周，世宗曰："江南亦治兵[4]、修守备乎？"对曰："既臣事大国，不敢复尔。"世宗曰："不然。向时[5]则为仇敌，今日则为一家。吾与汝国大义已定，保无他虞。然人生难期，至于后世，则事不可知。归语汝主，可及吾时[6]完城郭，缮甲兵，据守要害，为子孙计。"谟归，以告唐主。乃城金陵，凡城之不完者葺之，戍兵少者益之。

司马公曰：或问：五代帝王，唐庄宗、周世宗皆称英武，二主孰贤？应之曰：夫天子所以统治万国，讨其不服，抚其微弱，行其号令，一其法度，敦明[7]信义，以兼爱[8]兆民者也。庄宗既灭梁，马殷遣子希范入贡，庄宗曰："比闻马氏之业，终为高郁所夺。今有儿如此，郁岂能得之哉？"郁，马氏之良佐

1　固安：古县名，治所即今河北省廊坊市固安县。
2　挠：扰乱。
3　军市：军中的市场。
4　治兵：在秋季进行的练兵仪式。后亦泛指练兵或治军。
5　向时：先前。
6　及吾时：趁着我在的时候。
7　敦明：昭明，使显明。
8　兼爱：爱无差别等级，不分厚薄亲疏。

也。希范兄希声闻庄宗言，卒矫其父命而杀之。此乃市道商贾之所为，岂帝王之体哉？故胜梁之后，曾不数年，外内离叛，置身无所，诚由知用兵之术，不知为天下之道故也。世宗以信令[1]御群臣，以正义责诸国，王环以不降受赏，刘仁赡以坚守蒙褒[2]，严续以尽忠获存，冯道以失节被弃，张美以私恩[3]见疏。江南未服，则亲犯矢石，期于必克；既服，则爱之如子，推诚尽言，为之远虑。其宏规[4]大度，岂得与庄宗同日语哉？《书》曰："无偏无党，王道荡荡[5]。"又曰："大邦畏其力，小邦怀其德。"世宗近之矣。

周主立其子宗训为梁王初，宰相屡请王诸皇子，世宗曰："功臣之子皆未加恩，而独先朕子，能自安乎？"至是不豫，乃封宗训为梁王，生七年矣。

周以魏仁浦同平章事，我太祖为殿前都点检[6]世宗欲相仁浦，议者以仁浦不由科第为疑。世宗曰："自古用文武才略为辅佐者，岂尽由科第邪？"乃以王溥、范质皆参知枢密院事，仁浦同平章事，枢密使如故。仁浦为人谦谨，世宗性严急，近职有忤旨者，仁浦多引罪归己以救之，所全活什七八。故虽起刀笔吏，致位宰相，时人不以为忝[7]。又以吴延祚为枢密使，韩通充侍卫亲军副都指挥使，我太祖兼殿前都点检。世宗尝问相于兵部尚书张昭，昭荐李涛。世宗愕然曰："涛轻薄[8]无大臣体，卿荐之何也？"对曰："陛下所责者细行[9]也，臣所举者大节也。昔张彦泽虐杀[10]不辜，涛累疏以为不杀必为国患。汉隐帝之世，涛亦上疏请解先帝兵权。夫国家安危未形而能见之，此真宰相器也。"世宗曰："卿言甚善，然涛终不可置之中书。"涛喜诙谐，不修边幅，与

1 信令：信任。
2 蒙褒：受到褒奖。
3 私恩：私人的恩惠。
4 宏规：远大的规划，深远的谋略。
5 无偏无党，王道荡荡：没有偏向，不结党营私，治国为政的道路就会宽广而平坦。荡荡，平坦，广大。
6 殿前都点检：古官名，殿前司最高统兵官，总领禁军，统帅出征各军。
7 忝：谦辞，表示辱没他人，自己有愧。
8 轻薄：轻佻浮薄。
9 细行：小节，小事。
10 虐杀：用残酷的手段杀害人。

弟澥甚友爱，而多谑浪[1]，无长幼体，世宗以是薄之。又以翰林学士王著幕府旧僚，屡欲相之，亦以其嗜酒无检而罢。

周主荣殂，梁王宗训立世宗大渐，召范质等入受顾命，谓曰："王著藩邸故人，朕若不起[2]，当相之。"质等出，相谓曰："著终日游醉乡，岂堪为相？慎毋泄此言。"是日，世宗殂。世宗在藩[3]，多务韬晦。及即位，破高平之寇，人始服其英武。其御军，号令严明，人莫敢犯。攻城对敌，矢石落其左右，略不动容。应机决策，出人意表。又勤于为治，发奸擿伏，聪察如神。闲暇，则召儒者读前史，商榷[4]大义。性不好丝竹、珍玩之物，常言："朕必不因喜赏人，因怒刑人。"又言："太祖养成王峻、王殷之恶，致君臣之分不终。"故群臣有过则面质责之，服则赦之，有功则厚赏之。文武参用[5]，各尽其能，人无不畏其明而怀其惠[6]，故能破敌广地，所向无前。然用法太严，群臣职事小有不举[7]，往往置之极刑。虽素有才干声名，无所开宥[8]。寻亦悔之，末年浸宽。登遐之日，远迩哀慕焉。梁王宗训即皇帝位。

秋，七月，周以我太祖领归德军节度使。

唐铸大钱唐自淮上用兵及割江北以事周，岁时贡献，府藏空竭，钱少物贵。钟谟请铸大钱，一当五十。韩熙载请铸铁钱。唐主从谟计，铸当十大钱，文曰"永通泉货"。又铸当二钱，文曰"唐国通宝"。

八月，蜀以李昊领武信节度使蜀李昊领武信节度，右补阙李起言："故事，宰相无领方镇者。"蜀主曰："昊家多冗费[9]，以厚禄优之耳。"起性婞直[10]，李昊尝语之曰："以子之才，苟能慎默，当为翰林学士。"起曰："俟无舌，乃

1　谑浪：戏谑放荡。
2　不起：病不能愈。
3　藩：藩镇。
4　商榷：商讨。
5　参用：兼用。
6　怀其惠：感念他的恩惠。
7　不举：不能尽职。
8　开宥：开脱宽恕。
9　冗费：浮费，不必要的开支。
10　婞直：倔强，自以为是。

不言耳。”

九月，唐太子弘冀卒弘冀卒，有司引浙西之功，谥曰“武宣”。句容尉张洎曰：“太子之德，主于孝敬。今谥以武功，非所以防微而慎德[1]也。”乃更谥曰“文献”。

唐主以其子从嘉为吴王，居东宫。杀礼部侍郎钟谟谟数奉使入周，世宗及唐主皆厚待之，恃此骄横。与天威都虞候张峦善，数与屏人[2]夜语。唐镐谮之曰：“谟与峦气类不同，而过相亲狎[3]，恐其异谋。”又言：“大钱民多盗铸，犯法者多。”及弘冀卒，唐主欲立郑王从嘉。谟与纪公从善善，言于唐主曰：“从嘉德轻志懦，又酷[4]信释氏，非人主才。从善果敢凝重[5]，宜为嗣。”唐主由是怒。徙从嘉为吴王，居东宫。谟请令张峦以所部兵巡徼都城。唐主乃下诏暴谟罪，流饶州，贬峦宣州副使。未几，皆杀之。废永通钱。

南汉杀其尚书右丞钟允章，以龚澄枢为内太师南汉主𬬱以允章藩府旧僚，擢为尚书右丞，参政事，甚委任之。允章请诛乱法者数人以正纲纪，𬬱不能从，宦官闻而恶之。内侍监许彦真告允章欲作乱，玉清宫使龚澄枢、内侍监李托等共证之，乃收允章斩之。自是宦官益横。未几，以澄枢为内太师，军国之事皆取决焉。凡群臣有才能及进士状头[6]，皆先下蚕室，然后得进。亦有自宫以求进者。由是宦者近二万人。贵显用事之人，大抵皆宦者也。谓士人为门外人，不得预事[7]，卒以亡国。

唐以洪州为南都唐以金陵去周境才隔一水，洪州险固，居上游，议徙都之。群臣皆不欲徙，惟枢密副使唐镐劝之。

周遣兵部侍郎窦仪如唐仪至唐，天雨雪。唐主欲受诏于庑下，仪曰：

1　防微而慎德：防微，在错误或坏事刚萌发时就加以制止。慎德，注重道德修养。
2　屏人：避开众人。
3　过相亲狎：来往过于亲近。
4　酷：极，非常。
5　凝重：端庄，庄重。
6　状头：即状元。
7　预事：参与其事。

“使者奉诏而来，不敢失旧礼。若雪沾服，请俟他日。”唐主乃拜诏[1]于庭。

　　契丹遣使如唐，周人杀之契丹主遣其舅使于唐。周泰州团练使荆罕儒募刺客，使杀之。自是契丹与唐绝。

1　拜诏：跪拜并接受诏书。

《资治通鉴纲目》凡例

统系正统 列国 篡贼 建国 僭国 无统 不成君 小国

岁年

名号正统 僭号 篡贼

即位建都 起兵 加号 传位

改元后唐、石晋之间，温公旧例尤为颠错

尊立

崩葬陵庙 追尊 改葬

篡贼

废徙谓下废上者，其上废下自入"废黜"例

祭祀郊祀 封禅 宗庙 杂祭祀 冠昏 举盛礼 宴飨 学校

行幸巡幸 田猎 奔走

恩泽制诏 更革 戒谕 遗诏 遣使巡行 号令

朝会聘问 和好 游说 交质 割地 降附 贡献

封拜选举 赏赐 殊礼 征聘 录子孙 赐爵 赐姓

征伐叛乱 僭窃 夷狄 遣将 师名 战 胜负

废黜后 太子 诸王 国除

罢免囚系 流窜 诛杀 宽宥

人事
灾祥

统系正统 列国 篡贼 建国 僭国 无统 不成君 远方小国

　　凡**正统**谓周起篇首威烈王二十三年，尽赧王五十九年、秦起始皇二十六年，尽二世三年、汉起高祖五年，尽炎兴元年。此用习凿齿及程子说，自建安二十五年以后，黜魏年而系汉统，与司马氏异、晋起太康元年，尽元熙二年、隋起开皇九年，尽大业十三年、唐起武德元年，尽天祐四年。**列国，**谓**正统所封之国**如周之秦、晋、齐、楚、燕、魏、韩、赵、田诸大国，及汉诸侯王之类，**篡贼，**谓**篡位干统而不及传世者**如汉之吕后、王莽，唐之武后之类。其隗嚣、公孙述、安、史之属，又不得入此例。**建国，谓仗义自王或相王者**如秦之楚、赵、齐、燕、魏、韩。**僭国，谓乘乱篡位或据土者**如汉之魏、吴，晋之汉、赵、诸燕、二魏、二秦、成汉、代、诸凉、西秦、夏之属。内二秦以上为大国，成汉以下为小国。**无统，谓周秦之间**秦、楚、燕、魏、韩、赵、齐、代八大国，凡二十四年、**秦汉之间**楚、西楚、汉三大国，雍以下为小国，凡四年，**汉晋之间**魏、吴、晋三大国，凡十六年，**晋隋之间**宋、魏、齐、梁、北齐、后周、陈、隋为大国，西秦、夏、凉、北燕、后梁为小国，凡一百七十年，**隋唐之间**隋、唐、魏、夏、梁、凉、秦、定杨、吴、楚、郑、北梁、汉东以上，凡五年，**五代**梁、唐、晋、汉、周为大国，二蜀、晋、岐、吴、南汉、吴越、楚、荆、闽、南唐、殷、北汉为小国，凡五十三年。**不成君，谓仗义承统而不能成功者**如刘玄。

　　凡正统全用天子之制以临四方，书法多因旧文，略如《春秋》书周、鲁事。事有相因者连书之篡贼事亦连书，但每岁首及有异事处一加其名，诸国或臣、或叛，各以其制处之如汉自昭烈以后即内吴而外魏，事各冠以国号，不连书。

　　凡无统即为敌国，彼此均敌，无所抑扬，书法多变旧文，略如《春秋》书他国事。事各冠以国号，不连书凡连书与否，非有褒贬，但从文势之便耳。

凡诸国号从其本称，或屡更易，即从史家所称，而于建国之始即注云"是为某国"如晋太元十年，乞伏国仁称单于即注云"是为西秦"。

凡诸国同时、同号者，后起者称"后"。至前国亡，则后国去"后"字。而凡追称前国处加"前字"。

凡远方小国继世、迁徙不能悉书，因事乃见如仇池杨氏之类。○凡言因事乃见者，本条虽无事，而可参照前后者，皆是。

岁年

凡岁不用岁阳名，只用甲子依《史记》年表，以从简便。大书于横行之上，"甲"字、"子"字别之以朱，其余皆墨。

凡正统，周自篇首，秦、汉、晋、隋、唐自初并天下，皆大书于横行之下，朱书国号如云周、秦、汉、晋、隋、唐、谥号如周云威烈王，秦云始皇帝，汉云太祖高皇帝、世祖光武皇帝，晋云世祖武皇帝，隋云高祖文皇帝，唐云高祖神尧皇帝、君名如云"午"○惟篇首前无所承，故立此例。后有即位在今年内者，用之、年号周、秦、汉初未有，如晋即云"太康"，隋云"开皇"，唐云"武德"，墨书"某年"如周云"二十三年"，秦云"二十六年"，汉云"五年"，晋云"元年"，隋云"九年"，唐云"七年"，次年以后，但于行下墨书"某年"如威烈王云"二十四年"。篇首周年之下朱注列国如云秦、晋、楚、燕、齐、魏、韩、赵，墨注谥、爵如云简公、烈公之类。惟三晋初为侯，而不改元，故未书谥、爵、君名如止、如当之类。无则阙之。某年所注列国，颇以兴起先后为次，而于新、旧之间以圈隔之。其末又以圈隔下。朱注总结"统旧国若干，新国若干，凡若干国"。次年以后，惟元年注之如前法如"燕僖公元年"之类。不结有增损者，依例结之，新、旧并如前结。

凡天子继世，则但于行下朱书谥号如"安王二世皇帝"之类。不名者，名已见其后。有被废无谥者，但曰"帝某"，而不用后人所贬之爵，以其非有天下之号也、年号如"汉建元"之类，墨书"元年"周则列国之元亦注其下，次年以后，如篇首次年之法。秦、汉以后，列国不复注。建国、僭国之大者，则于年下朱书国名、谥号、姓名如"楚隐王陈胜""魏文帝曹丕"之类。无谥者，但云"某王某"、年号如"魏黄初"之类，墨注"元年"，次年以后则朱注国名，墨注年号、某年。其小者，则依周列国例，但年号用墨注，首尾、增损、新旧之间，亦如前法。其篡贼干统而正统已绝、无年可系，则朱注其国名，墨注年号于行下如汉之吕氏、新莽之类；正统虽绝而故君尚存，则追系正统之年而注其下如唐之武氏，用范氏《唐鉴》及胡氏《补遗》义例。其不成君，亦依正统已绝之例如汉帝玄之类。

凡无统自更端处如秦昭襄王五十二年、楚汉元年、吴黄武元年、宋永初元年、隋义宁元年、梁开平元年，即于行下分注诸国之年，大者纪年，小者纪元，朱书新旧、首尾、增损，皆如前法。但其兴废、促数，则岁结之。不纪年者，亦列数其国号。

名号正统 僭国 篡贼 不成君 无统

凡正统之君，周曰"王"，秦、汉以下曰"帝"其曰"上"者，当时臣子之辞，今不用，惟注中或因旧文。其列国之君，周曰"某爵某"如"赵侯籍"之类，僭称王者，曰"某君某"如"楚君当"之类。有注则从本文〇按《通鉴》，魏、晋以后独以一国之年纪事，而谓其君曰"帝"，其余皆谓之"主"。初无正、闰之别，而犹避两帝之嫌。至周末诸侯，皆僭王号，顾反因而不改，盖其笔削之初，义例未定，故有此失。今特正之，庶以窃取《春秋》之义。汉以后曰"某王某"如"齐王信"之类，其僭称帝曰"某主某"如"魏主丕"之类。注首如之，后直书名，篡贼曰"某""新莽"之类，不成君曰"帝某"_{如"帝玄"之类，注则从本文。}无统之君，周、秦之间曰"某王""秦王""韩王"之类。无贬文者。_{周室既亡，而诸侯又皆称之，则已不为天子之号矣，}秦、汉之间曰"某帝""楚义帝"之类。○无贬文者。_{是时天下无君，义帝实天下之共主，但制于强臣，寻以弑殒，故不得为正统耳、}曰"某王"_{如"汉王"之类。}汉以后，称帝曰"某主"_{吴、晋、宋、魏之类。注同，}其小国曰"某主某"_{如"夏主勃勃"之类、}"某王某"_{如"北凉王蒙逊"之类、}"某公某"_{如"梁公歆"之类。凡小国，注如僭国之例云。}

即位_{建都 起兵 加号 传国}

凡正统，周王继世曰"子某立"，注云"是为某王"_{如安王之类非子，则各以其属。如显王之类，}不言"即位"者，_{古者嗣君定位初丧，逾年而后即位。战国末年，此礼犹在，如秦昭王薨，次年十月孝文王乃即位，三日而薨是也，故旧史言"立"，而不言"即位"，今从之。}秦更号曰"王"，初并天下，更号曰"皇帝"_{始皇初即王位时，未有天下，自从无统之例。虽用周王继世之法，亦不书"即位"。及并天下，又未尝改行即位之礼，但称更号耳，}继世曰"某袭位"_{胡亥从本文。}汉以后，创业、中兴曰"王即皇帝位"_{汉高祖已称"汉王"，晋元帝已称"晋王"，故但称王，惟光武、昭烈各以其号书。○晋、隋、唐创业时未有天下，自从无统之例，}继世曰"太子某即位"_{汉惠帝以下用此例，古礼已废，从本文也。}非太子，则又随事书之，有故则随事书之_{如秦子婴、汉文帝之类。}

凡列国继世不书，因事注中见之。其有故者，乃随事书之_{如燕平、楚横、齐法章、楚完。}

凡建国自立者曰"某自立为某王"_{如陈胜之类，}人所立者曰"某尊某为某"_{项籍尊义帝之类，}或曰"某国立某为某"，或曰"某人立某为某王"_{如秦嘉立景驹之类，}或曰"某王某立某为某王"。

凡僭国始称帝者曰"某号姓名称皇帝"如魏王曹丕、宋王刘裕、梁王朱晃之类，继世曰"太子某立"如魏太子叡。始称王者姓名称"某王"，其继世曰"嗣"。复国曰"某复立为某王"如拓跋珪之类，复号曰"某国复称王"如西秦之类。

凡篡贼自见篡弑例。

凡不成君者，其初立用列国以下例，惟所当如刘信、刘玄之类。凡无统，周、秦之间，惟秦继世特从周王例，诸国仍用列国例。自汉、晋以后，用僭国例，但称帝者不书姓如晋王炎、齐王道成之类。

凡始建都曰"都"高帝都栎阳、帝玄都宛、光武都洛阳，自他所来徙曰"徙都"韩徙都郑、秦徙都咸阳。〇凡言西都某、北都某者亦此类，而从本文耳，屡徙而后定曰"定都"汉高帝至长安始定徙都。事之微者曰"某迁于某"如楚迁于钜阳之类，国之微者曰"某徙居某"如卫徙居野王之类，徙封曰"徙封"如楚黄歇徙封于吴之类，见其强横、无君之实，余见封拜例，为人所徙曰"某人徙某人于某地"如楚人徙鲁于莒之类。

凡起兵以义者曰"起兵"如秦末诸侯，汉刘崇、翟义、刘缤之类，汉末关东州郡，其起虽不义，而所与敌者又不得以盗贼名之，则曰"兵起"如新莽时州郡及樊崇、刁子都之属。

凡国家无主，四方据州郡称牧守者曰"某人自为某""自称某""自领某官"袁绍、曹操之类，其传袭各随其事书之孙权、袁尚之类。

凡天子已称皇帝而复加他号者，随事书之如汉陈圣、刘太平、周天元、唐尊号之类。

凡以国与人者子弟曰传赵主父之类，他人曰让燕哙之类。

改元后唐、石晋之间，温公旧例尤为颠错

凡中世而改元者，著其始魏惠王一年、汉文帝后元、武帝元狩之类，余皆因事见之如章和之类。

凡中岁而改元无事义者，以后为正依温公旧例，以从简便。其在废兴之际，关义理得失者，以前为正，而注所改于下如汉建安二十五年十月，魏始称帝，改元黄初，而《通鉴》从是年之首即为魏黄初。又章武三年五月，后主即位，改元建兴，而《通鉴》于《目录》《举要》自是年之首即称建兴。凡若此类，非惟失其事实，而于君臣、父子之教，所害尤大，故今正之。但建安二十五年三月，改元延康，考之《范史》及《陈志》注文，是汉号，而《通鉴》所书，乃在曹丕称王时所改者，今不能悉见。

尊立尊谓尊太上皇、太皇太后、皇太后，立谓立皇后、皇太子，其诸王自入封拜例

凡正统尊立，皆书尊曰"尊某为某"汉高祖尊太公为太上皇，后凡尊皇太后为太皇太后、尊皇后为皇太后皆用此例。其母非正嫡，则加姓氏定陶太后、丁姬、慎园贵人之类。更曰"更某为某"汉高祖更王后曰皇后、王太子曰皇太子。立后曰"立皇后某氏"如惠帝张后之类，非正嫡曰"立某氏为皇后"如文帝窦后之类。立太子曰"立子某为皇太子"汉文帝初立景帝为太子时，但云子启。中年以后封王，诸子始有称"皇子"者，后遂称之。今按封立之命出于天子，不应自谓其子为"皇子"，只从文帝初例。

凡非正统则不书，因事特书者去皇号汉立太子盈，无事而特书者，备汉事。皇号惟太上皇不可省，然惟一见后但云"太上"而已。

崩葬陵庙 追尊 改葬

凡正统曰"崩"因其旧史臣子之辞，在外则地秦始皇、汉安帝之类，未逾年不成君曰"薨"如汉北乡侯，失尊曰"卒"如周赧、汉献之类，其太皇太后、皇太后、皇后皆曰"某后某氏崩"。自杀曰"自杀"谓罪疑者，有罪即加"有罪"字上文已书反逆者，不必加"有罪"字，如卫后戾太子是，无罪而以幽死者曰"幽杀之"自杀亦同。废后不书，因事

而见者曰"卒"，自杀者曰"自杀"，国亡身废、守节不移而国统寻复者，则存其故号而书"崩"孝平皇后。秦、汉以后王侯死皆曰"卒"，贤者则注云"谥曰某"按刘秘丞说，凡诸侯王以下，当依陆淳例书"卒"，温公以为确论，而恨周、秦、汉纪不可请本追改，则是已觉《通鉴》书"薨"之失而悔之矣。陆淳说见《春秋纂例》，盖薨乃臣子之辞，不当施之于国史也，今从其说。○又谥非生者之称，而《通鉴》以谥加于薨、卒之上，亦非是，今亦正之。然非贤者，则虚美之辞，亦无所取，故不复书，自杀者如后例反逆如七国者，不复言有罪。僭国之君称帝者曰"某主姓某卒"，称王公者曰"某王公姓某卒"按温公引三十国春秋诸国之君皆书"卒"，后、夫人不书，因事而见者曰"某号某氏卒"。

凡无统之君称帝者曰"某主某殂"，称王公者曰"某王公某薨"上无天子故，得因其臣子之辞，其后、夫人如僭国例。

凡蛮夷君长曰"死"匈奴单于、乌孙昆弥。

凡盗贼酋帅曰"死"隗嚣之类。

凡正统之君废为王公而死者，书"卒"，而注其谥。

凡正统之君葬骊山、万年、长陵以下、立庙太上皇庙、高庙之类，预作陵汉景作阳陵邑，募民徙居之类、庙汉文作顾成庙之类，追崇庙号汉太祖、太宗、世宗、中宗之类，皆随事书之。

凡正统之后特葬，曰"葬某谥皇后于某"自汉宣帝许后始有谥，而书"葬"如此例，合葬不地如汉光武、昭烈之类，不当合而合则特书"合葬某陵"汉哀帝傅太后合葬渭陵之类。

凡僭国、无统之君陵庙因事乃书，无事则见之注下因事如魏作寿陵，立三祖庙之类，其后、夫人亦然。

凡正统追尊、改葬、立庙皆书汉高祖五年昭灵夫人，昭帝钩弋夫人，宣帝追谥戾太子、悼考、悼后，置园邑，追尊悼考为皇考，立寝庙，哀帝定陶共王去定陶之号，光武立四亲庙于洛阳，徙章陵。

篡贼晋董狐、齐太史书赵盾、崔杼弑君而不隐，史氏之正法也。至如《春秋》鲁君被弑则书"薨"，而不以地著之，盖臣子隐讳之义，圣人之微意也。前世史官修其本朝之史者，多取《春秋》之法，然已非史法。又况后世之人修前代之史，乃亦有为之隐讳，而使乱臣贼子之罪不白于世人之耳目者，则于义何所当乎？《通鉴》所书，已革此弊，然亦有未深切者，今颇正之如左，观者详之

凡正统，周、秦以前，列国弑君微者曰"盗杀某君某"楚君当之类，史失贼曰"某国弑其君某"郑君之类，贼可见者曰"某弑其君某"韩严遂之类。君失名则不名韩哀侯之类，贼、官可见者并著之秦庶长改之类，弑君而及其亲属者并书之秦出公及其母，君出走而弑之曰"某君出走，某弑之"淖齿之类。弑其君之父母者，随事书之秦魏冉弑惠文后、赵李兑弑主父之类。秦以后，以兵弑者，天子则曰"某人弑帝于某"如赵高之类，书地以著其实，僭国、无统则曰"某国某人弑其君于某"如魏司马昭之类。

凡以毒弑者，加"进毒"字，而不地不可得而地，故加"进毒"以著其实，如莽、冀之类，霍显又加"使医"字，疑者曰"中毒崩"如晋惠帝之类，史言或曰司马越之鸩，而《通鉴》不著其语，今但如此书以传疑，而著史家本语于其下。

凡事义不同者，随事异文如吕后废少帝、幽杀之之类，少帝本非孝惠子，特吕后所自立而杀之，故不得以"弑"书。若少帝真当立之人，无可废之罪，则妇人之义，夫死从子，况天下之主乎？虽其王母，亦不得免弑君之名矣。元魏冯后、显祖之事，当以此裁之。

凡篡国，其事不同，故随事异文，而尤谨其始如田氏并齐、三晋分地、秦人入寇之类。至王莽、董卓、曹操等自其得政，迁官、建国，皆依《范史》直以自为、自立书之。革命则曰"称帝"，而不曰"受禅"，封其故君则曰"废"，而不曰奉其弑之者，自如弑例。

凡杀他国之君，亦随事而异文魏杀卫君之类，其因战而杀之，见征
伐例。

废徙谓下废上者。其上废下，自入废黜例

　　凡未成君而有罪当废者，曰"某有罪，某官某奏废之"昌邑王贺之
类；无罪为强臣所废者，口"某废某为某"弘农王之类；未即位者，如
本号孺子之类；列国废其君，曰"某国废其君某为某"三晋之类；迁，
则曰"某迁其君于某"齐田和之类。

祭祀郊祀 封禅 宗庙 杂祠祭 冠昏 举盛礼 宴飨 学校

　　凡正统，郊祀天地、建置、迁徙皆书雍五畤、甘泉太畤、汾阴后土、
汶上明堂、渭阳五帝、长安南北郊。其行礼、世一见之余，或因事而书。

　　凡封禅皆书。

　　凡宗庙之礼，建置、更革皆书汉王二年，立宗庙、社稷，例不合书，
特书以备汉事。太上皇、高庙、原庙、顾成庙、太宗庙之类。其行礼不书，
或举盛礼、或因他事乃书。

　　凡杂祠祭，因事乃书。或有得失可法戒，则特书之得如始皇祠舜、
禹，高帝祠孔子之类；失如文帝作汾阴庙、武帝祠灶求仙之类。

　　凡非正统，用正统杂祠祭例秦王郊见上帝于雍，以僭书。又以见汉五
畤所由起。

　　凡冠昏，惟正统书冠如汉惠、昭之类，昏如汉平之类。非正统，则非
有事义不书如秦王冠以"带剑"书。楚迎妇以"忘仇"书之类。

　　凡礼仪，惟正统、盛礼及有事义见得失者乃书文帝籍田、明帝大射、
养老之属，以得书，登灵台，以盛书。

　　凡置酒、宴飨，因事乃书汉置酒南宫、朝贺置酒之类。非正统者，亦
同上例魏主髦养老之类。

凡学校兴废皆书。

凡事关道术者皆书石渠、白虎求书典校图谶、汉礼、律历。

行幸巡幸 田猎 奔走

凡正统，巡行郡国曰"帝如某"，既行而止曰"不至而还"，所过有事曰"帝至某"间无异事则不书"帝"，所诣非一则指其方曰"帝某巡"，还曰"帝还宫"间无异事则不书"帝"，暂还复出曰留几日。

凡官府第宅曰"幸"，学校曰"临"、曰"视"，私出曰"微行"。凡游观、田猎之事，各以其事书。

凡奔走，以实书。列国若僭国、无统之君出走，曰"某号某出奔某"诸侯失地名，未有所止者曰"出走"齐君地。

凡非正统，书法同，但不书还。或当特书以见事实，则曰"还某"如魏主某还洛阳之类。"幸"下著其字。

恩泽制诏 更革 戒谕 遗诏 遣使巡行 号令

凡恩泽皆书，正统曰"赦"起汉高祖五年，至元帝永光二年，再赦之后，依胡氏例，无事意者不复书，非正统者曰赦其境内、赐复如高帝复产子者过沛，复其民之类，除减租力役惠帝减戍卒、文帝除田租之类，问疾苦，贷贫乏如汉文帝定振贷、养老之类，恤死丧如汉王棺敛吏士，录囚徒宣帝令郡国上系囚，赐酺赵主父酺五日。

凡制诏，谓前此所无而始为之者，皆书之秦置丞相，赵胡服，秦置郡县，为水德，汉初为算赋、起朝仪、立原庙之类是也。

凡更革，谓前此所有而今始改之者，皆书之秦变法、废井田、更赋税法、更号除谥、销兵、坏城、焚书，汉高除秦苛法、文帝除肉刑、短丧之类。

凡兴作土工皆书之如秦凿泾水为渠、筑宫治道。

凡戒谕皆书周王使东周公喻楚。

凡遗诏有事者皆书如文帝短丧，武帝、宣帝、昭烈顾命，章帝罢盐铁。

凡遣使巡行，各随事书之。

凡号令，谓措置一时之事者，皆书之如秦令民纳粟拜爵，文帝令四方毋来献、列侯之国之类。

朝会聘问 游说 和好 交质 割地 降附 贡献

凡朝有事若非常，乃书。正统曰"某侯来朝"周齐侯、秦公子少官会诸侯来朝之类，汉以后则书名，众则曰"等"。非正统而相朝者，曰"某入朝于某"如韩王朝秦之类。其相如而非朝者，各以其事书如秦王稷薨，韩王衰经入吊祠，齐、赵入秦置酒之类。

凡会盟，皆书。有主者，曰"某会某于某"齐田和防魏、卫于浊泽，秦公子少官会诸侯来朝，秦诱楚会武关，秦会楚于宛之类；无主者，曰"某某会于某"齐、魏会田，诸侯会京师，齐、魏会徐州之类。有事者，各以事系之如浊泽以求为诸侯，徐州以相王之类。

凡聘问，正统遣使于他国曰"遣某官某使某"汉陆贾、刘敬，使卑而无事者曰"遣使如某，他国通好而不臣者使来曰"某国遣使来聘，使者有事则曰"遣其臣某"，使者官重则曰"遣其某官某"，间无异事而遣报使则曰"遣某官某报之"，有异事则曰"遣某官某报某使"。非正统则曰"某使某如某"燕乐毅，略则曰"某遣使如某"，间说则曰"某使某说某"，而系其事秦使张仪说诸侯连衡，使黄歇归约亲，用此例。燕使苏秦报，未至，秦王薨，诸侯皆畔衡，复合从，而不书者，秦非燕所能使，燕特资其行耳，乞师曰"某使某如某乞师"赵公子胜如楚乞师，献物曰"某使某献某于某"赵使蔺相如献璧于秦。

凡和好，各依本文书之。其非正统，或曰"某以某为和于某"，或曰"某请成于某"，或曰"某与某平"，或曰"某与某和亲"，或曰"约亲"。正统，我所欲曰"遣某使某结和亲"，或曰"与某和亲"，彼所欲曰"某请和亲"。

凡交质，曰"某某质于某"。

凡割地，从小入大曰"某献某地于某"，或曰"某入某地于某"，或曰"某伐某，某献某"，或曰"某以某为和于某"，或曰"云云，某尽入某以谢"，或曰"某割某以和于某"。从大入小，曰"某与某某"。

凡降附，正统曰"某来降"，力致曰"降之"如赤眉之类，或随事书之如曰"南越王称臣奉贡"之类。非正统，曰"某降于某"，或随事书之如卫服属三晋，听命于秦，韩称藩于秦，王陵以兵属汉，随何以九江王归汉之类。

凡贡献，正统曰"某遣使入贡"，或云"献某物"。非正统曰"某遣使贡献于某"，或曰"献某物"如赵使蔺相如献璧于秦之类。

封拜选举 赏赐 殊礼 征聘 录子孙 赐爵 赐姓

凡正统，封王皆书曰"立某为某王"汉高祖立长沙王芮、从兄贾、弟交、兄喜、子肥之类。自武帝元朔二年以后，封王无事义者，皆不书。废徙、国除仿此例，更立曰"更立"，或曰"徙"齐王信、济北王志，封侯有故乃书，曰"封某为某侯"雍齿之类，因而命之者曰"初命某为某诸侯"周威烈三晋、安王田和之类，封者多则统言之如云"始剖符封功臣为彻侯""太后王诸吕""齐王卒，分齐地立悼惠王子六人为王""梁王武卒，分梁地王其子五人"，益封、进爵有故则书"汉文帝论功益户有差""成帝益封河间王良，进孔吉等爵"之类，褒先代圣王之后而封者悉书之武帝封姬嘉、成帝封孔吉。

凡宦者封爵皆加"宦者"字如郑众之属，以著刑臣有功之始。

凡以亲戚贵重者，书其属如元舅王凤之类，以著外家与政之祸。

凡非正统封其臣子，有故则书曰"某封某为某"如阿大夫、商君之类，亲属则曰"某封某某为某"赵胜之类。

凡相王，见即位例。

凡正统命官，曰"以某人为某"，宰相皆书汉丞相、相国、三公及权臣秉政者皆书，御史大夫因事乃书。自永初元年以后，三公因事乃书，余官非有故不书有功、有事，若其人之贤否、用舍系时之治乱、安危者，乃特书之。宦者除拜当书者，皆加"宦者"字如石显之类，以著刑臣与政之祸。因事而命官者，某人云云以为某官周吴起、汉苏武。非正统命官，非有故不书卫鞅、申不害之类。魏、晋以后，一除数官，则书其重者三公，丞相，大将军，大司马，侍中，中书监、令，尚书令、仆射。州、镇但云"都督某某等州军事"，无都督号者，但云"某州刺史"，有异者全书，及所镇如琅邪王睿为安东将军，都督扬州，治建业之类。

凡选举，皆书如汉高帝求贤诏，惠帝复孝弟力田，文帝举贤良方正之类。

凡赐服周赐秦以黼黻之类、赐爵卜式之类、号娄敬之类、姓同上、妇人号博平君之类、物董宣、毛义、郑均之类，皆书。

凡殊礼，皆书如致伯于秦、萧何剑履上殿、赐淮南王几杖、王莽加号九锡之类。王莽是自为之，以"自为"书。

凡征聘隐士，从其本文。或曰"迎"申公、龚胜之类，或曰"征"周党、严光之类。

凡追褒勋贤，皆书如画像，如光武祭萧何、霍光，献帝祭陈蕃等之类。

凡录功臣子孙，皆书如宣帝求高祖功臣子孙失侯者，赐金，复其家，封萧何子孙之类。

征伐叛乱 僭窃 夷狄 遣将 师名 战 胜负

凡正统，自下逆上曰"反"，有谋未发者曰"谋"，反兵向阙曰"举兵犯阙"。

凡调兵曰"发"，集兵曰"募"，整兵曰"勒"，行定曰"徇"，行取曰"略"，肆掠曰"侵"，掩其不备曰"袭"，同欲曰"同"，合势曰"连兵"，并进曰"合兵"，在远而附之曰"应"，相接曰"迎"，服属曰"从"，益其势曰"助"，援其急曰"救"，开其围曰"解"，交兵曰"战"，尾其后曰"追"，环其城曰"围"。

凡胜之易者曰"败某师"，平之难者曰"捕斩之"，舍此之彼曰"叛"，曰"降于某""附于某"，犯城邑寇得曰"陷"，居曰"据"。

凡僭名，号曰"称"周列国称王、称帝，汉以后僭国，篡贼称皇帝，盗贼称帝、称天子之类，人微事小曰"作乱"，人微众少曰"盗"，众多曰"群盗"，犯顺曰"寇"秦伐韩、赵，周约诸侯欲伐秦，秦人攻西周。

凡中国有主，则夷狄曰"入寇"，或曰"寇某郡"，事小曰"扰某处"。中国无主，则但云"入边"，或云"入塞"，或云"入某郡，杀掠吏民"。

凡正统，天子亲将兵曰"帝自将"如汉高击臧荼、利几之类，遣将则曰"遣某官某将兵"。大将兼统诸军则曰"率几将军"，或云"督诸军"，或云"护诸将"。将卑师少，无大胜负则但云"遣兵"。不遣兵而州郡自讨，则云"州郡"，或云"州兵"，或云"郡兵"。置守、令平盗贼，曰"以某人为某"云云成帝河平二年，西夷相攻，以陈立为牂牁太守，讨平之，以虞诩为朝歌长之类。

凡正统，用兵于臣子之僭、叛者曰"征"，曰"讨"如汉高祖于韩王信之类；于夷狄，若非其臣子者曰"伐"，曰"攻"，曰"击"，其应兵曰"备"，曰"御"，曰"拒"，皆因其本文如汉高祖于共尉、臧荼、利几、匈奴之属。

凡人举兵讨篡逆之贼，皆曰"讨"汉王讨西楚、吕臣、刘崇、翟义之类。

凡战不地，屡战则地，极远则地。

凡书敌于敌国曰"灭之"韩灭郑之类，于乱贼曰"平之"。敌国、乱贼岁久地广，屡战而后定，则结之曰"某地悉定"，或曰"某地平"。

凡得其罪人者，于臣子曰"诛"；于夷狄，若非臣子者，曰"斩"，曰"杀"。

凡执其君长、将帅曰"执"，曰"虏"，曰"擒获"，曰"得"，皆从其本文。

凡坑斩，非多不书。取地，非多且要，不书。

凡师入，曰"还"。全胜而归，曰"振旅"<small>赵充国之类</small>，小败曰"不利"，彼为主曰"不克"，大败曰"大败"，或曰"败绩"。将帅死节，曰"死之"。

凡人讨逆贼而败者，亦曰"不克"<small>死曰"死之"刘崇、翟义之类</small>，其破灭者，亦以"自败"为文<small>三辅兵皆破灭之类</small>。

凡非正统而相攻，先发者不曰"寇陷"，后应者不曰"征讨"，其他悉从本文。惟治其臣子之叛乱者，书"讨"。讨而杀之，曰"诛"。

废黜后 太子 诸王 国除

凡正统，废其后、太子、诸侯王，而无以考其罪之实者，曰"某人废"<small>如汉彭越、陈后之类</small>。罪状明白者，加"有罪"字<small>罪已见者，云"以罪"</small>。若反逆大罪已见，则不必加，无罪，曰"废某人"<small>如汉景帝废薄后、太子荣之类</small>。

凡书国除者，著其事<small>燕王建之类</small>。有罪，亦如之。

凡自贬号者，因其本文<small>卫侯、卫君之类</small>。

凡非正统者，句上皆加国号。"废"字在上者，下加其字<small>罢免例仿此</small>。

罢免 囚系 流窜 诛杀 宽宥

凡罢免，罪不著者，曰"某官某免"，并免爵者曰"某官某爵某免为庶人"流徙者即不言为庶人；著者，名下加"有罪"字或作"以罪"；无罪者，曰"免某官某"，并免爵者曰"免某官某爵某为庶人"。策免者，加"策免"字。

凡谢病、请老、致仕，宰相、贤臣则书张良、王吉、二疏、韦贤之类。

凡就国、贬、左迁，亦依罢免例，分三等罪。疑，则姓名在上；罪著，则加"有罪"字；无罪，则云"遣某人就国""贬某官某为某官""左迁某为某官"。

凡上印绶、收印绶，从本文邓禹、王商之类。

凡下狱死，罪不著者曰"某官某下狱死"，罪状明白者名下加"有罪"字或云"以"，无罪者曰"下某官某狱，杀之"。其以赦出，或被刑，若自杀、不食死之类，各随其事书之。官已见者不复见，惟无罪而贤者，则特书之。虽以废、免，亦曰"故某官爵某"。

凡诛杀叛逆，或大罪，曰"某官某伏诛"，或曰"诛某官某"，或曰"讨某官某，诛之"秦赵高、汉韩王信、诸吕、子弘、七国之类。

凡他罪明白者，曰"有罪，弃市"；罪疑者，去"有罪"字；无罪，曰"杀某官某"赵李牧、秦李斯、汉韩信、彭越之类。

凡书官例，与下狱例同。族其家、夷其族、夷三族、族诛某人家、族灭某人家，皆从本文。

凡欲杀而释之者韩信、朱云之类，欲治而宽之者梁王立之类，当诛而不果者王氏五侯之类。

人事

凡乡里、世系不能悉记，惟贤者则著其略。

凡诸臣之卒，惟宰相悉书。贤者曰"某官某爵姓名卒"，而注其谥说见崩葬例，常人则不爵、不姓、不谥姓未见者著之。

凡贤臣特书，依贤相例官爵，惟所有处士曰"处士"。众人则因事而见，曰"某官姓名卒"而已。无官则爵，无爵则姓名而已。某官爵已见者，亦不复书。

凡卒于军曰"军"祭遵、冯异，非其地则地管宁之类。

凡自杀者曰"自杀"，有罪者加"有罪"字。

凡贤臣遇害，曰"某杀某"，其官爵如本例来歙、岑彭之类。

凡众杀称"人"吴起、苏秦之类，盗杀称"盗"侠累之类。

凡死节者，皆异文以见褒刘崇、翟义、刘快、龚胜、王经、刘谌、诸葛瞻。

凡无统之世，惟宰相不悉书，余并依正统例，但各加其国名。

凡僭国之臣，不以贤否，皆因事乃见，而依无统常人之例。

凡篡贼之臣，书"死"范增、王舜、扬雄之类。

凡战死，书"死"。

凡一人之往来去就关国家利害、系时世轻重者，不以贤否，皆书孟轲、吴起、卫鞅、李斯、张良、诸葛亮、管宁之类。或有他事当见者，亦书田文之类。

凡有官者书官，惟初除、一见后改除，乃复见之。

凡宰相、官重者，书官而去姓如相国何、大将军光之类；爵异者，书爵而去姓魏公操、魏王操之类。

凡无统大国之臣，依正统。小国、僭国，虽权臣贵重，但书姓名。

凡正统诸侯王，既卒，皆以谥称。

灾祥

凡灾异，悉书。祥瑞，或以示疑，或以著伪，乃书。

凡因灾异而自贬损、求言、修政、施惠者，皆书。无实者，或不悉书。

地名注释音序索引

官名注释音序索引

H